我国种养结合奶牛场高质量发展研究与实践

黄显雷　著

中国财经出版传媒集团

经济科学出版社
Economic Science Press

·北京·

图书在版编目（CIP）数据

我国种养结合奶牛场高质量发展研究与实践/黄显雷著．--北京：经济科学出版社，2024.1
ISBN 978 - 7 - 5218 - 5049 - 9

Ⅰ.①我…　Ⅱ.①黄…　Ⅲ.乳牛-养殖业-发展-研究-中国　Ⅳ.①F326.35

中国版本图书馆 CIP 数据核字（2023）第 160290 号

责任编辑：顾瑞兰
责任校对：隗立娜　郑淑艳
责任印制：邱　天

我国种养结合奶牛场高质量发展研究与实践

黄显雷　著

经济科学出版社出版、发行　新华书店经销

社址：北京市海淀区阜成路甲 28 号　邮编：100142

编辑部电话：010-88191441　发行部电话：010-88191522

网址：www. esp. com. cn

电子邮箱：esp@ esp. com. cn

天猫网店：经济科学出版社旗舰店

网址：http://jjkxcbs. tmall. com

固安华明印业有限公司印装

710×1000　16 开　15 印张　260000 字

2024 年 1 月第 1 版　2024 年 1 月第 1 次印刷

ISBN 978 - 7 - 5218 - 5049 - 9　定价：79.00 元

（图书出现印装问题，本社负责调换。电话：010 - 88191545）

（版权所有　侵权必究　打击盗版　举报热线：010 - 88191661

QQ：2242791300　营销中心电话：010 - 88191537

电子邮箱：dbts@ esp. com. cn）

前　　言

奶业是健康中国、强壮民族不可或缺的产业，是食品安全的代表性产业，是农业现代化的标志性产业和一二三产业协调发展的战略性产业。近年来，我国奶业规模化、标准化、机械化、组织化水平大幅提升，为保障乳品供给、促进奶农增收作出了积极贡献，但也存在奶业生产成本高、养殖资源环境消耗大、产业竞争力不强、消费培育不足等突出问题。党的二十大报告明确，高质量发展是全面建设社会主义现代化国家的首要任务，推动经济社会发展绿色化、低碳化是实现高质量发展的关键环节，全方位夯实粮食安全根基，构建多元化食物供给体系，积极稳妥推进碳达峰碳中和。显然，实现奶牛养殖业高质量发展需要处理好经济与环境的关系。

在实践中，奶牛场发展种养结合模式，能实现畜禽粪便的还田利用，减少种植化肥的使用，改善土壤质量；同时，种植可为养殖提供稳定的青贮玉米饲料，一定程度上降低了种养业的经营成本，具备较好的经济效益和环境效益，目前该模式得到国家有关部门的高度重视。然而，奶牛场种养结合模式众多且尚未得到全面认知，因此，亟须全面评价奶牛场开展种养结合模式的环境绩效、经济性能及生产效率，为我国种养结合奶牛场经营管理提供科学参考，为制定相关扶持政策提供决策依据。

本书着眼于种养结合奶牛场助力奶牛养殖业高质量发展这一视角，分析探讨我国种养结合奶牛场高质量发展理论、实践与创新。其研究意义主要体现在以下两个方面。

首先，在实践上，本研究有助于为我国种养结合奶牛场的经营管理提供参考，同时为制定促进奶业低碳生产和高质量发展的相关扶持政策制定提供决策依据。种养结合奶牛场模式涉及养殖和种植两个方面，是牛奶、青贮玉米等农产品的生产过程，也是农产品生产过程中农业废弃物的循环利用过程，比单纯的奶牛养殖更加复杂，涉及经济、环境与生态等多方利益因素。然而，长期以来，相关领域研究尚未全面系统地对种养结合奶牛场的环境、经济及

我国种养结合奶牛场高质量发展研究与实践

生产效率进行评价，尤其是难以回答种养结合奶牛场的环境绩效、经济性能、生产是否有效、如何降低该模式的环境负荷、如何提升该模式的经济效益、如何提升该模式的生产效率、如何激励更多奶牛场采纳种养结合模式等一系列问题。这一直影响着奶牛场主对种养结合奶牛场的经营管理，也使得相关扶持政策的制定缺乏量化的依据。

其次，在理论上，本研究有助于丰富循环经济理论、低碳经济理论、可持续发展理论，同时，为相关研究提供借鉴。目前对种养结合的研究还存在一些不足，研究目标单一，基本上只分析环境绩效目标或者只考虑经济性能问题，缺乏从环境、经济及运行效率上系统地分析种养结合模式的优劣，未形成促进种养结合长效运行的机制研究。种养结合模式具有较强的正外部性，有时会出现市场失灵，难以达到最优效果，因此，需要政府的引导，甚至采取相应的调控政策。依据外部性、系统协同、交易费用等相关理论，运用生命周期评价（life cycle assessment，LCA）、成本收益分析（cost benefit analysis，CBA）、倾向得分匹配（propensity score matching，PSM）、非射线性模型（slack based model，SBM）、截尾回归模型（tobit model，Tobit）、逻辑回归模型（logit model，Logit）等方法与模型，对种养结合奶牛场与非种养结合奶牛场的环境绩效、经济性能、生产效率、行为选择及激励机制等进行规范分析和实证分析，建立种养结合奶牛场长效运行激励机制与保障措施。研究成果有助于丰富循环经济理论、低碳经济理论、可持续发展理论。

本书的结构及主要内容如下。

第一章对我国种养结合奶牛场高质量发展内涵与理论进行论述。2017 年，中国共产党第十九次全国代表大会首次提出高质量发展表述，表明中国经济由高速增长阶段转向高质量发展阶段。党的十九大报告中提出的"建立健全绿色低碳循环发展的经济体系"为新时代下高质量发展指明了方向，同时也提出了一个极为重要的时代课题。奶业产业链环节众多，产业链任何一个环节出现问题都会增大整个产业链风险、影响整个产业的发展质量。实现我国奶业高质量发展是一个比较复杂的过程，需要将高质量发展内涵贯穿我国奶业发展的各个环节，应明确产业链养殖、运输、加工各环节标准，最终促进产业链各环节的高质量发展。养殖环节高质量发展是奶业高质量发展的关键环节，种养结合奶牛场应以健康养殖为目标，以安全、优质、高效、无公害为主要内涵，追求数量、质量和生态效益并重。实施健康养殖必须调整养殖模式，创新生产、经营管理制度，发展规模养殖和畜禽养殖小区，做好畜禽良种、饲料供给、动物防疫、养殖环境等基础工作。

第二章主要介绍我国奶牛养殖现状、困境与挑战。过去30年，我国实现牛奶产量大幅度增长，现已成为世界第三大牛奶生产国，与此同时，奶牛养殖带来的资源环境问题日益受到重视。当前，我国奶牛养殖规模保持稳定趋势，产量逐年增长，原料奶价格出现波动性变化，国家逐步重视青贮饲料产业的发展，养殖需要的青贮玉米、苜蓿草、燕麦草等青贮饲料产量均稳步提升，但与目前奶牛养殖规模还存在不匹配情况，尤其苜蓿草、燕麦草等青贮饲料还有很大部分依赖进口。另外，随着奶牛养殖规模的扩大，养殖也存在污染空气、污染土壤、污染水质和传播疾病等风险，这些均不利于奶牛养殖的可持续发展。目前，我国奶牛养殖业面临发展基础仍不稳固、消费者对国产牛奶信心仍未恢复、我国奶业国际竞争力不足等困境，随着居民消费水平的提高，我国乳制品消费量不断上涨，乳制品行业结构也不断升级，未来我国奶牛业将会朝着奶牛牧场生产设备先进化、奶牛养殖生产环节规范化、原奶加工环节安全可追溯化、乳品销售环节可控化、乳品销售方式方便快捷化等方向发展。

第三章详细介绍了我国种养结合奶牛场的主要实践模式。奶牛场发展种养结合模式可以降低养殖场的青贮饲料成本，保障青贮饲料的稳定供应，促进养殖场粪污的消纳，同时粪肥的使用可以改善土壤质量，持续促进种植产量的提升，实现养殖业与种植业的双赢。利益联结机制的组织载体是种养结合模式开展的经营组织形式，依据经营主体类型、生产规模、产业组织形式与利益共享机制进行分类研究，结合区域辐射范围和产业融合特点，本章系统梳理奶牛种养结合发展实践模式，在实地调研的基础上，总结当前奶牛种养结合模式中种植业与养殖业联结的组织模式主要有：种养一体化经营模式、种养契约合作模式、种养区域循环模式，并对不同模式的特征进行比较分析。

第四章主要对我国种养结合奶牛场的环境绩效进行评估。种养结合奶牛场通过青贮玉米种植与奶牛养殖，实现养殖场内粪便、秸秆和青贮玉米的综合利用，从而减少种植环节中化肥的使用，减少青贮饲料的购买，降低饲料和粪便运输能耗，被认为是一种可持续的生产模式。然而，现有的研究对这方面关注不足，尤其是难以回答种养结合奶牛场的温室气体减排效果、资源节约程度、以及如何降低该模式的资源消耗和环境负荷等问题。全面准确评估种养结合奶牛场的环境绩效，是相关政策制定的基础，也是促进奶牛养殖业绿色生产的关键。为此，本章利用山东、黑龙江省份奶牛场的调研数据，基于 LCA 等方法，对这些问题进行回应。

第五章进一步分析我国种养结合奶牛场的经济性能。种养结合模式作为国家大力推广的一项农业可持续生产模式，种养结合奶牛场在其运营中能否实现养殖增效和奶农增收的目标？种养结合奶牛场与非种养结合奶牛场的经济效益、综合净收益有多大差异？土地流转费用、青贮玉米价格等关键因素变化如何影响种养结合奶牛场的经济收益？除了经济效益，种养结合奶牛场与非种养结合奶牛场在牛奶单产、品质上有差别吗？现实中，奶牛场是否采取种养结合主要取决于其经济效果，全面准确评估 IPBS 的经济性能，可为我国种养结合奶牛场经营管理提供科学参考，为制定相关扶持政策提供决策依据。为此，本章利用调研数据，基于成本收益分析方法、PSM 模型等，对这些问题进行回应。

第六章深入测度我国种养结合奶牛场的生产效率。前章节已对种养结合奶牛场与非种养结合奶牛场的环境、经济效益进行了评估，然而种养结合奶牛场不仅是农产品生产的过程，也是生产过程中农业废弃物的循环利用模式，它的效率不仅具有典型的内部性，也具有明显的外部性，即种养结合奶牛场的高质量发展，既要追求经济目标，也要实现环境目标。综合考虑环境和经济条件下，种养结合奶牛场与非种养结合奶牛场的生产效率有多大差异？何种规模的奶牛场最有效？造成生产效率损失的关键原因是什么？又如何提高奶牛场生产效率？对奶牛养殖系统的生产效率进行测度，是提升资源利用效率、促进奶业高质量发展的关键。为此，本章利用调研数据，基于 SBM 模型、Tobit 模型，对以上问题进行回应。

第七章主要对我国奶牛场采纳种养结合模式的激励机制进行分析。前几章从环境、经济以及生产效率上分析种养结合奶牛场的优劣势，并探究提高其环境绩效、经济效益及生产效率的举措。然而，不论何种模式或方式，最终需要落实到行为主体上。行为主体的参与和支持是模式推广的基础，也是最终实现养殖业绿色生产和高质量发展的关键。影响奶牛场主选择 IPBS 的因素复杂多样，为此，本章对奶牛场主选择种养结合模式的行为进行分析，并基于研究结果构建种养结合奶牛场可持续性运行的激励机制，以提高养殖场主参与种养结合模式的积极性，保障种养结合奶牛场的运行和推广。

　　第八章主要对发达国家乳业发展经验进行梳理。美国、澳大利亚、新西兰、荷兰、德国、法国等作为世界上的乳业大国，其发展有共同之处：这些国家的乳业都呈现出集约化和规模化的特点，组织程度提高带来了成本节约和技术进步；乳业的纵向产业联系紧密，奶农参股乳业合作社，乳业合作社再参股乳制品加工企业，三者形成一个利益链条，保证了奶农的利益和企业的长远发展；质量管理体系完善，产业链每个环节都有严格的质量监督标准，第三方检测和评估制度确保了标准的落实，保障了乳制品的质量安全。对比我国乳业虽发展迅猛，但依然存在着诸如产品结构不合理、生产成本高、监管不力等方面的问题。因此，我国乳业发展应着力建立完善的奶牛选种机制，积极发展乳业合作社，促进奶牛养殖的规模化；加强对乳业的质量监督，完善配套的社会化服务体系。

　　第九章主要对我国种养结合奶牛场高质量发展对策建议与展望进行论述。《"十四五"奶业竞争力提升行动方案》提出，到2025年，全国奶类产量达到4100万吨左右，百头以上规模养殖比重达到75%左右，规模养殖场草畜配套、种养结合生产比例提高5个百分点左右，饲草料投入成本进一步降低，养殖场现代化设施装备水平大幅提升，奶牛年均单产达到9吨左右，养殖加工利益联结更加紧密、形式更加多样，国产奶业竞争力进一步提升。显然，种养结合奶牛场是实现奶牛养殖高质量发展的关键，应不断完善土地流转机制、提高牧草（料）的种植技术水平、提高养殖场粪污处理技术水平、积极发展社会合作服务组织、加强政府的政策监管与激励引导作用，共同推进我国种养结合奶牛场高质量发展，全方位保障牛奶乳制品有效供给，积极稳妥推进奶牛养殖业碳达峰、碳中和。

　　最后，对本书编写过程中作出大量工作的零江波、黄立平、谭智波、韦丽老师及余越波、王佳、焦婷、钟雨俐、孙颖、王国栋研究生表示感谢。本书希望能为想要了解我国种养结合奶牛场环境、经济及生产效率状况的读者提供一些有益的方法、观点和资料，也希望能为政府部门制定相关政策提供参考。

黄显雷
2023 年 5 月

目　　录

第一章 我国种养结合奶牛场高质量发展内涵与理论

第一节 我国奶牛养殖高质量发展概念、内涵

一、我国高质量发展

（一）历史演变

2017 年，中国共产党第十九次全国代表大会首次提出高质量发展的表述，表明中国经济由高速增长阶段转向高质量发展阶段。党的十九大报告中提出的"建立健全绿色低碳循环发展的经济体系"为新时代高质量发展指明了方向，同时也提出了一个极为重要的时代课题。高质量发展根本在于经济的活力、创新力和竞争力。而经济发展的活力、创新力和竞争力都与绿色发展紧密相连，密不可分。离开绿色发展，经济发展便因丧失了活水源头而失去了活力；离开绿色发展，经济发展的创新力和竞争力也就失去了根基和依托。绿色发展是我国从速度经济转向高质量发展的重要标志。

2018 年 3 月 5 日，十三届全国人大一次会议开幕，国务院总理李克强作政府工作报告，提出"按照高质量发展的要求，统筹推进'五位一体'总体布局和协调推进'四个全面'战略布局，坚持以供给侧结构性改革为主线，统筹推进稳增长、促改革、调结构、惠民生、防风险各项工作"。

2020 年 10 月，党的十九届五中全会提出，"十四五"时期经济社会发展要以推动高质量发展为主题，这是根据我国发展阶段、发展环境、发展条件变化作出的科学判断。我们要以习近平新时代中国特色社会主义思想为指导，坚定不移贯彻新发展理念，以深化供给侧结构性改革为主线，坚持质量第一、效益优先，切实转变发展方式，推动质量变革、效率变革、动力变革，使发展成果更好惠及全体人民，不断实现人民对美好生活的向往。

2021年，恰逢"两个一百年"奋斗目标历史交汇之时。特殊时刻的两会，习近平总书记接连强调高质量发展，意义重大。3月5日，国务院总理李克强在政府工作报告中介绍，"十四五"时期是开启全面建设社会主义现代化国家新征程的第一个五年。我国发展仍然处于重要战略机遇期，但机遇和挑战都有新的发展变化。要准确把握新发展阶段，深入贯彻新发展理念，加快构建新发展格局，推动高质量发展，为全面建设社会主义现代化国家开好局起好步。

2021年3月30日，中共中央政治局召开会议，审议《关于新时代推动中部地区高质量发展的指导意见》。"十三五"时期，在习近平新时代中国特色社会主义思想科学指引下，我国经济加快从速度规模型向质量效益型转变，在城镇化和区域协调发展、高质量发展体制机制建设等方面取得显著进展，为我国发展培育了新动力、拓展了新空间，有力推动我国发展朝着更高质量、更有效率、更加公平、更可持续、更为安全的方向前进。

2021年9月14日，国务院关于推进资源型地区高质量发展"十四五"实施方案的批复原则同意国家发展改革委、财政部、自然资源部关于《推进资源型地区高质量发展"十四五"实施方案》。

2022年10月16日，在党的第二十次全国代表大会开幕会上，习近平总书记提出，高质量发展是全面建设社会主义现代化国家的首要任务。发展是党执政兴国的第一要务。没有坚实的物质技术基础，就不可能全面建成社会主义现代化强国。必须完整、准确、全面贯彻新发展理念，坚持社会主义市场经济改革方向，坚持高水平对外开放，加快构建以国内大循环为主体、国内国际双循环相互促进的新发展格局。

2023年3月5日下午，习近平总书记参加他所在的十四届全国人大一次会议江苏代表团审议，集中系统地阐述了全面建设社会主义现代化国家的首要任务——高质量发展。习近平总书记着眼全面建设社会主义现代化国家全局，从必由之路、战略基点、必然要求、最终目的以及坚持和加强党的全面领导、坚定不移全面从严治党五个方面，为江苏乃至全国的高质量发展作出重要部署。

（二）内涵定位

中国特色社会主义进入新时代，我国经济发展也进入新时代。推动高质量发展，既是保持经济持续健康发展的必然要求，也是适应我国社会主要矛盾变化和全面建成小康社会、全面建设社会主义现代化国家的必然要求，更是遵循经济规律发展的必然要求。

第一，高质量发展是适应经济发展新常态的主动选择。我国经济发展进入新常态。在这一大背景下，我们要立足大局、抓住根本、看清长期趋势、遵循经济规律，主动适应把握引领经济发展新常态。要牢固树立正确的政绩观，不简单以 GDP 论英雄，不被短期经济指标的波动所左右，坚定不移实施创新驱动发展战略，主动担当、积极作为，推动我国经济在实现高质量发展上不断取得新进展。

第二，高质量发展是贯彻新发展理念的根本体现。发展理念是否对头，从根本上决定着发展成效乃至成败。党的十八大以来，以习近平同志为核心的党中央直面我国经济发展的深层次矛盾和问题，提出创新、协调、绿色、开放、共享的新发展理念。只有贯彻新发展理念才能增强发展动力，推动高质量发展。应该说，高质量发展，就是能够很好满足人民日益增长的美好生活需要的发展，是体现新发展理念的发展，是创新成为第一动力、协调成为内生特点、绿色成为普遍形态、开放成为必由之路、共享成为根本目的的发展。

第三，高质量发展是适应我国社会主要矛盾变化的必然要求。中国特色社会主义进入新时代，我国社会主要矛盾已经转化为人民日益增长的美好生活需要和不平衡不充分的发展之间的矛盾。不平衡不充分的发展就是发展质量不高的直接表现。更好满足人民日益增长的美好生活需要，必须推动高质量发展。我们要重视量的发展，但更要解决质的问题，在质的大幅度提升中实现量的有效增长，给人民群众带来更多的获得感、幸福感、安全感。

第四，高质量发展是建设现代化经济体系的必由之路。建设现代化经济体系是跨越关口的迫切要求和我国发展的战略目标。实现这一战略目标，必须坚持质量第一、效益优先，推动经济发展质量变革、效率变革、动力变革，提高全要素生产率，不断增强我国经济创新力和竞争力。归根结底，就是要推动高质量发展。推动高质量发展是当前和今后一个时期确定发展思路、制定经济政策、实施宏观调控的根本要求。遵循这一根本要求，我们必须适应新时代、聚焦新目标、落实新部署，推动经济高质量发展，为全面建成小康社会、全面建成社会主义现代化强国奠定坚实的物质基础。

（三）把握矛盾关系

推动高质量发展离不开辩证法的指导。经济发展是一个螺旋式上升的过

我国种养结合奶牛场高质量发展研究与实践

程，上升不是线性的，量积累到一定阶段，必然转向质的提升，这是经济发展的规律使然，也合乎唯物辩证法的基本原理。我们要学好、用好辩证法，审时度势，科学设计，以辩证思维来处理推动高质量发展中遇到的各种矛盾关系。

第一，正确把握整体推进和重点突破的关系。推动高质量发展是一项系统工程，必须坚持稳中求进工作总基调。"稳"和"进"是辩证统一的，要作为一个整体来把握，把握好"时、度、效"。要运用系统论的方法，依据新发展理念的整体性和协同性，增强推动高质量发展举措的关联性和耦合性，做到相互促进、协同发力。要坚持"两点论"与"重点论"的统一，善于厘清主要矛盾和次要矛盾、矛盾的主要方面和次要方面。牢牢把握高质量发展的根本要求、工作主线、基本路径、制度保障和具体着力点，做到全局和局部相配套、治本和治标相结合、渐进和突破相衔接，实现整体推进和重点突破相统一，不断增强我国经济创新力和核心竞争力。

第二，正确把握总体谋划和久久为功的关系。在我国这样一个经济和人口规模巨大的国家，推动经济高质量发展任重道远。当前，我们既要打好防范化解重大风险、精准脱贫、污染防治三大攻坚战，又要大力转变发展方式、优化经济结构、转换增长动力，特别是要净化市场环境、提高人力资本素质、全面提高国家治理能力。为此，我们必须保持战略定力，坚持久久为功，统筹做好跨越关口、推动高质量发展的顶层设计和总体谋划，正确把握实现长远目标和做好当前工作的关系，发扬钉钉子精神，把经济发展各项工作做好做实。

第三，正确把握破除旧动能和培育新动能的关系。发展动力决定发展速度、效能、可持续性。推动高质量发展必须坚定不移推进供给侧结构性改革，大力破除无效供给，着力培育壮大新动能，促进新旧动能加快接续转换，加快建设现代化经济体系。需要注意的是，表现为三大失衡的结构性矛盾，其根源就在于生产要素配置扭曲，必须靠深化要素市场化改革才能从根本上解决。要积极稳妥腾退、化解旧动能，推动形成市场决定要素配置的机制，为新动能发展创造条件、留出空间。要积极推动经济发展质量变革、效率变革、动力变革，加快建设实体经济、科技创新、现代金融、人力资源协同发展的产业体系，加速推动中国制造向中国创造转变、中国速度向中国质量转变。

第四，正确把握生态环境保护和经济发展的关系。生态环境保护和经济发展不是矛盾对立的关系，而是辩证统一的关系。生态环境保护的成败，与经济结构和经济发展方式息息相关。绿色发展是建设现代化经济体系的必然要求，我们决不能把生态环境保护和经济发展割裂开来，更不能对立起来，要坚持在发展中保护、在保护中发展。要加大力度推进生态文明建设，正确处理好绿水青山和金山银山的关系，构建绿色产业体系和空间格局，引导形成绿色生产方式和生活方式。这不仅是推动高质量发展的内在要求，更是关系中华民族永续发展的根本大计。

第五，正确把握维护公平与讲求效率的关系。对于我们这个拥有 14 亿多人的发展中国家来说，如何将做好做大的"蛋糕"公平合理地分好，是我们必须解决好的关键问题。实现高质量发展就是要把做大蛋糕和分好蛋糕有机统一起来，处理好公平和效率的关系。推动高质量发展必须着力解决收入分配差距较大的问题，调整国民收入分配格局，使发展成果更多更公平惠及全体人民。这样不仅有利于激发各种生产要素特别是劳动者的积极性，扩大中等收入群体，而且有利于提升全社会购买力，创造更大规模市场，推动经济更有效率、更加公平、更高质量、更可持续发展。

（四）主要内容

第一，构建高水平社会主义市场经济体制。坚持和完善社会主义基本经济制度，毫不动摇巩固和发展公有制经济，毫不动摇鼓励、支持、引导非公有制经济发展，充分发挥市场在资源配置中的决定性作用，更好发挥政府作用。深化国资国企改革，加快国有经济布局优化和结构调整，推动国有资本和国有企业做强做优做大，提升企业核心竞争力。优化民营企业发展环境，依法保护民营企业产权和企业家权益，促进民营经济发展壮大。完善中国特色现代企业制度，弘扬企业家精神，加快建设世界一流企业。支持中小微企业发展。深化简政放权、放管结合、优化服务改革。构建全国统一大市场，深化要素市场化改革，建设高标准市场体系。完善产权保护、市场准入、公平竞争、社会信用等市场经济基础制度，优化营商环境。健全宏观经济治理体系，发挥国家发展规划的战略导向作用，加强财政政策和货币政策协调配合，着力扩大内需，增强消费对经济发展的基础性作用和投资对优化供给结构的关键作用。健全现代预算制度，优化税制结构，完善财政转移支付体系。深化金融体制改革，建设现代中央银行制度，加强和完善现代金融监管，强化金融稳定保障体系，依法将各类金融活动全部纳入监管，守住不发生系统性风险底线。健全资本市场功能，提高直接融资比重。加强反垄断和反不正当竞争，破除地方保护和行政性垄断，依法规范和引导资本健康发展。

第二，建设现代化产业体系。坚持把发展经济的着力点放在实体经济上，推进新型工业化，加快建设制造强国、质量强国、航天强国、交通强国、网络强国、数字中国。实施产业基础再造工程和重大技术装备攻关工程，支持专精特新企业发展，推动制造业高端化、智能化、绿色化发展。巩固优势产业领先地位，在关系安全发展的领域加快补齐短板，提升战略性资源供应保障能力。推动战略性新兴产业融合集群发展，构建新一代信息技术、人工智能、生物技术、新能源、新材料、高端装备、绿色环保等一批新的增长引擎。构建优质高效的服务业新体系，推动现代服务业同先进制造业、现代农业深度融合。加快发展物联网，建设高效顺畅的流通体系，降低物流成本。加快发展数字经济，促进数字经济和实体经济深度融合，打造具有国际竞争力的数字产业集群。优化基础设施布局、结构、功能和系统集成，构建现代化基础设施体系。

第三，全面推进乡村振兴。全面建设社会主义现代化国家，最艰巨最繁重的任务仍然在农村。坚持农业农村优先发展，坚持城乡融合发展，畅通城乡要素流动。加快建设农业强国，扎实推动乡村产业、人才、文化、生态、组织振兴。全方位夯实粮食安全根基，全面落实粮食安全党政同责，牢牢守住十八亿亩耕地红线，逐步把永久基本农田全部建成高标准农田，深入实施种业振兴行动，强化农业科技和装备支撑，健全种粮农民收益保障机制和主产区利益补偿机制，确保中国人的饭碗牢牢端在自己手中。树立大食物观，发展设施农业，构建多元化食物供给体系。发展乡村特色产业，拓宽农民增收致富渠道。巩固拓展脱贫攻坚成果，增强脱贫地区和脱贫群众内生发展动力。统筹乡村基础设施和公共服务布局，建设宜居宜业和美乡村。巩固和完善农村基本经营制度，发展新型农村集体经济，发展新型农业经营主体和社会化服务，发展农业适度规模经营。深化农村土地制度改革，赋予农民更加充分的财产权益。保障进城落户农民合法土地权益，鼓励依法自愿有偿转让。完善农业支持保护制度，健全农村金融服务体系。

第四，促进区域协调发展。深入实施区域协调发展战略、区域重大战略、主体功能区战略、新型城镇化战略，优化重大生产力布局，构建优势互补、高质量发展的区域经济布局和国土空间体系。推动西部大开发形成新格局，推动东北全面振兴取得新突破，促进中部地区加快崛起，鼓励东部地区加快推进现代化。支持革命老区、民族地区加快发展，加强边疆地区建设，推进兴边富民、稳边固边。推进京津冀协同发展、长江经济带发展、长三角一体化发展，推动黄河流域生态保护和高质量发展。高标准、高质量建设雄安新区，推动成渝地区双城经济圈建设。健全主体功能区制度，优化国土空间发展格局。推进以人为核心的新型城镇化，加快农业转移人口市民化。以城市群、都市圈为依托构建大中小城市协调发展格局，推进以县城为重要载体的城镇化建设。坚持人民城市人民建、人民城市为人民，提高城市规划、建设、治理水平，加快转变超大特大城市发展方式，实施城市更新行动，加强城市基础设施建设，打造宜居、韧性、智慧城市。发展海洋经济，保护海洋生态环境，加快建设海洋强国。

第五，推进高水平对外开放。依托我国超大规模市场优势，以国内大循环吸引全球资源要素，增强国内国际两个市场两种资源联动效应，提升贸易投资合作质量和水平。稳步扩大规则、规制、管理、标准等制度型开放。推动货物贸易优化升级，创新服务贸易发展机制，发展数字贸易，加快建设贸易强国。合理缩减外资准入负面清单，依法保护外商投资权益，营造市场化、法治化、国际化一流营商环境。推动共建"一带一路"高质量发展。优化区域开放布局，巩固东部沿海地区开放先导地位，提高中西部和东北地区开放水平。加快建设西部陆海新通道。加快建设海南自由贸易港，实施自由贸易试验区提升战略，扩大面向全球的高标准自由贸易区网络。有序推进人民币国际化。深度参与全球产业分工和合作，维护多元稳定的国际经济格局和经贸关系。

二、我国奶业高质量发展

奶业产业链环节众多，产业链中任何一个环节出现问题都会增大整个产业链风险，影响整个产业的发展质量。实现我国奶业高质量发展是一个比较复杂的过程，需要将高质量发展内涵贯穿我国奶业发展的各个环节，包括明确产业链养殖、运输、加工各环节标准，增强调动每一个环节主体高质量生产的积极性，同时完善多元化监管体系、加强政策扶持力度，促进我国奶业实现绿色高效生产、安全运输、高效高质加工、产品优质优价畅销，最终实现产业链各环节的高质量发展。

（一）历史演变

近年来，特别是党的十八大以来，有关部门、地方政府和行业按照党中央、国务院部署，加快推进奶业振兴，狠抓质量，注重安全监管、技术进步、生产发展和品牌建设，我国奶业发生了脱胎换骨的变化，迈进全面振兴的新时期。但是，我国奶业发展仍面临产品供需结构不平衡、产业竞争力不强、消费培育不足等突出问题。面对新形势、新任务，迫切需要出台指导奶业振兴发展的纲领性文件，着力解决奶业发展中的薄弱环节和突出问题，全面推动奶业高质量发展。

2018 年 5 月 23 日，国务院常务会议审议通过了《关于加快推进奶业振兴和保障乳品质量安全的意见》（以下简称《意见》），围绕奶源基地建设、乳制品加工流通、乳品质量安全监管以及消费引导等方面作出全面部署。《意见》向全社会发出了振兴奶业的强烈信号，为奶业更好发展指明了方向和路径，对于推动奶业持续健康发展具有重大的现实意义和深远的历史意义。

《意见》共分为 6 个部分 22 条，明确了今后一个时期奶业发展的指导思想、基本原则、主要目标和重大政策措施，是指导今后一个时期我国奶业发展的纲领性文件。

第一，确立了奶业的战略定位。《意见》指出，奶业是健康中国、强壮民族不可或缺的产业，是食品安全的代表性产业，是农业现代化的标志性产业和一二三产业协调发展的战略性产业。

第二，明确了奶业发展的目标任务。《意见》提出，到 2020 年，奶业供给侧结构性改革取得实质性成效，奶业现代化建设取得明显进展，100 头以上规模养殖比重超过 65%，奶源自给率保持在 70% 以上，婴幼儿配方乳粉的品质、竞争力和美誉度显著提升，乳制品供给和消费需求更加契合；到 2025 年，奶业实现全面振兴，基本实现现代化，整体进入世界先进行列。

第三，突出了高质量发展的要求。《意见》要求，针对当前奶业发展不平衡不充分的问题，以关键环节和重点难点为突破口，着力提高奶业供给体系的质量和效率，在优质奶源基地建设、乳制品加工流通、乳品质量安全监管以及消费引导等关键环节精准发力，更好地适应消费需求总量和需求结构变化。

第四，强调了保障奶农的权益。《意见》提出了培育壮大奶农专业合作组织、促进养殖加工一体化发展、建立生鲜乳价格协商机制、开展生鲜乳质量第三方检测试点、规范生鲜乳购销行为等政策措施，增强奶农抵御市场风险、共享现代奶业发展成果的能力。

《意见》向全社会发出了振兴奶业的强烈信号，为奶业更好发展指明了方向和路径，对于推动奶业持续健康发展具有重大的现实意义和深远的历史意义。

2020年9月29日，国务院办公厅印发《关于促进畜牧业高质量发展的意见》（以下简称《发展意见》），围绕加快构建现代养殖体系、动物防疫体系、加工流通体系以及推动畜牧业绿色循环发展等方面作出全面部署。《发展意见》共6个部分24条，明确了畜牧业发展的指导思想、基本原则、发展目标，提出了提升畜牧业整体素质的关键措施，明确了省级人民政府对畜产品稳产保供的责任，是指导今后一个时期我国畜牧业发展的纲领性文件，对于保障畜牧业持续健康发展具有重大的现实意义和深远的历史意义。

《发展意见》对健全饲草料供应体系作出了具体部署，饲草料成本约占养殖成本的60%~70%，提高畜牧业竞争力，必须建设品类更全、质量更优、效率更高的饲草料供应体系。下一步，我们一方面要以粮改饲为重要抓手，加快发展饲草产业，增加优质饲草供给，补齐草食畜牧业高质量发展短板；另一方面要做大做强做优饲料工业，着力增强饲料原料供给保障能力和饲料产品转化效率，为畜牧业节本增效提供更有力的支撑。

《发展意见》提出，要发展适度规模经营，扶持中小养殖户发展。发展适度规模经营是现代畜牧业的发展方向，是高质量发展的必由之路。我国畜牧业是在一家一户分散养殖的基础上逐步发展壮大起来的，目前全国畜禽养殖规模化率达到64.5%，规模化养殖场已经成为肉、蛋、奶市场供应的主体。但也要看到，我国畜禽规模养殖与发达国家相比还有相当差距，设施装备条件差，生产效率不高，与规模化相对应的标准化生产体系还没有全面建立起来。

2022年2月16日，农业农村部制定发布了《"十四五"奶业竞争力提升行动方案》（以下简称《方案》），计划采取九项措施推动奶业高质量发展，提高奶业质量、效益和竞争力。

《方案》要求以习近平新时代中国特色社会主义思想为指导，立足新发展阶段，贯彻新发展理念，构建新发展格局，推动高质量发展，按照保供固安全、振兴畅循环的工作定位，对标对表奶业全面振兴要求和重要农产品保供任务，统筹奶业主产区和潜力区发展，降低养殖成本、完善利益联结、优化产品结构、引导乳品消费，巩固提升奶源供给保障能力，提高国产乳品质量以及奶业效益和竞争力，促进奶业高质量发展。

（二）奶业高质量发展概念

2018年国务院办公厅印发的《关于推进奶业振兴保障乳品质量安全的意见》提出，应按照高质量发展的要求，以优质安全、绿色发展为目标，以降成本、优结构、提质量、创品牌、增活力为着力点，强化标准规范、科技创新、政策扶持、执法监督和消费培育，加强优质奶源基地建设、完善乳制品加工和流通体系、强化乳品质量安全监管等，加快构建现代奶业产业、生产、经营和质量安全体系，提高奶业发展质量效益和竞争力，推进奶业现代化。同年，农业农村部等九部委联合印发《关于进一步促进奶业振兴的若干意见》并提出，应加快奶业规模化养殖、降低奶牛养殖成本、提高奶牛生产效率、做强做优乳制品加工业、促进产业链融合、提高乳品质量安全水平、推动主产省（区）率先奶业振兴、大力引导和促进乳制品消费等。2020年国务院办公厅印发《关于促进畜牧业高质量发展的意见》提出，应加快构建现代养殖体系、加工流通体系，建立健全动物防疫体系，形成产出高效、产品安全、资源节约、环境友好、调控有效的高质量畜牧业发展新格局。2021年中央一号文件也提出推动高质量发展的主题，促进农业实现高质高效，既要提高产品质量，也要提高土地、劳动、饲草料等资源的效率，进而提高产业发展的整体经济效益和产业竞争力。

在新经济形势和环境形势下，我国奶业高质量发展的理论内涵是多元化的：既要追求"数量"，也要追求"质量"；应以经济、社会和生态协调发展为目标，发展技术密集、资源节约以及环境友好型奶业，在提高资源利用效率、保增长的同时，降低环境压力并改善生态环境；还要提高乳制品附加值和技术含量，保障产品优质安全以满足人们日益增长的食品安全及健康营养需求；加强疫病防治、降低产业生产风险，提高产业经济效益和市场竞争力。

因此，奶业高质量发展的主要特征可以概括为："三高三低"的产业特征，"三高"即高技术含量、高经济效益、高资源利用率，"三低"即低疫病风险、低市场风险、低环境污染；"两高一优"的产品特征，即高附加值、高质量安全水平及优等品质。

（三）内涵定位

统筹兼顾，抓主抓重。围绕奶业主产省，兼顾南方潜力区和特色奶产区，以节本增效为目标，补短板、强弱项，提升规模养殖场草畜配套比例、资源利用效率和数字化应用水平，优化奶源布局，示范带动奶业高质量发展。

政府引导，多元投入。充分发挥奶牛养殖场、乳品加工企业、第三方检测机构等的市场主体作用，通过政府扶持引导，鼓励地方资金配套，吸引金融、社会资本投入，调动各方积极性，形成多元化的投入格局。

供需适配，消费带动。发挥消费带动生产发展的引擎作用，加强公益和科普宣传，展示国产奶源"新鲜"优势，促进乳品消费多元化、本土化，提升奶业竞争力。

根据《"十四五"奶业竞争力提升行动方案》，到 2025 年，全国奶类产量达到 4100 万吨左右，百头以上规模养殖比重达到 75% 左右。规模养殖场草畜配套、种养结合生产比例提高 5 个百分点左右，饲草料投入成本进一步降低，养殖场现代化设施装备水平大幅提升，奶牛年均单产达到 9 吨左右。养殖加工利益联结更加紧密、形式更加多样，国产奶业竞争力进一步提升。

（四）主要内容

第一，优化奶源区域布局。抓住重点区域、突出重点环节，支持主产省加强优质奶源基地建设，启动实施奶业生产能力提升整县推进项目，立足于河北、内蒙古、黑龙江三个实施千万吨奶工程的省份，打造奶业发展优势产区，推动奶业生产提质增量。发挥垦区产业集群优势，加强奶源基地建设。支持南方主销区奶源产能开发，重点支持适度规模养殖场发展，加强奶牛热应激技术服务支撑，开展饲料资源多元化综合利用技术研发，提高养殖场标准化管理水平，总结形成一批可复制可推广的南方奶业发展模式。

第二，提升自主育种能力。夯实奶牛品种登记和生产性能测定基础，扩大奶牛生产性能测定范围，推进奶牛生产性能测定数据在良种选育过程中的应用，健全奶牛生产性状关键数据库，建立奶牛育种数据平台，提高遗传评估效率，应用全基因组选择等技术，组建参考牛群，开展青年公牛联合后裔测定，培育后备公牛和验证公牛，建设国家奶牛核心育种场，增强良种自主供应能力。

第三，增加优质饲草料供给。实施振兴奶业苜蓿发展行动，支持内蒙古、甘肃、宁夏建设一批高产优质苜蓿基地，提高国产苜蓿品质，推广青贮苜蓿饲喂技术，提升国产苜蓿自给率。推进农区种养结合，探索完善牧区半舍饲模式，推动农牧交错带种草养畜。全面普及奶牛青贮玉米饲喂技术，支持粮改饲政策实施范围扩大到所有奶牛养殖大县。推进饲草料种植和奶牛养殖配套衔接，总结推广粗饲料就地就近供应典型技术模式，降低饲草料投入成本。

第四，支持标准化、数字化规模养殖。培育壮大家庭牧场、奶农合作社等适度规模养殖主体，支持养殖场开展"智慧牧场"建设，对饲喂、挤奶、保健、防疫、粪污处理等关键环节设施设备升级改造，推动基于物联网、大数据技术的智能统计分析软件终端在奶牛养殖中的应用，实现养殖管理数字化、智能化。加强奶牛生产性能测定在生产管理中的解读应用，推进精准饲喂管理，提高资源利用效率。

第五，引导产业链前伸后延。推进奶业一二三产业融合发展，支持乳品企业自建、收购养殖场，提高自有奶源比例，并通过与奶农相互持股、二次分红、溢价收购、利润保障等方式，稳固奶源基础。鼓励有条件的奶农在确保质量安全的条件下，依靠自有奶源有序发展乳制品加工，推动奶牛养殖向乳品加工和流通领域拓展，重点发展巴氏杀菌乳、低温发酵乳、奶酪和民族特色乳制品，通过直营、电商等渠道服务当地和周边社区居民，提高奶牛养殖效益，提升奶农市场地位。

第六，稳定生鲜乳购销秩序。支持奶业大县、企业和有条件的奶农自建乳品检验检测体系。加强检测技术研发和资源共享，为奶农检测提供便利，做到节约成本，公平公正。加强国家级乳品质量检测能力建设，支持一批奶业科研基础扎实、技术服务支撑能力强、区域服务能力强的生鲜乳检验检测机构设备提升。以构建公平合理的生鲜乳收购价格机制、保障乳品质量安全为目标，探索生鲜乳第三方检测，推动形成以质论价、公平合理的生鲜乳市场购销秩序。

第七，提高生鲜乳质量安全监管水平。完善乳品质量安全法规标准体系，健全生鲜乳生产、收购、运输等管理制度。强化源头治理，推进奶牛健康养殖，加强奶牛疫病防控，开展奶牛养殖兽用抗菌药使用减量化行动试点，严格养殖环节饲料、兽药等投入品使用。创新监管方式，提升生鲜乳质量安全监管效率，优化奶业监管平台，加强收购、运输重点环节监管和抽检监测，严厉打击违法违规行为，依法取缔不合格生产经营主体，保障乳品质量安全。

第八，支持乳制品加工做优做强。用好"本土"优势，打好"品质""新鲜"牌，满足差异化市场需求，研发生产适合不同消费群体的乳制品，避免过度包装，提高国产乳制品竞争力。鼓励企业开展奶酪加工技术攻关，加快奶酪生产工艺和设备升级改造，提高国产奶酪的产出率，研发适合中国消费者口味的奶酪产品。提高乳清、蛋白浓缩物等奶酪副产品加工利用水平。开发羊奶、水牛奶、牦牛奶等特色乳制品。鼓励地方及行业协会注册区域公用品牌或申请地理标志农产品保护。发挥行业协会作用，培育一批示范带动行业发展、积极履行社会责任、具有影响力的国产乳品品牌。

第九，加强消费宣传引导。加大奶业公益宣传，扩大乳品消费科普，倡导科学饮奶，引导健康消费。普及巴氏杀菌乳、灭菌乳、发酵乳、奶酪等乳制品营养知识，培育多样化、本土化的消费习惯。加大学生饮用奶宣传推广。支持奶牛休闲观光牧场发展，深化消费者对奶牛养殖的科学认识，推动一二三产业融合发展。加强乳制品消费监测，研判供需形势。开拓"互联网＋"等新型营销模式，满足乳品便捷、个性化的消费需求。

三、奶牛养殖高质量发展

（一）奶牛养殖高质量发展概念

养殖环节高质量发展应以健康养殖为目标，健康养殖以安全、优质、高效、无公害为主要内涵，追求数量、质量和生态效益并重。实施健康养殖必须调整养殖模式，创新生产经营管理制度，发展规模养殖和畜禽养殖小区，做好畜禽良种、饲料供给、动物防疫、养殖环境等基础工作（韩丽敏，2022）。其中，畜禽良种、饲料以及水、空气、土壤等养殖环境均是养殖业发展的重要投入品，会直接影响牲畜及畜产品质量，应重视其质量管理。

（二）奶牛养殖高质量发展路径

1. 投入品质量管理

（1）良种化是畜牧业现代化的重要内容和主要标志之一。良种具有发育快、生产周期短、生产性能好、产量高且质量好、生产成本低、价值高等众多优点，品种改良对提高劳动生产效率、资源利用率，降低生产成本、增加畜产品产量等具有重要意义。2021年中央一号文件提出要打好种业翻身仗，加强制种基地和良种繁育体系建设，促进农业产业高质量发展。农业农村部种业管理司制定的《全国奶牛遗传改良计划（2021—2035年)》指出，虽然2008年以来我国奶牛良种繁育、生产性能测定、遗传评估、良种推广等工作取得实质性进展，但仍存在奶牛育种基础性工作薄弱，生产性能测定参测比例低，数据质量不高，繁殖、健康等性状数据收集不完善等一系列问题；需要建成一批高标准、高水平国家奶牛核心育种场，强化奶源基地建设和科技创新，全面提升良种扩繁效率，提高奶牛群体产奶性能等目标。

品种改良是一种重要的农业技术发明，尽管普通养殖户、新型经营主体、合作组织或农商企业等均具备较大的技术创新潜力，但由于品种改良的技术要求高、难度大且经费要求高，因此应发挥经济实力较强核心育种企业、畜牧站等政府部门、高校或科研院所在品种改良中的领头作用，并加大对良种研发的支持力度。同时，一种新技术只有被采纳并获得商业成功，才能视为农业技术取得创新。推动我国奶业良种技术有效落地，要完善技术推广渠道，也要激励农户进行技术采纳。良种技术推广方面，完善的良种繁育体系建设有利于促进良种技术扩散（沈鑫琪等，2019）。且不同的农业技术扩散模式对农户技术采纳的激励效果存在差异，相对于市场交易模式，社会网络、合作组织和生产合同三种技术扩散模式更能直接或间接降低农户技术生产成本和交易成本，进而激励农户采纳技术（季柯辛等，2017）。尤其在贫困地区，基层政府部门（如畜牧站等）往往在农业技术推广中发挥着重要作用，例如四川省大多数贫困农户的农业技术来源于政府（罗明辉，2019）。此外，养殖户主年龄、受教育程度、养殖规模、家庭经济条件、家庭农业劳动力数量、养殖兼业程度、信贷约束、社会资本、信息资源（即信息获取渠道）、经营规模等家庭禀赋特征，技术适用性、技术属性、技术感知易用性和有用性、技术成本、良种运输应激反应等技术特征，技术推广体系（包括培训机制）、政府政策、自然灾害、环保压力、养殖保险发展情况、疫病防控水平、环境控制水平等环境特征（韩丽敏等，2021）会对农户农业的技术采纳行为产生显著影响。

因此，为推动良种技术有效落地，应做好以下方面的工作：①加强农业信息化建设，构建农业技术公共信息平台，降低奶农良种技术信息获取难度；②定期对奶农进行技术培训和示范，提高其技术认知和技术采纳积极性；③强化基层技术服务体系建设，深入基层做好科技帮扶，配备专业技术人员，针对性指导农民进行科学生产；④多渠道扶持奶农扩大养殖规模，增强其风险抵御能力和技术采纳规模效益；⑤完善养殖保险制度，加大品种改良技术采纳的补贴资金或政策扶持力度，优化奶农良种技术采纳的政策制度环境以稳定其生产，激励奶农采纳良种技术进行长期投资；⑥鼓励奶农参与专业合作社、技术协会、农村经济组织等，强化奶农人力资本；⑦选定技术推广核心区域，激活区域间信息传播机制，发挥核心区域辐射带动作用；⑧做好技术推广"售后服务"，既要提供品种改良技术，也要提供与良种饲养配套的养殖技术指导，保障良种饲养的高经济效益，稳定奶农品种改良积极性，形成示范效应。

（2）其他投入品质量管理。重视品种改良的同时，养殖场户还应加强对兽药、饲草料、添加剂、抗生素、养殖环境等其他投入品的质量管理。①选择可靠供应商，确保投入品符合一定质量标准，并定期对其进行质量评估，要求供应商承诺承担质量问题责任；②掌握科学的饲料搭配技术，保障投喂草料的搭配科学性，满足牲畜生长所需营养需求；③治疗患病牲畜时，须选择合格的兽药产品，并执行严格的休药期和相关残留检测；④严格控制添加剂、抗生素等投入量；⑤适宜场址对牲畜健康十分重要，厂址选择应符合卫生防疫要求，远离交通要道、村庄、学校、工业区和居住区等，场内布局结构要合理，保障牲畜有足够的躺卧及运动空间，保障牲畜享有必要的动物福利；场区内空气清新、水源充足、水质有保障，有适宜的湿度、温度、通风及光线等，还有完善的粪污处理设备，保证良好的卫生条件，杜绝交叉感染等。

2. 发展规模化、集约化养殖

国外奶业发达国家养殖规模化发展较快，例如，1985～2015年，澳大利亚养殖场数量降幅超过2/3，养殖场养殖规模逐步增长，机械化率普遍提高。2013年，养殖数量超过300头的大规模牧场数量占比已达到37%（游锡火，2019）。荷兰作为世界奶业大国，其家庭牧场养殖规模近年来迅速扩大，牧场新技术采纳率、机械化水平、奶牛单产水平和风险抵御能力均提高，生产成本显著降低（王安琪等，2020）。而养殖环节规模化发展有利于推动养殖业标准化、产业化、高效化、高质量发展，进而提高养殖者农业生产技术采纳能力、增加养殖净收益以及提高生鲜乳质量安全水平等（杨欣然等，2019）。

（1）扶持大型奶企自建规模牧场。2008年三聚氰胺事件后，我国开始重视推动奶业升级，大力提倡大型乳品加工企业向前后延伸产业链，自建、收购、参股或托管养殖场，形成涵盖饲草料种植与加工、养殖、原奶收集、乳制品生产加工、市场销售、售后服务等产业链各环节的全产业链发展模式，目的是提高奶企自有奶源的比例，稳定原奶供给，并加强原奶品质控制和风险管控，进而提高企业抵御行业周期性风险的能力，以及实现全产业链的信息可追溯，并提高产业各环节资源整合利用水平，提高资源利用效率和产业经济效益。并且，奶企能够以市场为导向，灵敏把握消费者多样化需求，从而有效调整养殖布局，实现一二三产融合发展，增强在乳品市场的竞争力。

（2）鼓励中小规模养殖户自建家庭牧场或加入养殖合作社、养殖小区。虽然 2008 ~ 2016 年我国存栏 100 头以上奶牛规模养殖比重提高了 33.5%，增长至 55%（王晓萍等，2019），但直到 2017 年，我国存栏量 100 头以下奶牛养殖户仍占全国养殖户总数的 98%，我国仍存在大量的小规模奶牛养殖户。对于中小奶企来说，大量小散户是其重要的原料奶来源。而小散户的养殖、管理技术水平低，原奶质量管理能力薄弱，且奶企与散户间的利益链接机制不完善，奶农话语权弱，奶企常常压低奶价或将风险转移给奶农。奶企与奶农之间道德风险频发，不利于原奶质量控制，还增大了交易成本及产业链下游的生产风险，降低了整个产业链的竞争力。引导专业养殖户发展家庭牧场或鼓励其加入合作社、养殖小区是提高其养殖规模化程度的重要发展方向。

3. 完善生产经营管理制度

（1）加强养殖场信息化管理。美国奶业比较发达，高机械化和高信息化水平是其重要特征。其奶业产业链中饲料生产、奶牛饲喂、挤奶、粪便清理等环节基本实现了机械化、自动化、信息化生产管理和监控，并能根据监控信息制定针对性生产决策（杨欣然等，2019）。随着我国奶业规模化程度提高，信息化技术逐渐被引入奶牛养殖业，帮助实现奶业产业链精准化、精细化、智能化管理。例如，大型奶企伊利率先建立了智能仓储系统；2020 年君乐宝在石家庄赞皇县建立了全国首家智能化家庭示范牧场，实现全机器人饲喂、挤奶和智能化管理；常州明明奶牛养殖专业合作社安装了"MIM 原奶智能监控系统"，经过一年多的使用，提升了牧场管理水平，减少了牛奶质量事故的发生，比如系统能够便捷地通过手机 App 实时获取牧场清洗频率、温度和浓度等数据，实现牧场智能化管理；南京卫岗乳业有限公司实现了从养牛、挤奶、加工到运输的全智能化链条。

整体来看，目前我国奶业养殖环节信息化程度仍较低。由于规模养殖场的信息技术采纳能力较强，且信息技术对规模化养殖管理及疫病防控等均存在一定的必要性，因此仍要多渠道提高我国养殖规模化程度。同时，农户信息技术采纳行为会受到投入成本、获取信息渠道、政府技术推广方式、农户对技术采纳效果的担忧等多种因素影响（张标等，2017）。因此，还应加强我国农业信息化工程建设，完善农户信息获取渠道，提升农户信息识别和获取能力，降低信息搜寻成本和风险，保障信息采纳效果等。

（2）加强养殖场疫病防治。养殖场疫病防控是一个系统工程，需要谨慎做好各方面的工作。①提高养殖者对疫病防控必要性认知，调动其配合监管部门做好防疫工作的积极性；②制定并执行科学的免疫程序，针对性选用质量可靠的疫苗，做到预防为主、治疗为辅；③定期进行严格消毒工作，要使用质量合格的消毒剂，降低消毒给牲畜带来的应激反应；④及时清理牛舍和厂区内的垃圾杂物，定期严格、彻底地对牧场消毒，保障疫病防控效果；⑤做好场外购入牲畜的隔离、检疫工作，对养殖场区进出人员、车辆及其他物品等做好消毒检查工作。

（3）促进养殖废弃物资源化利用。随着我国养殖业规模化、集约化发展，畜禽养殖废弃物产量不断增加，污染面不断扩大，畜禽养殖废弃物造成的环境问题也日益严重。虽然政府陆续制定了《畜牧法》《固体废弃物污染环境防治法》《大气污染防治法》和《动物防疫法》等关于畜禽养殖污染防治的详尽法律规定，但截至 2017 年，全国畜禽养殖废弃物年产高达约 38 亿吨，相对总利用率却不足 60%（赵立欣等，2017），有必要继续提高我国畜禽养殖废弃物的资源利用率。目前，奶牛养殖废弃物资源化利用的渠道日益丰富，例如蚯蚓能够富集粪污中的重金属，降解大分子有机污染物、有毒有害物质等（邢宇翚等，2015），利用奶牛粪便饲养蚯蚓能够实现奶牛粪便的资源化循环利用。牛粪还可以用作牛床垫料、转化成有机肥料发展种养结合等（杨永军等，2019）。因此，既要创新养殖废弃物资源化利用技术，也要调动养殖户采用先进牛粪处理技术的积极性，提高养殖废弃物资源化利用率，降低养殖业发展对生态环境的压力。

第二节　我国农业种养结合模式概念、内涵

一、循环农业

循环农业概念的提出是与我国循环经济战略发展密不可分的。农业作为国民经济的基础产业，面临的资源约束和环境问题日益突出。我国用占世界 6% 的水资源、9% 的耕地，养活和支撑了世界 22% 的人口；同时，我国农业发

展面临高投入、低产出、低效益、资源高消耗和过度利用、生态退化、环境恶化等严峻问题（尹昌斌等，2013）。我国农产品生产能力持续提升是以资源消耗、环境牺牲为代价的。发展农业循环经济是实施循环经济理念、建立资源节约型社会的关键性基础环节。

（一）循环农业的内涵及特征

循环农业是一种全新的理念和策略，是人口、资源、环境相互协调发展的农业经济增长新方式。循环农业运用可持续发展思想、循环经济理论与产业链延伸理念，通过农业技术创新和组织方式变革，调整和优化农业生态系统内部结构及产业结构，延长产业链条，实现农业系统物质能量的多级循环利用，最大程度地利用农业生物质能资源，利用生产中每个物质环节，倡导清洁生产和节约消费，最大程度地减轻环境污染和生态破坏，同时实现农业生产各个环节的价值增值（尹昌斌等，2008）。

本质上看，循环农业的最主要特征是产业链延伸和资源节约。循环农业的概念经由循环型农业、循环节约型农业、农业循环经济，最终演变为循环农业。广义上看，循环农业是整个国民经济系统的一个子系统，在农业资源投入、生产、产品消费、废弃物处理的全过程中，把传统的依赖农业资源消耗的线性增长经济体系，转换为依靠农业资源循环发展的经济体系，倡导的是一种与资源、环境和谐的农业经济发展模式（尹昌斌等，2006）。

循环农业具有四个方面特征：一是遵循循环经济理念的新生产方式，要求农业经济活动按照"投入品→产出品→废弃物→再生产→新产出品"的反馈式流程组织运行；二是资源节约与高效利用型的农业经济增长方式，把传统的依赖农业资源消耗的线性增长方式，转换为依靠农业资源循环利用的发展增长方式；三是产业链延伸型的农业空间拓展路径，实行全过程的清洁生产，使上一环节的废弃物作为下一环节的投入品；四是建设环境友好型新农村的新理念，遏制农业污染和生态破坏，在全社会倡导资源节约的增长方式和健康文明的消费模式（尹昌斌等，2013）。

由此可见，循环农业是现代农业的一种新型发展模式，是转变农业发展方式的有益探索；循环农业的驱动力是经济效益，最终目标是要实现经济效益和生态环境效益的双赢；发展循环农业必须要依托现代农业技术和手段；发展循环农业不能只局限在农业领域，要延伸产业链，实现农、工、商之间的交叉利用和共同发展，即农业产业化是实现循环农业发展的具体形式。

（二）循环农业遵循原则

发展循环农业是实施实现农业可持续发展战略的重要途径。循环型农业运用可持续发展思想、循环经济理论与生态工程学，在保护农业生态环境和充分利用高新技术的基础上，调整和优化农业生态系统内部结构及产业结构，提高农业系统物质能量的多级循环利用，严格控制外部有害物质的投入和农业废弃物的产生，最大限度地减轻环境污染，使农业生产经济活动真正纳入农业生态系统循环中，实现生态的良性循环与农业的可持续发展。

循环农业遵循的原则与循环经济的"3R"原则基本一致，即减量化（reduce）、再利用（reuse）和再循环（recycle）。一是"减量化"，尽量减少进入生产和消费过程的物质量，节约资源使用，减少污染物排放。二是"再利用"，提高产品和服务的利用效率，减少一次用品污染。三是"再循环"，物品完成使用功能后，能够重新变成再生资源。通过合理设计，优化布局接口，形成循环链，使上一级废弃物成为下一级生产环节的原料，周而复始，有序循环，实现"低开采、高利用、低排放、再循环"，最大限度地利用进入生产和消费系统的物质和能量，有效防控有害物质或不利因素进入循环链，提高经济运行的质量和效益，达到经济发展与资源节约、环境保护相协调，并符合可持续发展战略的目标。

（三）现代农业与循环农业

发展现代农业意在解决中国农业领域所面临的资源环境问题，推进农业的绿色生态化，致力使农业成为生产效益型的集约农业、资源节约型的循环农业、环境友好型的生态农业和产品安全型的绿色农业。

1. 对循环农业的再认识

综观农业发展史，农业演变经历了原始农业—传统农业—石油农业—绿色农业的历程。原始农业：生态破坏与自我修复；传统农业：低投入、低产出、无污染；石油农业：高投入、低效率、环境污染；绿色农业：环境友好、生态安全。

循环农业是一种遵循循环经济理念的新生产方式，是一种资源节约与高效利用型的农业经济增长方式，是一种产业链延伸型的农业空间拓展路径，是一种环境友好型宜居乡村建设的新理念。生态循环农业本质特征是资源节约与产业链延伸。

循环农业首先是发展现代农业，即用现代工业装备农业、用现代科学技术改造农业、用现代管理方式管理农业、用现代科学文化知识提高农民素质的过程；同时顺应日益增长的环境保护需求，建立高产、优质、高效的农业生产体系，把农业建成具有显著效益、社会效益和生态效益的可持续发展农业，实现环境友好与生态安全。

循环农业实现了产业链条的延伸。种植业、养殖业、加工业、农产品消费及生物质产业，通过物质循环、能量交换与价值增值，形成一二三产业的联结和融合。

2. 现代农业发展趋势——农业绿色生态化

现代农业主要体现为四个方向：一是生产效益型的集约农业，采用集约经营方式进行生产，具有规模效应；农田基础设施建设、发展灌溉及机械化等高投入以及农业新技术和优良品种的广泛应用，具有典型"现代农业"特点与石油农业特征。二是资源节约型的循环农业，以节约、减排和农民增收为目的，通过种养结合等，实现废弃物多次循环利用，以及农业生产技术范式的改革和创新，形成"无废农业"的物质循环利用模式。三是环境友好型的生态农业，利用传统农业精华，促进一二三产业融合，通过工程措施解决发展与环境资源的矛盾，获得较高经济、生态、社会效应，形成"无害农业"的生产新方式、新理念。四是产品安全型的绿色农业，应用现代化设施和绿色生产技术，关注农业环境保护和农产品质量安全，发展关键是规模和质量监控，形成高效安全的"无毒农产品"供给模式。

3. 走现代生态循环农业之路

一是要创新理念和思路，转变农业发展方式，包括生产方式转变、经营方式转变、永续方式转变；二是要统筹推进、转变目标、搞好结合，统筹推进生产生活生态三位一体、资源产品再生资源循环、资源节约与清洁生产协调，体现国家农产品安全和农业可持续发展长效机制的结合、农业环境污染全程控制与重点治理的结合、城市污染和工业污染与农村污染一体化防控的结合；三是实现生产功能向兼顾生态社会协调发展转变、单向式资源利用向循环型转变、粗放高耗型向节约高效型技术体系转变。

二、农业种养结合模式

2020 年，全国畜禽养殖规模化率达到 67.5%，比 2015 年提高 13.1 个百分点（孟祥海等，2022）。规模化畜禽养殖对我国肉禽蛋奶等重要农产品的稳产保供发挥了重要作用，但规模化养殖场粪污排放量大、处理成本高、农田消纳难，由此引发的环境污染问题不容忽视。2016年中央一号文件提出推动农业绿色发展，并启动实施种养结合循环农业示范工程。2016年12月，习近平总书记在中央财经领导小组第十四次会议上指出，加快推进畜禽养殖废弃物处理和资源化，是一件利国利民利长远的大好事。畜禽养殖业种养结合是指畜禽养殖场处理养殖产生的粪便，并将其作为种植业的有机肥来源。畜禽养殖业种养结合模式既是一种技术模式，又是一种经营模式，是推进畜禽粪便资源化利用的主要途径。本书基于实地调研、文献报道和全国畜牧总站组织编写并公开出版的案例材料，根据技术特征与经营管理特点，进一步将畜禽养殖业种养结合模式分为种养一体化经营模式、种养契约合作模式、种养区域循环模式三类。

（一）种养一体化经营模式

1. 模式内涵

种养一体化经营模式是指畜禽养殖场为畜禽粪便还田利用建设粪污收集处理设施，根据畜禽粪污消纳要求，通过流转并经营一定规模的农田、果园、茶园、林地，采用堆肥还田、粪污全量收集还田、沼气工程发酵处理还田等技术工艺，实现畜禽粪便肥料化利用。土地转出的农户要支持畜禽养殖场按照标准规范开展畜禽粪便还田利用，不得干扰畜禽养殖场合法的生产经营活动。

2. 运营要点

种养一体化经营模式简单、易于操作，能够为畜禽粪便提供稳定的还田消纳渠道，适用于不同规模的畜禽养殖场。基于以上案例实践，采用该模式应关注以下方面。

一是流转土地规模需与养殖规模相匹配。此类模式适用于远离城镇、周边有足够土地来消纳养殖场粪便的地区，特别是蔬菜、果树、茶树、林木、大田作物等种植区域。采用该模式应根据《畜禽粪污土地承载力测算技术指南（试行）》测算不同规模畜禽养殖场粪污消纳所需配套的土地面积。

二是需要有足够的粪污贮存设施。农作物施肥具有季节性特征，而畜禽养殖场粪便排放具有持续性。养殖场要有足够空间配套修建无害化处理设施及沼渣沼液、堆肥的贮存设施和田间储存池，以解决畜禽粪污排放和作物需肥之间的季节性矛盾。

三是要符合畜禽粪便还田利用规范。畜禽粪便还田前需要进行无害化处理，充分腐熟并灭杀病原菌、虫卵及杂草种子等。未经无害化处理的粪便不得施于农田，粪便堆肥和液态粪便厌氧无害化处理卫生学要求需要符合《畜禽粪便无害化处理技术规范》（NY/T 1168—2006）和《畜禽粪便还田技术规范》（GB/T 25246—2010）。

四是需要有稳定的经营收入保障。规模化养殖和规模化种植都需要专业化生产经营。养殖场流转土地开展种养一体化经营，意味着养殖场由单一的畜禽养殖拓展为兼顾畜禽养殖与种植业生产的多元化经营，尤其是对大规模养殖场而言，需要大规模流转土地消纳畜禽粪便，土地租金是不小的固定支出，需要有稳定的生产经营收入做保障。同时，经营好种植业也需要专业化的运营管理做支撑。

（二）种养契约合作模式

1. 模式内涵

种养契约合作模式是指畜禽养殖场建设粪污收集处理和畜禽粪肥还田利用设施，根据畜禽粪污农田消纳要求，与周边经营一定规模农田、果园、茶园、林地的农户、家庭农场、合作社、龙头企业等签订畜禽粪肥还田合作契约，双方根据契约开展畜禽粪肥还田合作。在这种模式下，畜禽养殖场要根据养殖规模，考虑种植农户畜禽粪肥需求及季节性要求，与种植农户签订真实有效的契约，明确畜禽粪肥还田的手段、标准、用量和付费机制，确保畜禽粪肥还田能够落地。种植农户要遵守契约精神，在约定范围内支持畜禽养殖场畜禽粪肥还田利用，不能干扰养殖场合法的生产经营活动。

2. 运营要点

采用种养契约合作模式，养殖场不需要流转土地，经营成本明显降低，相对于种养一体化经营模式，该模式属于轻资产模式，适用于中等规模以上的养殖场，尤其是周边蔬菜、水果、茶叶等经济作物密集的种植区域。养殖场只需按契约做好畜禽粪肥还田服务，不需分散养殖主业的资金、人力、物力等经营投入。基于以上案例实践，采用该模式除契约还田土地规模需要与养殖规模相匹配且有足够的粪污贮存设施和符合畜禽粪便还田利用规范外，还应关注以下方面。

一是要明确畜禽粪肥契约还田的首要目标是环保达标。畜禽粪便污染治理环保达标是养殖场的生存红线，实现畜禽养殖污染物达标排放的成本高昂，开展畜禽粪便还田利用是畜禽养殖场的最优选择。畜禽粪便还田面临运输成本高的问题，就近还田是首选。为此，规模化畜禽养殖场应把畜禽粪肥还田利用定位为环保达标的手段，而不是营利的手段。

二是要做好畜禽粪肥还田利用的服务保障。畜禽粪肥还田利用需要考虑种植作物类别、需肥量的季节性变化、田间管理习惯、还田便捷性等因素。武汉中粮江夏山坡原种猪场和河南南阳牧原集团均建设了完备的畜禽粪肥贮存设施，并通过测土配方施肥、沼液管道输送等手段，实现了精准施肥、便捷输送。种植合作方只要打开沼液输送管道就可施肥，极大地降低了畜禽粪肥施用成本，提高了畜禽粪肥还田利用的便利性，有助于培养种植合作方施用畜禽粪肥的习惯。

三是要做好畜禽粪肥还田降本增效的示范。畜禽粪便是传统的有机肥，科学施用可以改良土壤、培养地力、提高农产品品质。相对于小农户，规模化畜禽养殖场具有理念、资金、技术、渠道等优势，应在开展畜禽粪肥契约还田利用的同时，流转部分土地，以施用有机肥为亮点，发展绿色有机农业、生态休闲农业、品牌农业，打造高附加值农产品，吸引周边小农户主动要求与养殖场合作，采用养殖场畜禽粪肥还田模式，起到示范引领的作用。

四是养殖场要做好种植农户违约风险的防范。就畜禽粪肥契约还田而言，养殖场是弱势的一方，若种植农户违约则养殖场畜禽粪肥尤其是液体畜禽粪肥将无处安置，进而引发环保问题，危及养殖场存亡。畜禽养殖场应做好种植农户违约风险防范，要立足自身，在条件允许的情况下，逐步流转一部分土地开展种养一体化经营；要尽量选择与家庭农场、专业合作社、龙头企业合作，降低合作的不确定性；要积极探索有机肥加工、沼液浓缩提取植物营养液、畜禽粪肥转运还田等方式，确保在种植农户单方面违约时能有畜禽粪肥还田的备选方案。

（三）种养区域循环模式

1. 模式内涵

种养区域循环模式是在畜禽养殖密集区，依托大型养殖场或专业化公司，建立专业从事粪便收集、处理和畜禽粪肥还田的服务中心，对周边畜禽散养户、小规模养殖场、养殖小区的畜禽粪污实行专业化分散收集、无害化集中处理、资源化转运还田，是相对于畜禽养殖场自行分散处理粪便还田的一种社会化服务模式。根据实施主体不同，集中收集处理还田模式可分为企业主导型、政府引导型和公私合作型三类。在该模式下，企业（集中收集处理还田服务中心）是投资经营主体，养殖场是受益主体，种植农户（基地）是终端承载主体。

2. 运营要点

畜禽粪肥集中收集处理还田模式适用于畜禽散养户及小规模养殖场较为集中、畜禽粪便产生量有一定规模的养殖密集区。该模式较好地解决了中小型分散畜禽养殖场养殖规模小、布局零散、粪污处理设施不足、环保监管成本高的难题，具有良好的推广价值。采用该模式应注意以下方面。

一方面，政府要做好规划和引导。集中收集处理中心的建设要符合当地土地利用规划，政府部门应制定相应的政策和鼓励措施，在建设用地，水电、道路等基础设施，转运车辆、粪污储存池、发酵设施、有机肥生产设备等设施设备上给予支持。要做好集中收集处理中心的选址和规模设计论证。集中收集处理中心在建设之前，要根据周边畜禽养殖场分布及养殖规模，测算转运还田的经济距离和畜禽粪便产生规模，科学选址并设计相匹配的处理规模。处理中心辐射区域内及其周边应有一定的农田、果园、茶园、林地，最好有连片规模化生产经营的家庭农场、农民专业合作社、种养大户和龙头企业，便于畜禽粪肥转运还田消纳。

另一方面，要突出市场化运营。以市场化运作、一体化管理的模式，委托专业合作社或者专业化管理公司开展运营，按照全链条思维设计市场化运营机制。在采用 PPP 模式时，处理中心的建设可由乡镇政府主导实施，后续的运行管护费用以乡镇财政配套和市场化运作收益为主，地方政府财政支持为辅。

第三节　种养结合奶牛场高质量发展概念、内涵

当前，我国经济发展模式已由高速增长转变为高质量发展模式，农业作为国民经济发展的基石，高质量发展的目标也必然成为农业政策新的风向标。党的十八届五中全会曾经明确提出，我国农业现代化发展的道路是一条种养结合的现代化发展道路。党的十九大还提出了"推动农业向规模化、绿色化发展"的理念。此后，为了推进实施种养结合模式，持续出台了一系列政策措施，如《全国农业现代化规划（2016—2020 年)》《全国农业可持续发展规划（2015—2030 年)》；2021 年农业农村部印发《关于开展绿色种养循环农业试点工作的通

知》，支持 17 个省份试点绿色种养循环农业。农业可持续发展已经成为农业政策的新目标，以家庭农场为代表的新型农业经营主体迅猛发展，正在成为现代农业的新生力量，面临着实现农业政策新目标的主要任务。

一、奶牛场发展种养结合模式的必要性

（一）种养结合模式可提高奶牛场的经济效益

首先，种养结合奶牛场能够通过多元化的土地利用方式提高当前土地流转后的综合利用率。目前，我国家庭农场普遍存在土地流转成本差异过大、土地经营权不稳定等现象，这也是阻碍家庭农场发展的主要原因之一。而对于纯种植型家庭农场而言，由于粮食等作物属于土地密集型农产品，粮食等作物的单位面积价值较低，必须扩大经营面积才能够保证一定的收益水平。但是，我国人多地少的国情并不支持经营主体不断地扩大经营面积，因此必须在有限条件下提高单位面积的产量。而畜禽养殖属于劳动密集型农产品，单位面积养殖价值较高，不需要太大面积就能获得较高的农场收益。

其次，种养结合能够通过种植与养殖的能量互补，提高种养奶牛场在经营过程中的经济效益。种养结合模式中养殖产生粪污，通过回收建立沼气池，将沼渣和沼液施用在农田，能够节省化肥费用支出，达到降低种植成本的目标，同时一部分作物以及秸秆被作为养殖阶段的饲料，节省了养殖过程中的饲料成本。

（二）种养结合模式可提高奶牛场的生态效益

长期以来，由于化肥的不合理使用以及大型机械的碾压，加之人们对耕地质量的漠视，导致了土地酸化、土地盐碱化、土地硬化等一系列耕地质量问题。现阶段，耕地质量下降已经成为制约农业高质量发展的关键因素之一。有关研究发现，我国使用农家肥的农户不足 15%，长期不施用农家肥是土地有机质减少、耕地质量下降的主要原因（司学祥，2016）。而在家庭农场经营过程中，采用种养结合的发展模式能够有效改善耕地质量。一方面，家庭农场通过使用畜禽粪便作为有机肥，其中大量的活性菌能够有效提高土壤中腐殖质的分解与转化效率，增强土壤中的有机质，改善土地酸化和土地盐碱化，同时还能够解决农作物重金属超标等问题；另一方面，畜禽粪便还可以改变土壤团粒结构，增强土壤透气性，提高土壤保水保肥的能力。

此外，畜禽养殖带来的水污染主要来自畜禽养殖产生的粪便，而在种养

结合发展中，经过发酵后的粪便作为肥料施用于农田，能够有效缓解畜禽粪污排放对地下水等的污染。一方面畜禽粪便的排放严重破坏了环境，另一方面耕地又因缺乏农家肥而处于"饥饿"状态，而种养结合发展模式能够系统解决这两方面的问题，有效提高经营主体的生态效益。

（三）种养结合模式可提高奶牛场的社会效益

农牧分离使农民难以分享畜牧业的利润，工商资本主导的"种养分离"的规模养殖，剥夺了农民主导的"种养结合"的家庭养殖，使原本属于农民的畜牧业收益被"市民"占有了（孙世刚等，2020），而脱离"农牧结合"的发展模式，规模化养殖也就丧失了其应有的价值。在传统农业社会，畜牧业不仅以自给形式满足农户对畜产品的需求，也是农户家庭收入的重要来源，特别是在多种经营不发达的农村地区，家庭畜牧业几乎是除了种植业之外现金收入的主要来源，对农户收入起到了重要的补充作用。根据2017年全国第三次农业普查数据显示，全国畜牧业经营人员仅占全国农林牧渔经营人员的3.5%。畜牧业与农户的分离事实上阻碍了农民在畜牧业中的就业，从而阻碍了畜牧业作为农户收入的重要来源。农村人口众多、耕地稀缺是中国的基本国情，在较长时间内，农业、农村都是农民就业的主渠道。而家庭农场在自身得到良好发展的同时，还会影响带动周围农户纷纷加入，带动相关产业的发展。通过建设种养结合型家庭农场，不仅能够推动畜牧业和种植产业快速发展，同时还能够带动一大批农户向规模化、专业化、现代化方向迈进，实现农村种养一体化，促进农民就近就业和农村经济快速稳定发展。

二、种养结合奶牛场高质量发展内涵

种养结合奶牛场高质量发展是指在一定的土地管理区域内，将种植与养殖高效合理组合，实现物质的循环利用，从根本上解决养殖污染。种养结合奶牛场高质量发展是提高生产水平和经济效益的有效手段和方法，对促进我国奶业转型升级高质量发展、建设生态宜居新农村、助推乡村振兴具有重要的现实意义。具体做法是：规模化奶牛场将其产生的粪污进行无害化处理后转化为有机肥料、牛床垫料、沼气等，然后将有机肥料用于回田进行现代农业生产，解决养殖场粪污处理难题；在养殖场周围自有或流转土地，种植苜蓿、黑麦草、青贮玉米、青贮小麦等青粗饲料，满足奶牛饲料的供给，节约饲喂成本；还可以种植有机蔬菜、五谷杂粮、瓜果树木等，供应周边市场和饭店，增加效益。

种养结合奶牛场是一种结合种植业、养殖业的生态农业模式，该模式以地区的农业生产资源禀赋条件为依托，充分发挥其优势，引导农民适应市场需求，合理地调整农业生产结构，增加农民收入。与传统种植业、养殖业、加工业分离的模式相比，该模式具有以下突出优点和重要意义。

1. 畜禽粪污资源化利用，减少环境污染

奶牛场的粪污经过干湿分离，固体部分经过发酵等综合治理后做成有机肥可以直接回田施用，液态肥可通过管道输送至撒粪车，由撒粪车灌溉至农田、林地。种养结合有效解决了畜禽养殖带来的污染和粪污处理难点，做到了资源化利用。

2. 种植青贮饲料和优质牧草，节约饲料成本

利用自有土地或流转土地种植青贮玉米、青贮小麦、黑麦草、苜蓿草等优质饲草。牧草再生力强，一年可收割多次，富含各种微量元素和维生素，与粮食作物相比，用牧草饲喂家畜的成本低很多。

3. 循环产业链全程可控，保障质量安全

种养结合模式以第二产业带动第一产业和第三产业发展，由单一的经营模式向多元化的经营模式转变，促进农民增收，同时发展粮改饲和观光型牧场，形成粮食生产、秸秆过腹还田、牛奶销售、粪污无害化处理的生态循环产业链。这种模式将奶牛、饲料、饲养管理、原奶销售各环节建设成为一个有机整体，有效控制了乳品质量风险，有效解决了奶业生产各环节的利益脱节问题，是国家着力倡导和扶持的生产模式。只有靠规模化养殖才能确保奶牛健康，只有规模化养殖与饲料种植有机结合才能保证牛奶品质。

三、种养结合奶牛场高质量发展技术要点

（一）改造圈舍打基础

将原来舍内采食、躺卧与舍外配套露天运动场的小型圈舍改扩建为新型的集采食、躺卧结合的一体化连体式大圈舍。屋面为双坡式彩钢板屋面，每面屋面由上、下两部分组成，下半面固定，上半面做成可以开合的活动屋面，以电动机传动丝杠旋转，丝杠移动屋面，可根据天气情况开启，使阳光照射在牛床上。圈舍内为双列式布局，中间是饲喂通道，宽 5.5 米，便于大型机械操作。饲喂通道两边是采食通道，便于吸粪车操作。采食通道上配套喷淋

和风扇等降温设施。在采食通道与沿墙中间留有发酵床体位置，发酵床的立柱上安装风机。在圈舍之间栽植落叶乔木、种植草坪等，进一步绿化环境。

（二）采用发酵床养牛

1. 发酵床制作

发酵床体为通体式，便于机械翻抛和出粪。地面用三合土夯实，四周用混凝土浇筑。在第一次床体垫料制作时，先将干湿分离的固体粪便与适量稻壳、菌棒渣等混合，添加枯草芽孢杆菌等复合菌种，采取好氧堆肥发酵后，填充到床体中，高度与床体上沿平。用发酵床替代卧床和运动场，奶牛除采食和挤奶外，大部分时间都在发酵床上安逸地躺卧和活动，所产生的大部分粪尿通过床体微生物好氧发酵得到处理。

2. 日常管理

泌乳牛在挤奶时，由专人用吸粪车清除采食通道粪污，用旋耕机对牛床进行翻抛。其他牛在躺卧时清除采食通道粪污，采食时翻抛床体。床体翻抛时，注意将新排粪尿与床体垫料翻抛均匀，避免局部湿度过大，粪量过多而发酵不充分。同时，根据季节、天气变化和床体垫料水分含量开启屋面、风扇或喷淋洒水，保持垫料湿度在50%～65%。严格控制发酵床的载畜密度，泌乳牛每头不少于20平方米，育成牛每头不少于15平方米。

3. 出粪管理

第一次出粪时间为床体应用3年时，以后可根据床体粪量多少和施肥季节出粪。每次出粪时，注意采用隔断式条沟出粪，每次出粪量为床体粪量的1/5～1/3，出粪后将床体翻抛均匀，整理平整，有效保留微生物菌种，循环使用。

（三）源头控制减产出

在废弃物源头减量化产生方面，一是通过对场区规划布局调整，将净、污道分设，雨、污水分流，大幅度减少了污水产生；二是通过圈舍改建，将大面积的露天运动场移到室内，大幅度减少了运动场因下雨产生的粪污量；三是采购两套先进的牛乳头刷，实现一次性完成清洗、擦干、前刺激和前药浴工作，大大减少了奶牛在挤奶环节乳房清洗、冲刷等用水量及纸巾（毛巾）等消耗品，减少了牛场废弃物产生量；四是通过加强育种工作、调整饲料配方、改善环境卫生、强化疫病防控等综合措施，减少甲烷气体产生，提高单产水平和减少发病率，达到单位乳品生产废弃物产生最小化的目标。

（四）过程处理无害化

购置吸粪车每天对采食通道的粪污及时清理，购置组合式螺旋挤压干湿分离机，对粪污进行干湿分离。分离的固体粪便和奶牛排泄在发酵床上的粪污都经微生物进行有氧发酵。由于粪污在第一时间被及时清理和处理，有效抑制了空气中的野生菌发酵产生氨气、硫化氢、吲哚等有害物质，阻止了氮元素的流失，并使粪污中蛋白质等大分子物质得到降解，使农作物更易吸收，提高了肥效。在有氧发酵的过程中，内部温度可达到 $60 \sim 70$ ℃，能有效杀死致病微生物和杂草种子等。该场修建了沼气池和氧化塘，分离的污水经过沼气工程发酵和氧化塘曝气，有效降低了 COD 值，到达灌溉要求。

（五）流转土地全消纳

为了使本场产生的粪污在处理后能全部消纳，养殖场将粪污流转农田，并铺设沼液输送贮存管网。同时，一年两季种植小麦和青贮玉米，大大提高了农田的需肥量，实现了本场粪污能够就地全部消纳。同时，种植的青贮玉米和小麦秸秆全部用作奶牛的粗饲料，真正实现了种养结合、资源利用、循环发展。

第四节　种养结合模式助力奶牛养殖高质量发展的理论

一、外部性理论

外部性理论是分析环境污染问题的重要理论，围绕该理论，庇古等众多经济学家进行了不断完善。外部性理论指某主体采用的生产活动对其他团体产生正或者负的收益，而这部分正或者负的收益无法给予该生产者，造成个人成本收益与社会成本收益不同（张朴甜，2017）。1890 年，马歇尔在《经济学原理》中提出了"外部经济"和"外部不经济"的概念，认为企业会因为外部各种因素所导致生产成本减少或者增加，出现"外部经济"和"外部不经济"（马歇尔，2011）。1912 年，庇古在马歇尔理论的基础上，通过分析边际私人净收益与边际社会净收益的背离来阐释外部性。当存在外部性时，纯粹个人主义机制不能实现社会资源的帕累托最优配置，通过"庇古说"可以解决外部性问题（王冰等，2002）。1991 年，科斯在《社会成本问题》中提出，如果交易费用为零，无论权利如何界定，都可以通过市场交易或自愿协商达到资源的最优配置，如果交易费用不为零，制度安排与选择是重要的。通常来说，征税和津贴是减少负外部性行为发生、促进正外部性行为发生的有效手段之一。

在奶牛饲养中，如图1-1（a）所示，奶牛场采用非种养结合模式，如果没有外部环境规制的约束，养殖场不会考虑养殖粪污的治理问题。养殖场主出于利益最大化的考虑，此时养殖场的牛奶产量为Q1，奶牛场粪污大量产生，对养殖场周围生态环境造成严重影响。此时奶牛场主养殖行为的私人边际成本小于社会边际成本，出现环境负外部性。通过环境规制，如环境保护税、行政手段让养殖场主治理粪污等，将养殖环境污染的成本内部化，可解决此环境负外部性问题，使养殖回到正常的产量Q1*上。这也是我国近年来颁布大量养殖粪污治理相关条例和法律的原因所在。

相反，如图1-1（b）所示，奶牛场采用种养结合模式，在种植方面，通过有机肥的施用减少种植过程中化肥的施用，提升土壤质量，减少环境污染，奶牛场主的绿色种植方式对社会生态环境生产正外部性。但在个人收益上，奶牛场在种植过程中获得的个人收益小于社会收益；在养殖方面，奶牛场通过种养结合模式，有效地解决了粪污的污染问题，给社会也带来正外部性，但自身没有获得该部分收益。整体上，该模式出现市场失灵状况，养殖场的牛奶产量仅为Q2水平上，没有达到社会的最优状态，需要通过规范市场、政府调控等手段激励其达到最佳状态（Q2*）。

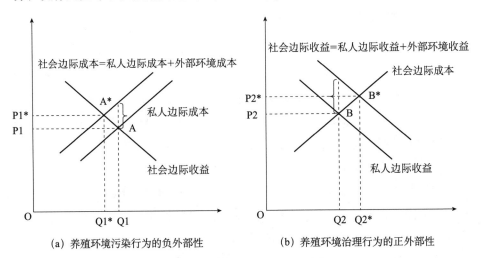

(a) 养殖环境污染行为的负外部性　　　(b) 养殖环境治理行为的正外部性

图1-1　奶牛养殖与环境外部性

二、交易费用理论

交易费用理论是现代产权理论的基础，该理论认为，信息不对称性、机会主义、不确定性等因素使得市场的交易费用非常高，企业的不同组织结构就是为了节约交易费用（常耀中，2016）。1937 年，科斯在《企业的性质》中首次提出交易费用理论，认为市场交易费用主要包括寻找交易对象、订立合同、执行交易、洽谈交易、监督交易等过程生产的费用。企业通过收购、兼并、重组等运营方式，可以将市场交易内部化，消除由于市场的不确定性所带来的风险，从而降低交易费用。在科斯之后，威廉姆森等许多经济学家又对交易费用理论进行发展和完善（威廉姆森，2007），将交易费用分为事前的交易费用和事后的交易费用，事前的交易费用指在事先规定交易各方的权利、责任和义务等过程所花费的成本和代价，事后的交易费用是指交易发生以后为了保持长期的交易关系、修改交易协议、取消交易协议等过程所付出的成本和代价。

如图 1-2 所示，奶牛场在外购青贮玉米过程中，需要确定所购买青贮玉米的农户，与农户订立合同，检查青贮玉米品质后执行交易，同时还需要花费精力维持与农户的良好关系，同时还要防止因市场青贮玉米价格变动农户发生违约的风险等；在粪污处理方面，养殖场需要寻找粪污消纳的种植户，

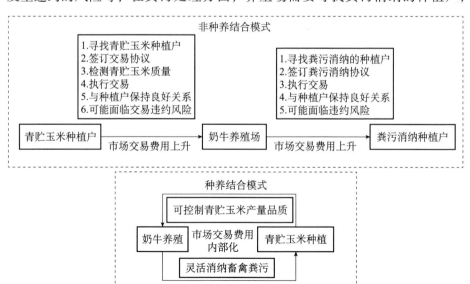

图 1-2　奶牛养殖与交易费用理论

与种植户签订消纳协议，为了保证将来持续合作，还需要花费精力维持与种植户的良好关系，同时也可能面临违约的风险等。这些因素会造成养殖场的市场交易费用上升。

相反，如果奶牛场自己种植青贮玉米，可以避免此过程产生市场交易费用问题，将市场交易费用内部化。在青贮玉米饲料上，实现产量和品质的安全可控；在奶牛场粪污的处理上，粪便经堆肥后，尿液污水经无害化处理后，可施用于养殖场内的耕地，能灵活消纳畜禽粪污。

三、系统协同理论

系统协同理论是在系统论、协同论、控制论等多学科研究基础上逐渐形成的理论成果，用于分析不同事物共同特征及其协同机理的新兴学科，目前得到广泛运用（王太盈，2019）。1976 年，哈肯在《协同学导论》中首次论述了协同理论。随着理论的不断完善，系统协同理论开始从企业内部逐渐扩展到企业与外部之间的战略层面上，内涵更加丰富。协同效应表现为企业内部和外部资源的优化、营销能力和品牌价值的提升等（王太盈，2019）。在奶牛养殖中，主要存在经济子系统和生态子系统，这两个系统存在相互影响、相互作用、相互依存的关系，表现为生态系统为经济系统的发展提供赖以生存的资源环境条件，经济系统的变动影响着生态系统的健康可持续发展。在资源日趋紧缺、环境污染备受关注的今天，奶牛养殖需要考虑经济系统与生态系统的协调可持续发展，通过模式调整、结构优化等，实现牛奶可持续生产。

如图 1-3 所示，在种养结合奶牛场中，通过青贮玉米种植与奶牛养殖，实现养殖场内粪便、秸秆和青贮玉米的循环利用，从而减少种植环节中化肥使用，降低饲料和粪便运输能耗，是一种经济、生态、社会协同发展的可持续生产系统，整个系统的各要素资源得到优化的配置和充分应用，系统的经济子系统和生态子系统是耦合的、协同的，经济子系统对生态环境的影响处于生态系统的承载力范围内，生态子系统处于健康状态，能为经济子系统提供更多的资源环境条件，经济系统与生态系统之间实现良性循环。

相反，在非种养结合奶牛场中，奶牛场的粪污没有得到很好的处理，养殖对环境造成影响；对于青贮玉米种植的农户没有使用有机肥，种植使用较多的化肥，造成化肥中 N/P 的流失，对水体、土壤等造成污染，在这种情况下，非种养结合模式的经济和环境效益没有达到协调状态，经济子系统排放的环境污染物超出生态子系统的环境承载力，生态子系统处于不可持续状态，将反过来限制经济子系统的发展，经济系统与生态系统之间出现恶性循环。

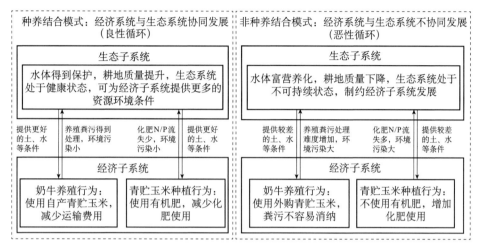

图1-3　奶牛养殖的经济与生态协同发展

四、物质循环理论

生态系统中的物质和能量等，它们在各个营养级之间传递并逐一被各营养级吸收利用，形成物质流。物质循环、再生利用是物质循环理论的基础（Winans et al.，2017；尹昌斌等，2013）。生态系统的物质循环根据循环空间大小，可分为生物个体层次的小循环、生态系统层次的中循环、地球生物圈层次的大循环等。①生物个体层次的物质小循环主要指生物个体的新陈代谢作用，即生物个体通过对营养物质的吸收用于自身发展，同时通过代谢活动将部分营养物质分解排出体外；②生态系统层次的物质循环涉及食物链、食物网、生产者、消费者、分解者等，也称营养物质循环，在生态系统中，生产者将环境中氮、磷、钾等营养物质进行吸收生产有机物质，这些有机物质通过食物链、食物网实现在各层消费者之间吸收利用，最后通过分解者的分解作用将有机物质分解为无机物质返回无机环境中；③地球生物圈层次的物质大循环是指物质在整个地球生物圈之间的循环，也称生物地球化学循环，整个循环过程不仅能实现地球生态系统内部的稳定，还能促进营养物质在生态系统之间传递。这三个层次的物质循环是彼此联系和依赖相存的，不能用孤立的观点看待它们，它们之间的彼此联系和依赖相存使生物个体与生态系统统一在生物地球化学循环过程中，并使生态系统永远处于动态平衡之中，也正是由于它们之间的彼此联系和依赖相存，人类活动的局部影响可能会对全球造成影响。

如图1-4所示，在种养结合奶牛场中，青贮玉米生长过程中吸收利用奶牛产生的粪便，减少因粪便没地方消纳而引发的环境污染风险，同时，施用粪便带来的化肥减施，能降低种植的环境污染，改善土壤质量，实现种植的绿色化生产。在奶牛饲养方面，使用养殖场耕地种出来的全株青贮玉米，能将秸秆实现资源化利用。整个过程实现了畜禽粪便、农作物秸秆的资源化利用，提高了资源的使用效率。

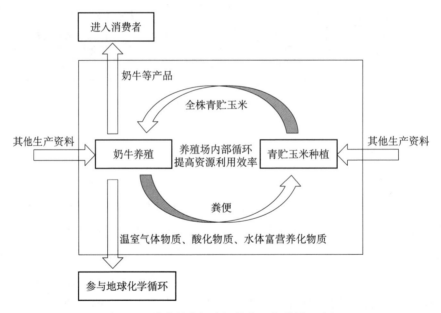

图1-4　种养结合奶牛场的主要物质循环过程

第五节　我国奶牛养殖高质量发展与乡村振兴、农业现代化

党的十九大报告提出乡村振兴发展战略，要求农村地区因地制宜大力发展种植业、养殖业，通过农业规模扩大拉动农村经济。党的二十大报告

指出，加快建设农业强国，扎实推动乡村产业、人才、文化、生态、组织振兴。在乡村振兴战略推进过程中，统筹农业全方位发展是当前重点。在农业领域中，畜牧业是核心组成部分之一，奶业是健康中国、强壮民族不可或缺的产业，是食品安全的代表性产业，是农业现代化的标志性产业和一二三产业协调发展的战略性产业。在农村地区奶牛场发展种养结合模式一方面实现了种养资源循环，为农村经济发展节约大量成本；另一方面实现了种植业、养殖业肥料处理，有效帮助农村地区改善居住环境。习近平总书记2023年4月在广东考察时指出"推进中国式现代化，必须全面推进乡村振兴，解决好城乡区域发展不平衡问题"。其中，产业兴旺是助推乡村振兴战略目标实现的重点环节。畜牧业作为促进农业高质高效发展的关键引领、农民富裕富足的支柱产业、乡村宜居宜业的强力支撑，是实现乡村振兴的重要内容。推进畜牧业高质量发展，对助力乡村振兴具有重要意义，也为中国式现代化建设提供持续赋能。2020年，国务院办公厅印发《关于促进畜牧业高质量发展的意见》，对促进畜牧业高质量发展进行顶层部署，有力提高了畜牧业质量效益与竞争力，形成畜牧产业产出高效、环境友好、资源节约的高质量发展新格局。

一、种养结合在乡村振兴路径中的重要作用

（一）帮助农村结构转型的重要举措

我国尚有部分地区在农业发展中还沿用小农经济的生产方式，即以"资源—产品—废弃物—污染物排放"为基本特征的农业发展模式，这种传统的农业生产在现阶段发展中存在过度消耗、过度污染、循环利用率低等问题，不利于当下我国乡村振兴战略的实施。从我国农业发展情况来看，传统农业发展受天气影响较大，极端天气下农作物抗灾性不强，导致农业发展不稳定。近年来，为响应乡村振兴号召，我国农村开始大规模发展养殖业，调查显示，2020年，我国成为世界上最大生猪生产国，然而，由于养殖业的快速发展及其规模的扩大，农村地区大量畜禽粪便处理存在困难，在影响农村居民生活环境的同时也导致有害病菌的迅速传播，与乡村振兴的理念背道而驰。农村养殖业规模大、占地面积广，在养殖过程中所产生的粪便很难在固定区域进行集中处理，因农民缺少资源循环利用的常识，粪便处理不当会导致环境的破坏与资源浪费问题同时存在，需积极引入种养结合手段，帮助农民把养殖

过程中的粪便转换为农业种植所需要的肥料，使农村地区尽快实现资源的循环利用。

农村地区大力发展种养结合体系是实现固定区域内资源循环的有效途径，种养结合理念可以有效优化种植业和养殖业之间的管理，并在二者之间建立循环的资源体系，在优化资源配置的同时助力农村地区解决粪便处理对环境破坏的困扰并逐步搭建成农业内部循环的发展链条，促进农村农业资源的合理开发与生态环境的有效保护，不断提高土地的产出率、资源的利用率。种养结合是满足当下农村发展体系的有效路径，既满足了种植业有机肥料的需求，又减少了因养殖产业所带来的环境污染，是践行乡村振兴战略实现农村转型的重要路径。

（二）促进农村经济发展的有效途径

作为农业大国，我国早期农业在农作物种植过程中秉承资源利用的理念，虽然这种资源利用仅在同一领域中进行。例如，将秸秆在田地里进行焚烧作为来年农作物的养料，在保证农业垃圾处理的同时也保证了养料的供应。经过现代社会的不断发展，种养结合理念应运而生，该理念将种植业与养殖业相结合，实现了农作物为养殖业提供饲料、养殖业为种植业提供肥料，二者相互支持，共同打造和谐共生的循环农业发展模式。

在种植业水平不断提高、农业科技不断进步的进程中，农村发展需以乡村振兴为目标，在保证整体产量的同时，紧抓质量发展，不断优化养殖业与种植业的产业结构，并在一定范围内压缩成本，增加农作物收益，通过种养结合手段实现资源的循环利用，并在一定程度上保证环境的清洁。因此需要根据资源承载力和种养业废弃物的总量以及土地能够消纳的半径，将养殖场合理布局，配套相应的建设草料种植场和粪污处理设施，需要根据市场的需求为目标，引导农村种植业与养殖业的发展方向，对粮食作物、经济作物进行精细化种植，帮助农民大量生产以提高农作物收益，切实实现种植业、养殖业二者结合的循环模式，将其产业结构不断优化，同时大力发展绿色农业。相关部门要发挥自身职能助力有机农作物的种植，实现农业经济稳步发展，并大力带动更多的农业生产者参与到种养结合的产业链条中去，进一步提高农业产业链的附加值，促进一二三产业联合发展，提高农业发展的综合竞争力，切实帮扶农村地区改善经济产业链条，实现乡村振兴。

（三）保护农村生态环境的必然要求

相关调查显示，我国农村地区主要劳动力为出生于 20 世纪 50～70 年代人群，普遍为小学文化程度，基础教育的缺失导致其在农作物种植过程中不能掌握科学合理的方法，过量使用农药化肥。农药化肥残留不仅使农作物质量下降，还使周围环境遭到破坏。农村地区由于缺乏人才的指导以及技术的支持，在农作物种植过程中存在严重的环境污染问题，随着农村种植业、养殖业范围的不断扩大，农村生态环境面临着极大的压力。随着乡村振兴战略的提出，农村环境污染问题得到了社会各界的共同关注。当前阶段，农业发展的主要劳动力大多数都转移到第二、第三产业上来，在农业种植规模不断扩大的同时，所投入的化学肥料对环境的污染越来越大，养殖规模不断扩大所产生的粪便无法得到及时处理，进而导致环境破坏的局面愈演愈烈。种养结合的模式可以通过种植业与养殖业的资源循环建立可持续发展的体系，一方面解决了种植业大量使用化学肥料的问题，另一方面方便了养殖业中粪便的处理，二者相互支持，建立完善的种养结合体系。种养结合模式的应用不仅使得资源得到合理利用，更是大力解决了农村环境污染问题，将种植业与养殖业的资源进行优化，减少了化学肥料的使用，解决了粪便处理问题，可以使当前农村环境得到极大的改善，既助力了乡村振兴举措，又可实现农村地区可持续发展。

二、奶牛养殖高质量发展与中国式农业现代化

（一）奶牛养殖高质量发展的新时代定位

首先，奶牛养殖高质量发展是改善生态环境的必然选择。生态文明是建设中国式现代化不可或缺的重要一环。国务院办公厅联合农业农村部连续颁布《关于构建现代化环境治理体系的指导意见》《关于促进畜牧业高质量发展的意见》《"十四五"全国畜牧兽医行业发展规划》《中华人民共和国畜牧法》《推进生态农场建设的指导意见》等政策文件，旨在明确畜牧业高质量发展目标与路径。因此，中国式现代化需要在高质量发展中发挥畜牧业改善生态环境的作用，这有助于实现高水平生态环境保护，能够为居民健康、膳食结构优化提供支撑。

其次，奶牛养殖高质量发展是实现乡村振兴的关键抓手。《关于促进畜牧业高质量发展的意见》明确强调，实施乡村振兴战略对畜牧业高质量发展起到引领作用。一方面，畜牧业高质量发展能够有效推进农业产业兴旺，产业兴旺旨在要求农村产业实现兴旺发达，而畜牧业高质量发展可促进诸多新业

态的发展，助力农村产业兴旺；另一方面，畜牧业高质量发展能够有效破解新时代社会主要发展矛盾。作为中国式现代化建设的重要主题，畜牧业高质量发展以供给侧结构性改革为主线，围绕民众对安全、优质畜禽产品需求这一根本目标，逐渐在繁荣农村经济、推进农业农村现代化方面发挥重要作用。据《中华人民共和国 2022 年国民经济和社会发展统计公报》数据显示，全年禽蛋产量为 3456 万吨，较上年增加 1.4%；牛奶产量 3952 万吨，较上年增长 6.8%；生猪出栏 69995 万头，较上年增长 4.3%。因此，畜牧业高质量发展有助于全面提升畜产品供给质量与数量，进而消除各类畜禽产品供应问题。

（二）奶牛养殖高质量发展遵循中国式规律

围绕中国式现代化建设要求，探究奶牛养殖高质量发展的基本遵循有助于形成"中国模式"的现代化畜牧业，能够为乡村振兴目标提供支撑。2021年，农业农村部在《"十四五"全国畜牧兽医行业发展规划》中强调"我国畜牧业现代化建设将于 2025 年取得显著成效，且奶牛、生猪、家禽养殖率先实现现代化"。因此，面向中国式现代化，奶牛养殖高质量发展既符合新时代目标导向，也遵循中国式规律。

习近平总书记 2018 年 9 月在十九届中央政治局第八次集体学习时指出"没有农业农村现代化，就没有整个国家现代化"。中国式现代化离不开农业农村现代化。此背景下，推进奶牛养殖高质量发展应符合农业农村现代化发展的基本遵循，发展理念主要集中于食品、生态化与开放合作导向三个层面。一是食品导向。面向中国式现代化，畜牧业逐渐向食物安全认知概念转型，并通过转变思想理念形成大食物体系安全观，进而实现高质量发展。该发展模式可追踪民众膳食结构变化，避免出现产能过剩畜种结构，形成符合中国国情与食品观的畜牧养殖模式与标准。二是生态化导向。一方面，绿色发展逐渐成为新时代主旋律，为畜牧业高质量发展提供遵循。面向中国式现代化，畜牧业以绿色发展理念为导向，通过建设完整生态系统提升环境质量，实现高质量发展；另一方面，健康生态环境有利于为畜牧业提供环境福利，助推畜牧业高质量发展。三是开放合作导向。面向中国式现代化，畜牧业在保证自给自足前提下，逐渐通过统筹国内外市场资源，积极主动参与全球价值链分配，助力实现高质量发展。

第六节　本章小结

　　本章系统梳理了我国奶牛养殖高质量发展概念、内涵，简要介绍了我国农业种养结合模式概念、内涵，界定了种养结合奶牛场高质量发展概念、内涵，论述了种养结合模式助力奶牛养殖高质量发展的理论，探究了我国奶牛养殖高质量发展与乡村振兴、农业现代化。奶牛养殖高质量发展作为促进农业高质高效发展的关键引领、农民富裕富足的支柱产业、乡村宜居宜业的强力支撑，是实现乡村振兴的重要内容。推进奶牛养殖高质量发展，对助力乡村振兴具有重要意义，也为中国式现代化建设提供持续赋能。2020 年，国务院办公厅印发《关于促进畜牧业高质量发展的意见》，对促进畜牧业高质量发展进行顶层部署，有力提高了畜牧业质量效益与竞争力，形成畜牧产业产出高效、环境友好、资源节约的高质量发展新格局。作为农村经济发展的重要组成部分，奶牛养殖"承农启工"能够显著扭转畜禽产品供给不足局面，有效助推生产方式转变。在全面开启中国式现代化建设新征程上，正确认知奶牛养殖高质量发展的地位与作用，统筹谋划发展路径，有利于支持乡村振兴目标达成，为实现中国式现代化提供支撑。

第二章 我国奶牛养殖现状、困境与挑战

过去 30 年，我国实现牛奶产量大幅度增长，现已成为世界第三大牛奶生产国，与此同时，奶牛养殖带来的资源环境问题日益受到重视。目前，发达国家奶牛养殖目标已经从追求产量转向追求生产效率的提升和环境保护。我国奶牛养殖业正处于绿色发展和高质量发展的关键期，了解我国奶牛养殖的现状及存在的问题、困境及挑战，是未来高质量发展的基础。

第一节 我国奶牛养殖现状

一、奶牛养殖基本情况

（一）奶牛存栏量情况

从图 2-1 中可以看出，2000~2021 年，我国奶牛存栏量呈现先上升再下降最终趋近平稳的趋势。2000 年为 469.4 万头，2010 年为 1420.1 万头，2020 年为 1043.3 万头。2000~2010 年，我国奶牛存栏量先上升。2011~2015 年，中国奶牛存栏量步入平台阶段，主要是散户因为经济效益的走低而逐渐淡出市场，与此同时规模牧场的生产能力逐步增强，填补了生产能力的短缺。但是由于奶牛补栏期较长，短期波动范围有限，再加上受到国际奶价的冲击，国内奶牛存栏情况不容乐观，奶牛存栏数下滑显著。2016~2021 年，我国奶牛养殖业进入低谷期，2018 年又因国家进行环境整改致使许多养殖场由于环境卫生达不到整改标准而被迫关停。因此，我国奶牛存栏量持续走低。

（二）牛奶产量情况

随着牛奶市场化改革的不断推进和科学技术水平的日益提高，中国牛奶产业取得了巨大进展，牛奶产量得到了保障与提高。但由于受到三聚氰胺事件的影响，加之国家政策提高了牛奶市场的准入门槛，国内牛奶产量

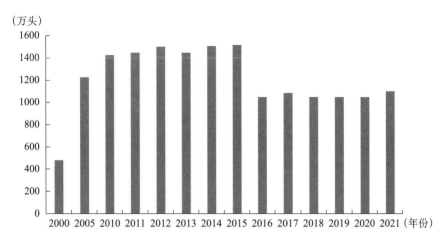

图 2 - 1　2000 ~ 2021 年我国奶牛存栏量

资料来源：《中国农村统计年鉴》。

表现为波动趋势。从图 2 - 2 中可以看出，2000 ~ 2010 年，国内总产奶量持续增长，2011 ~ 2015 年牛奶产量稳定在 3500 万吨以上。2016 年之后，中国奶牛养殖业处于结构转型升级的关键期，伴随着散户退出和牛肉市场价格走高的影响，产奶量大幅骤减，不过从增长率来看，2016 ~ 2021 年一直呈增长态势，2021 年牛奶产量达到 3682.7 万吨，未来我国牛奶产量仍然可观。

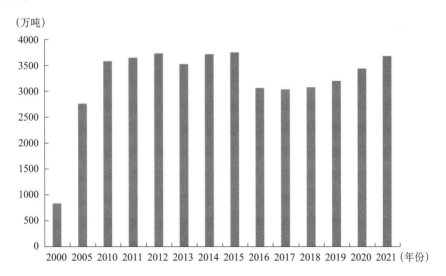

图 2 - 2　2000 ~ 2021 年我国牛奶产量

资料来源：《中国农村统计年鉴》。

我国种养结合奶牛场高质量发展研究与实践

从单产来看（如图 2 - 3 所示），2020 ~ 2021 年，奶牛单产一直稳定提升。2020 年全国奶牛平均单产达 6147 千克/头。但是与发达国家相比，我国奶牛的生产能力依然有差距。2020 年，欧盟的奶牛单产在 6500 千克/头以上，美国的奶牛单产为 10000 千克/头以上（FAOSTAT，2021）。

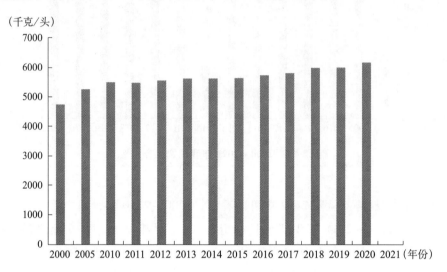

图 2 - 3　2000 ~ 2020 年我国奶牛单产

资料来源：《全国农产品成本收益资料摘要》。

（三）原料奶价格情况

从图 2 - 4 中可以看出，我国原料奶价格在 2000 ~ 2020 年持续上涨，从 1.9 元/千克增至 4.2 元/千克。2015 年开始略有下降，2012 ~ 2020 年我国原料奶价格始终维持在 3.5 元/千克至 4.0 元/千克。通过对比发现，我国原料奶价格一直保持高位运行，且长期高于全球平均价格。此外，我国原料奶价格也显著高于新西兰、美国、欧盟等发达国家，主要是由于我国奶牛养殖饲料成本高，精粗饲料配置不合理，这不但增加养殖成本，而且易引发奶牛疾病，增加防疫支出，从而制约奶牛单产。我国奶牛单产水平低，仅能达到美国的一半水平，单产低造成公斤奶成本显著增长。此外，人民币汇率的增长，使得人民币对美元、欧元等主要货币汇率不断提高，因此我国原料奶用美元表示的价格也呈增加态势，中国原料奶价格的持续高涨势必会在一定程度上削弱我国乳制品的国际竞争力。

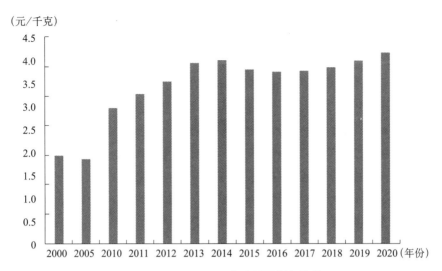

图 2 - 4　2000 ~ 2020 年我国原料奶价格

资料来源：《全国农产品成本收益资料摘要》。

二、奶牛养殖成本收益情况

（一）奶牛养殖主要成本

如图 2 - 5 和表 2 - 1 所示，依据奶牛养殖成本构成情况，无论何种奶牛养殖规模，每头奶牛每年的物质与服务费用和人工成本均上涨，物质与服务

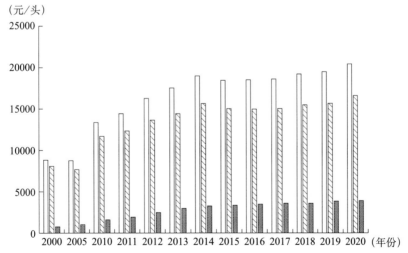

图 2 - 5　2000 ~ 2020 年我国奶牛养殖成本

资料来源：《全国农产品成本收益资料摘要》。

费用在奶牛养殖总成本中占比均高达80%以上，物质与服务费用可进一步分为直接与间接费用，在直接费用中，饲料成本和防疫及损失费在各个奶牛养殖规模下均占总成本的比重最高，间接费用中固定资产折旧在各个奶牛养殖规模下均占总成本比重最高，以上几项成本较能代表我国奶牛养殖成本的变化情况。因此，主要从饲料成本、人工成本、固定资产折旧和防疫及损失费具体了解不同规模奶牛养殖成本情况。

表 2 - 1　　　　　　　　　　2020 年我国奶牛养殖成本

	成本	散养 （元/头）	小规模 （元/头）	中规模 （元/头）	大规模 （元/头）	平均养殖 （元/头）	占总成本 比例（%）
物质与 服务 费用	（一）直接费用	10889.4	12290.8	16485.6	20244.2	13614.8	66.62
	1. 精饲料费	8046.6	8730.5	9809.1	10994.8	8945.7	43.77
	2. 青粗饲料费	2212.1	2911.0	5475.2	7148.1	3695.1	18.08
	3. 饲料加工费	43.2	36.6	21.8	26.4	35.7	0.17
	4. 水费	33.0	41.5	84.2	101.1	54.3	0.27
	5. 燃料动力费	176.6	132.1	294.4	524.4	246.8	1.21
	6. 医疗防疫费	111.5	158.6	241.0	430.2	194.1	0.95
	7. 死亡损失费	79.8	70.7	99.1	265.4	112.4	0.55
	8. 技术服务费	10.8	6.4	42.1	23.2	17.4	0.08
	9. 工具材料费	33.3	42.2	79.2	328.2	91.6	0.45
	10. 修理维护费	31.7	34.6	95.0	146.4	61.9	0.30
	11. 其他直接费用	110.8	126.8	244.7	256.0	160.0	0.78
	（二）间接费用	2198.7	2752.4	3798.4	4552.8	2950.0	14.43
	1. 固定资产折旧	2093.1	2569.5	3162.0	3777.3	2631.4	12.88
	2. 保险费	66.7	56.3	152.6	100.1	84.8	0.42
	3. 管理费		9.6	303.9	463.1	129.4	0.63
	4. 财务费		2.8	108.3	64.9	29.3	0.14
	5. 销售费	38.9	114.2	71.6	147.5	75.0	0.37
	物质与服务费用合计	13088.1	15043.2	20284.0	24797.0	16564.8	81.05
人工 成本	1. 家庭用工折价	4108.1	3013.9	269.1	40.0	2607.8	12.76
	2. 雇工费用	92.2	325.8	3099.9	3886.9	1264.8	6.19
	人工成本合计	4200.2	3339.7	3369.0	3926.9	3872.7	18.95
	总计	17288.3	18382.9	23653.0	28724.0	20437.4	100.00

注：散养为 0~10 头，小规模为 11~50 头，中规模为 51~500 头，大规模为 500 头以上。
资料来源：《全国农产品成本收益资料摘要》。

生鲜乳的获得主要是通过消耗饲料的方式，饲料成本对奶牛养殖成本的高低起着主导作用。我国奶牛养殖饲料成本主要包括精饲料成本和粗饲料成本。2000~2021年，我国奶牛养殖的饲料成本以2014年为分界点均呈现先增长后下降再上升的趋势。虽然2014年以后奶牛养殖的饲料成本开始有点下降，但从2019年与2010年的数据对比来看，降幅较小，我国规模化奶牛养殖饲料成本仍然处于较高的水平，并且规模越大，所花费的饲料成本越高。各规模奶牛养殖饲料成本在2000~2014年不断增加，主要是奶牛养殖所需的精粗饲料如玉米、豆粕、苜蓿等作物价格不断高涨所致。2015年中央一号文件提出要加快发展草牧业，支持青贮玉米和苜蓿等饲草料种植，开展粮改饲与种养结合模式试点，奶牛养殖饲料成本开始有所下降，但受中美贸易拉锯升级影响，中国对美国进口苜蓿和大豆加征关税，加上国内玉米供给侧改革，玉米可种植地缩小使玉米价格上涨，奶牛养殖仍然面临巨大的饲料成本压力。

在奶牛养殖成本中，人工成本也是奶牛养殖业不可忽视的成本，在奶牛养殖总成本中占据着第二大比重。如图2-5和表2-1所示，我国每头奶牛每年的人工成本呈波动型增长趋势，并且养殖规模与人工成本呈反向变动关系。工资水平的上涨和愿意从事奶牛养殖人数的减少，导致人工成本的快速上涨。小规模奶牛养殖相较于中规模和大规模奶牛养殖往往存在缺乏经营理念，管理方式不规范等现象，造成劳动效率低下，并且规模效益也相对较低，导致人工成本增幅相对较高。而大规模奶牛养殖资金实力雄厚，并且更大程度上引进自动化机器来代替人工，不仅节约了人工成本，还提高了养殖效率。

在奶牛养殖过程中对固定资产的投入必不可少，相应地就会有折旧的产生。如表2-1所示，各规模奶牛养殖固定资产折旧总体呈增长趋势，并且固定资产折旧费用与养殖规模同方向变动，规模越大，所投入的固定资产也就越多，相应的折旧费用也就越高，因此大规模的固定资产折旧要高于中小规模的固定资产折旧。但近年来，在环保政策的现行压力下，中规模养殖场加强对于原有落后设施设备的改造工作，加大对智能化设备的投入，固定资产折旧费用大幅增长。

乳腺炎、真胃炎等是奶牛在养殖过程中最易发生的疾病，乳腺炎的发生主要是管理不当所致，粪污清理不及时致使奶牛没有干净的休息区域，只能卧于其中，从而引发乳房感染。乳腺炎一旦发生，就会使产奶量大幅降低，同时要耗费成本进行医治，对生鲜乳质量也会产生不良影响，产出的牛奶无法售卖，如果应对措施不及时或不到位，严重情况下会造成奶牛失去产奶能力，将会给养殖场带来重大的经济损失。奶牛真胃炎的发生主要是由于精粗饲料配比不当，精饲料多而粗饲料少，以及奶牛产后精饲料供给太早、太多所致。奶牛疾病直接影响牛奶产量和质量，进而影响奶牛场的经济效益。各医疗防疫费和死亡损失费合并为防疫及损失费，从表2-1中可以看出，随着养殖规模的扩大，奶牛养殖在疫病防治和死亡损失方面的费用不断增加。小规模和中规模在防疫及死亡损失方面的支出较为平稳。2014年大部分地区出现倒奶杀牛现象，许多中小养殖户也相继退出，奶牛养殖方式正处于转型升级之时。这同时也是奶牛发病率最高的时期，淘汰了一大批老牛、病牛以及低产牛。大规模奶牛养殖由于奶牛存栏量大，因此需要耗费更多的防疫及损失费，再加上近年来非洲猪瘟、禽流感等疫病流行，因此我国在规模化奶牛养殖过程中，更应该关注奶牛疫病防治。

（二）奶牛养殖主要收益

如图2-6和表2-2所示，依据奶牛养殖收益构成情况，无论在何种养殖规模下，2000～2020年每头奶牛每年的收益均上涨，2020年总收益达到28758元/头，主产品的收益在奶牛养殖总收益中占比均高达90%以上。主产品的收益是销售原料奶的收益，副产品的收益来源于每年销售犊牛、育成牛、

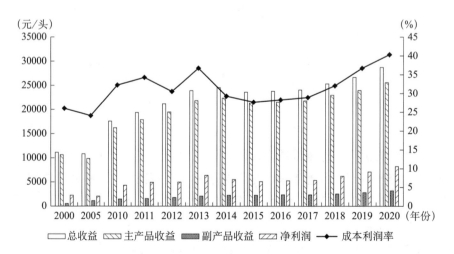

图2-6　2000～2020年我国奶牛养殖收益

注：主产品收益指每年销售原料奶的收益，副产品收益指每年销售犊牛、育成牛、淘汰母牛、有机肥等的收益。

资料来源：《全国农产品成本收益资料摘要》。

淘汰母牛、有机肥等的收益。每头奶牛的年度净利润一直保持波动增长，2020 年奶牛的年度净利润达到 8236 元/头，成本利润率一直保持波动平稳趋势，10 年来保持在 30% ~40% 区间。

表 2 - 2　　　　　　　　2020 年我国奶牛养殖收益

指标	散养	小规模	中规模	大规模	平均养殖
总收益（元/头）	24609.6	28074.2	32994.4	37650.8	28758.0
主产品收益（元/头）	22049.8	23445.1	29638.3	34527.4	25626.7
副产品收益（元/头）	2559.7	4629.1	3356.2	3123.3	3131.3
净利润（元/头）	7309.4	9627.2	9254.2	8768.7	8263.0
成本利润比（%）	42.3	52.2	39.0	30.4	40.3

注：散养为 0 ~10 头，小规模为 11 ~50 头，中规模为 51 ~500 头，大规模为 500 头以上。
资料来源：《全国农产品成本收益资料摘要》。

从不同规模来看，大规模养殖的总收益最高，2020 年大规模奶牛养殖总收益达到 37651 元/头，主产品的收益也是大规模养殖的最高，2020 年为 34527 元/头，这可能是由于大规模养殖的牛奶产量比较高，进而收益高。但是，考虑副产品收益，小规模养殖的副产品收益最大，2020 年小规模奶牛养殖副产品收益达到 4629 元/头。此外，综合考虑成本之后，小规模奶牛养殖的净利润最高，2020 年为 9627 元/头，这可能是由于小规模养殖不需要太多的机器设备成本和人工成本，进而提高了养殖的净利润。

第二节　我国奶牛养殖的青贮饲料种植现状

青贮饲料是将含水率为 60% ~70% 的饲草原料经切碎后，在密闭缺氧的条件下，通过厌氧乳酸菌的发酵作用，抑制各种杂菌的繁殖，而得到的一种粗饲料。青贮过程主要是多种微生物发酵的过程，主要是乳酸菌发酵产生乳酸，降低青贮料的 pH 值，乳酸本身既是营养物质，又有抑制饲料中其他微生物（如腐败微生物）生长的作用，使饲料能够长期保存。青贮饲料不仅能解决我国饲草干草加工及雨淋造成的损失，还能增加饲草产品的多样性，延长了青绿多汁饲料的利用。

青贮饲料种类丰富，主要分三类：作物秸秆青贮、一年生饲草青贮和多年生饲草青贮。根据相关统计，2019 年我国常年青贮饲料产量为 28000 余万

我国种养结合奶牛场高质量发展研究与实践

吨，其中作物秸秆青贮产量为 19000 余万吨，一年生饲草青贮产量为 6000 余万吨，多年生饲草青贮产量为 3000 余万吨。其中，青贮规模最大的为玉米秸秆青贮，其次为全株玉米青贮，再次为多年生狼尾草青贮（见表 2-3）。

表 2-3 　　　　　2019 年我国主要青贮饲料产量情况 　　　单位：万吨

饲草种类	所属科	生长年限	青贮产量
青贮玉米	禾本科	一年生	5721.9
青贮高粱	禾本科	一年生	124.8
多花黑麦草	禾本科	一年生	107.2
高丹草	禾本科	一年生	11.9
燕麦	禾本科	一年生	11.3
农作物秸秆	禾本科、豆科等	一年生	19315.0
其他一年生饲草	禾本科	一年生	145.0
紫花苜蓿	豆科	多年生	194.7
多年生黑麦草	禾本科	多年生	157.1
多年生狼尾草	禾本科	多年生	2877.4
三叶草	豆科	多年生	5.4
其他多年生饲草	禾本科、豆科等	多年生	0.4

资料来源：根据《中国畜牧兽医年鉴》《中国农村统计年鉴》整理所得。

青贮饲料具有营养价值高、易消化、柔软芳香、适口性好、保存期长、成本低等诸多优点，是反刍家畜日粮中重要的饲料成分。发展青贮饲料是发展奶牛、肉牛、肉羊等草食家畜的有效措施，又能有效缓解人畜争粮的问题。2022 年 2 月，农业农村部印发了《"十四五"全国饲草产业发展规划》，明确了到 2025 年的发展目标：全国优质饲草产量达到 9800 万吨，牛羊饲草需求保障率达 80% 以上，饲草种子总体自给率达 70% 以上，饲料（草）生产与加工机械化率达 65% 以上。因此在我国未来畜牧业的发展中，青贮饲料有着巨大的发展潜力。

一、青贮玉米种植情况

青贮玉米是奶牛主要的青饲料之一，它是把包括玉米穗在内的玉米植株全部收割下来，切碎、加工后用发酵的方法制作成青贮饲料的玉米，用来冬天饲喂牛、羊等牲畜，在北方牧区十分常见。青贮玉米是按收获物和用途来进行划分的三大类型玉米（籽粒玉米、青贮玉米、鲜食玉米）之一。它是在适宜收获期内收获包括果穗在内的地上全部绿色植株，经切碎、加工，并用青贮发酵的方法来制作饲料以饲喂牛、羊等为主的草食牲畜的一种玉米。

　　与一般普通（籽粒）玉米相比，青贮玉米具有生物产量高、纤维品质好、持绿性好、干物质和水分含量适宜、采用厌氧发酵的方法进行封闭青贮的特点。青贮玉米的干物质中粗蛋白质占 7.22%、粗脂肪占 2.51%、粗纤维占 29.58%、粗灰分占 4.1%。玉米青贮料营养丰富、气味芳香、消化率较高，鲜样中粗蛋白质占比可达 3% 以上，同时还含有丰富的糖类。

　　青饲青贮玉米的秸秆营养丰富，糖分、胡萝卜素、维生素 B1 和维生素 B2 含量高，是较为理想的食草动物饲料。近几十年来，欧美等农牧发达国家广泛种植青饲玉米，其青饲玉米种植面积占整个玉米种植面积的 30%～40%。例如，法国每年种植青饲玉米 151 万公顷（约 2265 万亩）；德国每年种植青饲玉米 93151 万公顷（约 1397265 万亩）；意大利每年种植青饲玉米 31 万公顷（约 465 万亩）。美国威斯康星州是羊牛最多的州，其羊牛日粮中青饲玉米占到 25%。

　　我国青饲青贮玉米种植处于刚起步阶段，20 世纪 80 年代前，我国没有青饲玉米品种，生产上大多用粮食品种生产青饲，产量低，质量差。随着畜牧养殖业不断发展和一些高产优质青贮品种的出现，青贮玉米生产有了明显改观，逐渐成为了玉米种植业的一个主导方向。青贮玉米在我国主要种植在海拔 3000 米以下且水热条件较好的东北、华北、西北和西南地区。

　　青贮玉米播种受温湿度影响，一般采用春播或夏播，南方地区春播在 2～4 月份，北方地区在 3～5 月份；夏播一般在油菜、小麦收获后的 5～6 月份。选择土质疏松肥沃的土地，采用穴播或大垄条播，行距 50～60 厘米，株距 15～20 厘米，机播播种量为 2～2.5 千克/亩，人工则播种量为 2.5～3.5 千克/亩，一般青贮玉米的亩保苗数为 5000～6000 株。当然也可以选择混播秣食豆等豆科植物，混播量为：青贮玉米 1.5～2.0 千克/亩，秣食豆 2.0～2.5 千克/亩。底肥每亩施 35～40 千克复合肥，追肥每亩施 15～20 千克尿素。根据降雨量和土壤墒情，适时灌溉。

　　适宜收获期为玉米籽实的乳熟末期至蜡熟前期，留茬高度不低于 20 厘米，收获时应选择晴好天气，避开雨季收获，以免因雨水而影响青贮饲料品质。青贮玉米应在尽量短的时间内青贮完成，不可拖延时间过长，避免因降雨或本身发酵而造成损失。正常情况下要求青贮玉米的含水量为 65%～75%，如果水分过高，应进行适当晾晒，晾晒 1～2 天后再切短，而水分过低则不利于青贮料压紧实，易造成青贮料霉变。适宜切碎长度为 1～2 厘米，籽实破碎度达 95%，其中 70% 籽粒小于 1/3 完整籽粒。常用青贮方式有窖贮、堆贮、裹包青贮和袋贮等，窖贮压实密度宜在 650 千克/立方米以上，高密度裹包平均密度宜在 750 千克/立方米以上。可按每吨 1～3 克的添加量使用乳酸菌类青贮添加剂。

玉米籽粒 65% 用作饲料，为畜禽养殖中用量最大的精饲料，被誉为"饲料之王"。青贮玉米机械化程度高，集中调制，常年喂用，大大降低了饲料成本，提高了畜牧业的经济效益。用玉米青贮料饲喂奶牛，每头奶牛一年可增产鲜奶 500 千克以上，还可节省 1/5 的精饲料。根据荷兰 CRV 奶牛育种公司（CRDelta + VRV）研究数据表明，长期饲喂高密度裹包青贮饲料，产奶量增加 30% 以上，奶品质提高 30% 左右。饲喂高密度裹包青贮玉米饲料与窖贮饲料，肉牛养殖效益增加 20%。

从饲料生产来看，玉米粒及青贮玉米是奶牛的主要饲料。近 10 年来，全国的玉米种植面积保持增加，从 2010 年的 3250 万公顷增加到 2019 年的 4129 万公顷，增加了 27%，有效地保障了奶牛的饲料需求。然而，在青贮玉米种植方面，种植面积一直处于徘徊状态。10 年来，我国的青贮玉米种植面积基本稳定在 200 万公顷。尽管在 2017 年实施"粮改饲"方案以后，青贮玉米的种植面积出现一些增长，但总体种植面积依然不高。2019 年为 212 万公顷，仅仅占玉米种植面积的 5%（如图 2-7 所示）。奶牛饲养对青贮玉米等粗饲料量的需求和品质的要求比较高，这是提升奶牛单产的关键所在（任伟忠等，2020）。

二、苜蓿草种植情况

苜蓿草广泛分布在我国东北、华北地区，主要用于家畜喂养，由于苜蓿草具有较高的经济效益，其生产以及销售已经形成了产业。苜蓿草多产优质，能够为我国畜牧业可持续发展提供源源不断的动力。截至 2021 年，我国苜蓿草种植面积达到 635.5 万亩，苜蓿草产量为 422.4 万吨，同比增长 10%，虽然国产苜蓿草仍然还有很大缺口，但是整体产能得到了提高（如图 2-8 所示）。

近一段时期以来，我国苜蓿草正常年份进口量为 140 万吨左右，主要为特级以上的苜蓿草，用于高产奶牛。但是特级苜蓿草缺口较大，尤其近来受

（万公顷）

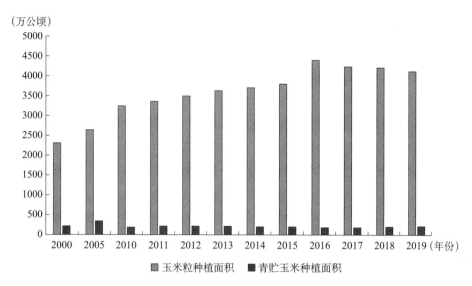

图 2-7　2000~2019 年我国玉米粒及青贮玉米种植面积

资料来源：《中国农村统计年鉴》。

（万吨）

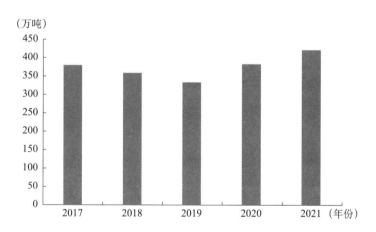

图 2-8　2017~2021 年我国苜蓿草产量

资料来源：《中国畜牧业协会草业分会》。

新冠疫情和贸易摩擦影响，进口苜蓿草受冲击很大。据统计，2021 年我国共
进口苜蓿草 178 万吨，同比增长 30.93%，进口量创新高。从进口金额来看，
2021 年我国苜蓿草进口金额为 6.8 亿美元，同比增长 38.43%。2021 年中国
苜蓿草进口来源国主要是美国和西班牙。其中，美国的进口比重最大，共
143.40 万吨，占比较 2020 年下降 6.63 个百分点；西班牙的进口比重次之，
共 22.73 万吨，占比较 2020 年增长 8.44 个百分点；其余少量从其他国家和地

区进口，按进口数量从大到小排列依次为南非、加拿大、苏丹、保加利亚、立陶宛、意大利和英国。

整体来看，苜蓿草平均进口价格变化不大，2021 年苜蓿草平均进口价格为 381.96 美元/吨，较 2020 年上涨 5.73%。2021 年苜蓿草进口规模创新高的原因可能与国内大量新建牧场投入运营所带来的强劲需求有关。随着国产苜蓿草产量不断增长，质量不断提高，国产苜蓿草有望替代部分进口苜蓿草。

随着"振兴奶业苜蓿行动""粮改饲"持续推进，苜蓿产业发展快速，呈现出新的产业发展特征。一方面，苜蓿单产不断提高，种植面积呈上升趋势，国内苜蓿草总产量不断增加，种植区域持续优化。另一方面，伴随着人们食物消费升级、奶类消费持续增加，国内苜蓿草需求进一步提高，国产苜蓿草仍产不足需，进口苜蓿草占据国内市场较大份额。在保障我国食物安全、畜牧业转型升级的背景下，要加大科研投入，大力发展生物育种，充分利用国内国外两个市场、两种资源，持续推动苜蓿产业发展。

三、燕麦草种植情况

燕麦草是一种重要的牧草，燕麦又称为铃铛麦，是一种优良的粮饲兼用型一年生的禾本科燕麦属植物，耐贫瘠、耐盐碱、抗旱耐寒，具有很高的营养价值和极强的适应性等特征，通常分为无壳燕麦和有壳燕麦。我国燕麦种植主要在华北、西北和西南等高寒地区，其中，华北、内蒙古等地区以种植裸燕麦为主，西北地区和青藏高原以种植饲用燕麦为主。从国内燕麦草生产饲草种植面积来看，据统计，我国燕麦生产饲草行业整体种植面积持续增长，2019 年生产面积达到 125.4 万亩，同比增长 28.48%，年均复合增长速度为 43.05%（如图 2-9 所示）。产量方面，根据中国草业统计相关数据，截至 2019 年底，我国燕麦商品草产量为 74.4 万吨，同比增长 41.98%，年均复合增长速度为 48.65%。

从地区分布情况来看，青海省种植面积最大，占全国种植面积的 49.6%，生产全国 51.0% 的燕麦商品草；其次是内蒙古自治区，占全国种植面积的 25.3%，产量占全国产量的 29.6%；甘肃省位列第三，占全国种植面积的 21.9%，生产全国 17.6% 的燕麦商品草；另外，山西、四川、西藏、新疆等地也有少量种植。

从进出口贸易来看，我国燕麦草需求大于供给，进口量远大于出口量。

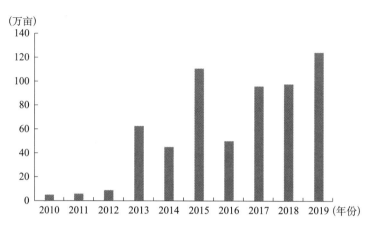

图 2 - 9 2010~2019 年我国燕麦草种植面积

资料来源:《中国草业统计》。

根据中国奶业协会相关数据,2021 年我国进口燕麦干草累计 21.22 万吨,同比下降 36.5%,进口金额 7268.87 万美元,同比下降 37.2%。国内燕麦干草进口基本来源于澳大利亚,从进口价格来看,根据中国奶业协会相关数据,2021 年国内燕麦草平均到岸价格为 342.62 美元/吨,同比下降 1.0%。

从市场价格走势来看,2021~2022 年,澳大利亚进口燕麦干草市场价格持续走高,国内市场燕麦干草价格持续降低。具体来看,据相关数据统计,2022 年 7 月,澳大利亚进口燕麦干草市场价格上涨至 3800 元/吨,国内市场由于大量燕麦草上市,供需稳定带动价格小幅下滑,天山地区和通辽地区价格均为 1950 元/吨。

燕麦饲草作为饲草料的重要组成,随着"草牧业""粮改饲""草田轮作"的快速推进,国家和地方补贴政策的逐步实施,极大地调动了燕麦饲草种植的积极性,我国燕麦草生产区域和种植面积迅速增加,国内燕麦草生产发展迅速,应用越来越广泛,燕麦草生产专业化、商品化程度也逐步提升。

第三节 我国奶牛养殖的环境影响现状

一、奶牛养殖的环境污染类型

目前,奶牛养殖过程中环境污染源主要是奶牛排泄的粪便、尿液、臭气和养殖场排泄的污水等，这些污染源对环境的危害主要包括污染空气、污染土壤、污染水质和传播疾病。

（一）污染空气

作为反刍动物，奶牛在消化过程中通过打嗝、放屁产生废气，废气的主要成分是甲烷。奶牛排泄的粪便经微生物分解会产生甲基硫醇、二甲二硫醚、甲硫醚及低级脂肪酸等恶臭气体，奶牛排泄的尿液及养殖场排放的污水会产生氨、硫化氢、甲烷、二氧化硫、二氧化碳、氧化氮及粪臭素等气体。首先，上述恶臭气体会污染养殖场周边空气，使空气质量变差，对人畜健康均产生严重危害；其次，上述恶臭气体中的甲烷、二氧化碳会加剧大气温室效应，导致全球变暖；最后，上述恶臭气体中的氨气、硫化氢进入大气后会产生酸雨，危害人畜的健康，导致土壤贫瘠、植物死亡和建筑腐蚀。有研究表明，1头奶牛每年排出的污染物对空气造成的污染甚至超过 1 辆小型汽车造成的污染，畜牧业每年的氨气排放量占全球氨气排放总量的 1/2 以上。

（二）污染土壤

奶牛养殖中，奶牛排泄的粪便、尿液及养殖场污水通过农作物肥料施用或自然排放对土壤造成污染。奶牛排泄的粪便和尿液中含有钠盐、钾盐等大量金属盐，对农作物过量施用粪肥会使大量的金属盐进入土壤并通过厌氧反应产生亚硝酸盐等有毒物质，使土壤透气性和透水性变差，造成土壤板结、土壤品质降低，间接影响作物对土壤养分和肥料的吸收。养殖场污水富含氮、磷元素，直接灌溉农田会导致农作物染病或减产。在利用奶牛的粪便作农作物肥料时，必须合理、定量、科学地施用。此外，奶牛养殖场奶牛饲养及活动、粪便收集、饲料准备、污水处理等均会对所用地的土壤产生污染。

（三）污染水质

奶牛排泄的粪便、尿液及养殖场污水中含有氮、磷等元素，这些营养元素随地表水径流、下渗，会造成水体及地下水的污染，导致周边居民地下水源和周边水产养殖业安全受到威胁。氮、磷元素可导致水体富营养化，引起鱼池泛塘及内海红潮、赤潮等现象。同时，氮、磷元素会使藻类大量繁殖，导致鱼、虾、蟹等因水体供氧不足而大量死亡。此外，奶牛排泄的粪便、尿液及养殖场污水中还可能残留消毒药液及重金属元素，进入水体后可在鱼、虾、蟹体内沉积或致其死亡，影响国家菜篮子工程的安全，对国人健康产生危害。

（四）传播疾病

奶牛排泄的粪便、尿液及养殖场污水中含有大肠杆菌、肠球菌、沙门氏菌等病原微生物和毛首线虫卵、蛔虫卵等寄生虫卵，通过空气或蚊蝇等途径传播，导致病原菌和寄生虫大量繁殖，引起人、畜染病。人畜共患病中有 26 种疾病可由牛传染给人类，对奶牛排泄的粪便、尿液及养殖场污水等进行有效的无公害处理可切断人畜共患病的源头。

二、养殖环境污染对奶牛的危害

奶牛养殖对环境造成污染，奶牛养殖环境污染对奶牛个体也将产生严重的危害。奶牛养殖环境污染对奶牛个体产生的危害主要表现在奶牛个体健康下降、产奶量下降、生产性能下降三个方面。

（一）个体健康下降

在奶牛养殖环境污染产生的有害气体中，氨气对奶牛健康危害最大，硫化氢毒性最强。氨气浓度过高会影响奶牛脑神经和肌肉细胞的新陈代谢，抑制采食中枢，导致氨中毒甚至死亡；同时，氨气浓度高会消耗大量能量，增加机体肝脏等解毒器官的负担，导致奶牛的生产性能降低。硫化氢毒性强，强烈刺激机体黏膜，长期低浓度接触会引起奶牛结膜炎并损害角膜；长期高浓度接触会使奶牛产生中枢神经系统疾病症状和窒息症状。

（二）产奶量下降

奶牛养殖环境污染会使奶牛食欲下降、采食量减少，导致产奶量减少、乳脂率降低；同时，奶牛养殖环境污染会抑制奶牛生理功能，导致奶牛患乳腺炎，使泌乳量下降，影响奶牛的产奶量。奶牛的产奶量 70% 由环境因素决定，30% 由遗传因素决定（何颖辉，2019），因此环境污染对产奶量下降的危害是巨大的。

（三）生产性能下降

奶牛养殖环境污染会导致奶牛免疫机能受损，可诱发布氏杆菌病、牛钩端螺旋体病、滴虫病等传染性疾病传播，致怀孕母牛流产或产出弱胎、死胎。奶牛养殖环境污染易引起奶牛食欲不振、采食量降低，造成奶牛营养不良，影响奶牛发情、受胎、胚胎质量和生殖系统功能（陈杰等，2008），从而影响生产性能（苑秀娟，2020）。奶牛养殖环境污染还易使奶牛患肢蹄病，降低奶

我国种养结合奶牛场高质量发展研究与实践

牛的配种率，导致生产性能下降。

三、奶牛养殖环境污染现状

与发达国家相比，我国奶牛养殖的资源消耗和环境损害较高，降低奶牛养殖的环境影响是未来中国奶业可持续发展的关键。近 10 年来，我国畜牧业的温室气体排放基本稳定在 300 兆吨二氧化碳当量（$CO_2 - eq$），约占农业总温室气体排放量的 50%，奶牛业的温室气体排放量随着产量的波动以及技术水平的提高，出现略微下降态势，但是总量还很大，占畜牧业的温室气体排放量的 15% 以上（如图 2 - 10 所示）。相关研究表明，我国生产 1 吨 FPCM 的温室气体排放、酸化物质排放、水体富营养化物质排放均高于新西兰（Ledgard et al.，2019）。目前我国禽畜粪便利用程度较低，仅有 40% ~50% 的粪便实现还田（马林等，2018；Gu et al.，2017），而在欧洲，这一比例超过 65%（Bai et al.，2016），我国奶牛场粪便还田率低，造成大量的氮磷流失，对水体造成严重污染（Bai et al.，2013）。根据中国乳业发展目标，到 2025 年，中国鲜奶产量将达 4500 万吨（农业农村部，2018），如果不降低当前单位奶牛养殖的

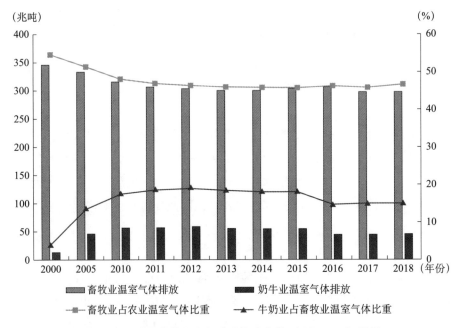

图 2 - 10 我国畜牧业和奶牛业温室气体（$CO_2 - eq$）排放

资料来源：根据 FAOSTAT 和 IPCC 的整理，http：//www.fao.org/faostat/en/# home；https：//www.ipcc.ch/.

温室气体排放量，未来奶牛养殖的总温室气体排放将随着牛奶产量的增加而增加，这不利于中国实现《巴黎协定》的 2030 年碳减排计划以及 2060 年的"碳中和"目标（Zhou et al.，2019）。

第四节　我国奶牛养殖的困境与挑战

中国奶牛养殖业正不断探索新的发展道路。虽然奶牛养殖业的发展取得了一定成绩，但仍然存在许多问题和制约因素，阻碍着我国奶牛养殖业的健康发展。

一、奶牛养殖业发展基础仍不稳固

（一）养殖成本高，原料奶价格不稳定

近年来，中美贸易摩擦增加了奶牛的养殖成本。奶牛饲料产业发展状况直接影响奶业。我国奶牛养殖需要的饲料主要是苜蓿和豆粕，苜蓿可以替代部分精饲料，提高产奶量，增加乳脂率。《中国畜牧业协会草业分会》的数据显示，目前，我国使用的苜蓿和豆粕均需要大量进口，每年需要进口苜蓿 140 万吨，其中美国进口苜蓿高达 130 万吨，占总进口量的 90% 以上，苜蓿进口平均价格为 2859 元/吨；提高关税后，奶牛的日粮成本会增加 6% 左右，平均价格为 3511 元/吨，这意味着每吨苜蓿成本将增加 652 元。这些资源禀赋方面的劣势将导致奶农的原料奶生产成本高的现象长期存在。

同时，我国原料奶价格不稳定，我国原料奶收购价格呈现先升后降的趋势，在 2014 年达到峰值 4.21 元/千克，2014 年后我国原料奶价格开始下降，并有小幅波动。奶牛养殖业成本高是我国的历史性问题，奶价过低是我国的行业性问题。原料奶价格的下降减少了奶农的经济收益。

（二）土地承载能力有限

目前我国奶牛养殖业的发展是在"种养分离"的基础上实现的，已经到了"以土地换发展"的局面，奶牛养殖业快速发展建立在土地无约束的条件之上。随着养殖规模的扩大，环境问题日益严重，土地成为制约我国奶牛养殖业发展的瓶颈，从而影响我国奶业的发展。

养殖奶牛需要活动场所，牛舍建设、奶牛饲料的种植需要土地，奶牛排泄物也需要土地进行消纳，因此奶牛养殖业对土地具有较大依赖性。另外，奶牛个体大、进食多、排泄物多，据测算，一头奶牛一年的排泄物约重18吨，一个大型牧场每年奶牛的排泄量是成千上万吨的。由于土地的供给有限，消纳能力同样有限，大量排泄物会造成土地承载压力过大，加重环境污染。对土地排泄物的投入长期高于土地对排泄物消纳所造成的动态不平衡是环境污染的重要原因。另外，我国大规模奶牛养殖场、牛舍、机器设备和奶牛活动场所都需要大规模的土地来承载，土地供给成为大规模养殖的刚性需求。目前，我国奶牛养殖业的发展注重经济效益，忽视生态效益，不利于奶业的良性循环发展。

（三）奶牛饲养管理水平低

奶牛养殖需要科学的饲养技术和管理经验，目前我国奶牛养殖业存在一些普遍的问题，主要表现为三个方面。一是精粗饲料搭配不合理，一些奶农使用低价饲料代替高价饲料以降低成本。这导致奶牛产奶量和乳脂率不稳定，影响奶源质量。二是奶牛居住条件差，一些牛舍养殖密度不合理，降暑、保暖措施不过关，奶牛活动、休息场所不能保证，在很大程度上会损害奶牛健康。三是奶牛养殖的卫生意识、疾病预防意识差。挤奶操作不规范，乳房消毒不彻底，工具交叉使用，导致一些奶牛不同程度地患有乳腺炎，造成部分奶牛提前淘汰。

二、消费者信心仍未恢复，消费需求由进口满足

三聚氰胺事件后，消费者对进口乳品的购买量剧增，这种消费偏好加大了进口乳品对我国乳品市场的冲击，减少了我国乳品的市场份额，这种冲击主要表现在我国奶制品的进出口额的变化上。2000～2008年我国鲜奶出口额大于进口额，且呈缓慢增加态势；2009年至今，受三聚氰胺事件的影响，鲜奶进口额迅速增加，并且远远大于出口额。我国鲜奶出口额在2011年以后仍有增加，但增量很小。2016年我国鲜奶进口额为49758万美元，与2015年相比增长15.8%。我国奶粉进口额始终大于出口额，2014年达到峰值。2014年以后奶粉进口额虽然下降，但仍远远大于出口额，年均增长26.4%。我国酸奶进口额2008年以后快速增长，在2013年达到峰值，且远远大于出口额。我国奶酪进口额近年来快速增长，同样远超出口额，2016年进口额为48197万美元，同比增长14.0%，年均增长35.1%。值得注意的是，我国鲜奶、酸

奶、奶粉在 2008 年前进出口额几乎不相上下，之后进口额迅速超越出口额，呈现出两极分化的态势。三聚氰胺事件的发生破坏了中国奶业的口碑，国际市场对中国乳品的需求呈现出下降态势，出口额逐年减少，目前这种差距仍在扩大。

三、我国奶业国际竞争力不足

（一）我国乳品企业国际竞争力不足

改革开放后，我国乳品企业的发展进入快车道，随着生产规模不断扩大，养殖专业化、经营多元化、品种优良化程度不断加深。多次升级、整合、转型后，企业实力也有了较大的提升，蒙牛集团、伊利集团、光明乳业股份有限公司等乳品企业成为我国奶业中的龙头企业，但由于国内外消费需求增长乏力，奶牛养殖业落后于其他奶业强国，我国乳品企业的国际竞争力与欧美奶业强国相比有一定差距，国内品牌与国外品牌竞争格局差距不断拉大。

2007～2016 年市场份额前 10 位的奶粉企业中，国外品牌的竞争格局波动上升，由 34.5% 上涨至 46.2%；国内品牌的竞争格局波动下降，由 28.8% 下降至 20.0%，竞争格局差距逐渐拉大。奶粉企业的竞争状态可以反映我国乳品企业的发展现状，可以看出我国乳品企业国际竞争力不足，这也是我国奶业国际竞争力不足的主要表现。我国已和其他国家和地区陆续签订了 14 个自贸协定，自贸协定的签订将会继续深化国际合作，同时随着关税的不断降低，也会给我国奶业带来新一轮挑战。我国奶业与欧盟、美国、新西兰等奶业强国有较大差距，想要由奶业大国转变为奶业强国需要付出更大的努力。

（二）原奶质量指标距国际标准有差距

我国原奶质量指标低于其他奶业强国，与其他奶业强国相比没有优势。我国的原料奶乳蛋白率在标准、整体水平、示范场水平、农垦标准四个层面上来看均低于欧盟、澳大利亚、新西兰整体水平，示范场和整体水平的乳蛋白率与韩国相比差距较小。从乳脂率上看，我国示范场水平高于美国，略低于日本、韩国。我国乳脂率整体水平与美国差距不大，与欧盟、澳大利亚、新西兰相比还有较大提升空间。就菌落数来看，我国标准、整体水平高于欧盟和韩国，示范场水平菌落群数高于欧盟，农垦标准与欧盟持平，但与韩国尚有很大差距。近几年我国不断完善奶制品质量指标监测监控体系，与其他奶业强国的差距不断缩小，乳蛋白率、乳脂率、菌落数标准向其他发达国家不断靠拢，总体水平与发达国家仍有差距，具有较大的发展潜力。

第五节　我国奶牛养殖的机遇与趋势

近年来，伴随着我国乳制品消费量不断上涨，乳制品行业结构也不断升级。一方面，原有乳制品产品种类更加丰富，液奶、固态乳制品产品线覆盖更加全面；另一方面，乳制品消费更加多元化，除日常消费外，也延伸到西餐、烘焙、奶茶等行业，产生了新型消费形态。这不仅给我国乳制品行业带来了新的发展机遇，也对乳制品行业的发展提出了更高的要求，尤其要注重乳制品产品的质量控制，提高乳制品消费的安全性、便利性。

一、奶牛牧场生产设备先进化

我国的大部分牧场已采用科技化的奶牛养殖设备。首先在奶牛素质检测环节运用"云计算"技术对奶牛的身体素质数据进行处理与上传，并对每头奶牛都进行信息的输入，有利于后期奶牛的素质检测。给每头奶牛购买奶牛险，最大程度地保证奶农的利益，奶农可通过奶牛在线监测系统，监测奶牛的生长情况。同时，给犊牛配备隔离的牛舍，牛舍采用热风循环系统，保证牛舍的温度适宜，给犊牛最适宜的生长环境，采用犊牛全自动饲喂，最大程度确保了犊牛的营养需求。同时配备有恒温水槽，给予奶牛生长最适宜的环境。

二、奶牛养殖生产环节规范化

互联网技术的发展带动了很多传统行业的转变，其中乳制品全产业链的各个环节也运用了互联网的技术，使得乳制品行业的发展更现代化并且发展得更快速。在乳制品全产业链中的上游环节，奶牛配备有标准化的牛舍，牛舍根据温度测定仪器设定牛舍最适宜的温度，由牧场技术人员使用热风循环系统调节舍区最适宜奶牛生长的环境。奶牛饲养采用 TMR 饲喂，饲料配比根据每个周期奶牛的生乳营养测定，并运用计算机计算精粗饲料的最佳配比。

同时，有部分牧场还配备有全自动的刮粪系统，保持牛舍的安全卫生。我国目前评定的现代化牧场有 36 家，在乳制品行业发展的将来，现代化牧场发展形式将会普及每个奶牛养殖场。

三、原奶加工环节安全可追溯化

在原奶加工环节，生牛乳的加工将更加安全、快捷、准确。新鲜的牛乳通过全自动的进口挤奶设备采集，经过牧场搭建的原奶运输管道直接作为原料奶运输到奶罐车中，全程冷链运输并可以从中控系统全程监管生牛乳的运输状态，保证原料奶的新鲜和安全。运输到乳品加工厂后，通过管道运输将原料奶无菌运输到加工生产线中。生产线全程自动化，无须进行人工乳品加工。技术人员设定原料奶加工的具体数值，后台检测系统实时监测奶品质量。在加工技术方面，采取更加先进的原料奶加工技术。目前我国普遍采用的 UHT 技术虽保证了加工后奶品的保质期，但在口味和营养成分方面尚有不足。乳品加工厂改进原料奶的加工工艺，既保证了加工乳制品的口味和营养成分，同时也利于长期的储存。

四、乳品销售环节可控化

原料奶在进行加工处理之后，通过全自动的设备进行包装以及最后的抽检工作，再由企业的专门运输链条投放到全国各地的市场。在每个产品上喷印产品追溯码，便于产品后续的售后服务以及客户的反馈。同时乳制品企业也可实时追寻企业的产品在市场中的销售情况和市场占有率。在每个销售网点，通过企业内的服务平台，可进行线上的乳制品产品的大量订购，并进行销售情况的反馈，便于企业终端进行各个产品的评估。同时，消费者可根据产品上的追溯码，扫码查看产品的生产、运输的各个环节，增加了信息的透明度，从而获得了消费者的信任。

五、乳品销售方式方便快捷化

乳制品全产业链模式加速了我国乳制品行业产品技术的升级，优化了产品购买的模式，消费者进行购买时能够更加快捷明了各个乳制品的营养成分以及是否满足自身的需求。运用"互联网＋"和"云计算"技术搭建全通道的物流信息平台，将全平台的乳制品产品的信息输入，各销售单位可在信息平台发布自己企业产品的信息，再通过大数据计算传递给消费者。一方面，通过信息平台发布信息节省了企业宣传产品的成本；另一方面，大数据的推送使得消费者能够更精准地获取自己偏好的产品信息。同时，可在各小区试点牛奶运输机器，用来给线上订购产品的用户进行物品配送。同时机器上可配备产品订购平台，方便用户的购买。

总之，未来我国乳制品行业的发展要与互联网技术紧密结合。在全自动的生产线中，充分运用智能设备节约人力资本提高组织绩效。扩大物流配送范围，更新升级物流运输网络，实现"向消费者提供最新鲜的奶"的行业目标，把我国发展为"奶业强国"。

第六节　本章小结

本章对我国奶牛养殖的现状、困境及未来发展趋势进行梳理。研究发现，我国奶牛养殖规模保持稳定趋势，产量逐年增长，原料奶价格出现波动性变化。国家逐步重视青贮饲料产业的发展，目前养殖需要的青贮玉米、苜蓿草、燕麦草等青贮饲料产量均稳步提升，但与目前奶牛养殖规模还存在不匹配的情况，尤其苜蓿草、燕麦草等青贮饲料还有很大部分依赖进口。另外，随着奶牛养殖规模的扩大，养殖也存在污染空气、污染土壤、污染水质和传播疾病等风险，这些均不利于奶牛养殖的可持续发展。目前我国奶牛养殖业存在发展基础仍不稳固、消费者对国产牛奶信心仍未恢复、奶业国际竞争力不足等困境，随着居民消费水平的提高，我国乳制品消费量不断上涨，乳制品行业结构不断升级，未来我国奶牛业将会朝着奶牛牧场生产设备先进化、奶牛养殖生产环节规范化、原奶加工环节安全可追溯化、乳品销售环节可控化、乳品销售方式方便快捷化等方向发展。

第三章　我国种养结合奶牛场的主要实践模式

第一节　我国种养结合奶牛场发展潜力

传统农业生产中一直将畜禽粪便作为主要肥料来源，将作物秸秆回收作为饲料或燃料加以利用。随着我国养殖规模扩大，生产集约化程度不断提高，畜禽粪便的产量和密度不断增加。同时，化肥工业迅速发展导致种植主体纷纷选择化肥而放弃有机肥，逐渐升高的人工成本使得经营主体放弃回收秸秆，造成了资源的极大浪费（彭里，2006）。以奶牛养殖为例，饲料投入是奶牛养殖的主要开销，近年来，作为奶牛主要饲料的玉米和豆粕价格持续增长（如图3－1所示），奶牛养殖业对饲料的需求逐渐增加，亟须找到奶牛养殖业的稳定饲料来源。

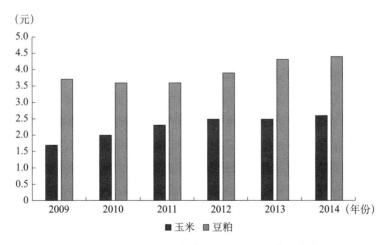

图3－1　2009～2014年全国玉米、豆粕收购价格

资料来源：《农产品成本收益汇编》。

我国种养结合奶牛场高质量发展研究与实践

  基于此，2015 年农业部在内蒙古、黑龙江等 10 个省区的 30 个县开展试点，以全株青贮玉米为重点，推进草畜配套，实行"粮改饲"，辐射面积 286 万亩，收储优质饲草料 995 万吨（中国农业信息网，2016）。"粮改饲"立足种养结合循环发展，引导养殖户种植优质饲草料，发展草食畜牧业，推动优化农业生产结构，为实现种养结合奠定了基础。"粮改饲"以全面推广种植玉米青贮为重点，以发展规模养殖为载体，以提高种养综合效益为发展目标，把握"种、管、收、贮、用"等关键环节，实施"以养定种、种养结合、草畜配套、草企结合"的发展战略（马有祥，2017）。"粮改饲"的重点是调整玉米种植结构，大规模发展适应于草食畜牧业需求的青贮玉米。2016 年试点范围扩大到整个"镰刀弯"地区和黄淮海玉米主产区的 17 个省区，将目标任务增加到 600 万亩（全国种植业结构调整规划，2016）。引导农户种植全株青贮玉米，同时，因地制宜，在适合种优质牧草的地区推广种植牧草，将原有的粮食作物、经济作物二元结构调整为粮食作物、经济作物和饲料作物的三元结构。

  除饲料作物以外，粮食作物的秸秆和部分经济作物的秸秆也能够用来喂牛。从秸秆用途的角度出发，适宜和较适宜直接饲喂牛羊的秸秆占 80%（毕于运，2010）。研究表明，秸秆通过生物处理制成饲料，工艺简单且成本较低，茎秆熟化变软对奶牛适口性好，消化率高（张晓萍等，2015）。粗略测算，如果全国秸秆资源的 40% 用于发酵饲料，会产生相当于 112 亿吨粮食的饲用价值（刘文志，2015）。实际中，影响奶牛种养结合中秸秆资源获取的影响因素主要有粮食作物的播种面积、平均亩产量、作物的谷草比和收储运条件等。经研究，青贮秸秆能够保持新鲜秸秆的营养成分基本不流失，氨化后的秸秆营养价值比原先提高 1 倍以上（丁凡琳等，2015）；如果对作物秸秆采用微贮的处理方式保留营养价值，效果将更加理想（王敏玲等，2011）。表 3 - 1 是不同类型秸秆的主要指标与羊草的对比情况，由数据可算出，氨化后的小麦秸、玉米秆和稻草的粗蛋白含量分别较氨化前提高 5.44%、5.02% 和 3.98%，氨化小麦秸和氨化玉米秸的消化率已接近或超过羊草的水平，消化率分别提高 10.28%、20% 和 28.24%（董晓霞等，2015）。

表 3-1　　　　　　**不同类型秸秆的主要指标与羊草对比**　　　　单位:%

品种	干物质	粗蛋白	粗纤维	干物质消化率
羊草	90	5.9	32.0	52.0
冬小麦秸	90	2.2	41.0	39.7

品种	干物质	粗蛋白	粗纤维	干物质消化率
氨化小麦秸	90	7.6	39.0	50.0
稻草	93	3.9	33.1	24.0
氨化稻草	90	7.8	32.5	48.3
玉米秆	90	3.7	30.5	42.2
氨化玉米秆	90	8.7	30.5	60.4

资料来源：全国畜牧总站。

奶牛食用处理后的秸秆，能够有效吸收营养成分，实现秸秆资源高效利用。研究表明，21 千克玉米青贮和 6 千克苜蓿干草处理组为粗饲料最佳组合（吕超，2012）。青贮玉米能提高奶量、降低饲料成本，是供给奶牛能量的主要饲料，在奶牛的饲养过程中需要大量消耗。以 680 千克的奶牛全年泌乳 3 吨计算，可求得奶牛全年的蛋白质需求量为 810.3 千克（见表 3 - 2）。假定其中 60% 的粗蛋白由秸秆提供，其他由精料等补充，则奶牛每天需采食青贮玉米秆约为 23.4 千克，按 3:1 比例折合成干重，得到奶牛的秸秆采食量为 7.8 千克/天。按照一亩地一季青贮玉米秸秆来计算，7.61 亩的耕地可养一头奶牛（孙育峰等，2009）。

表 3 - 2 **680 千克奶牛日粮中蛋白质需求**

指标	DM（干物质）采食量（千克/天）	CP 蛋白质（DM%）	RUP 过瘤胃蛋白（DM%）	蛋白质合计（DM%）
泌乳早期	12.4	16.6	5.3	21.9
泌乳中期	20.3	13.9	4.0	17.9
干奶期	12.4	11	2.5	13.5

注：本表以 680 千克奶牛为例，泌乳早期天数小于 30 天，产奶量 20 千克/天；泌乳中期天数大于 90 天，产奶量 25 千克/天，干奶期不泌乳，全年泌乳 3 吨。

资料来源：宜春强微高新技术专利产品开发中心。

按每头奶牛日排粪量 55 千克/头，日尿排放量 28 千克/头计算，2015 年我国奶牛粪便日排放量达到 54.6 万吨（见表 3 - 3）。污染物是被错放了位置的资源，如果将奶牛粪便直接排放，会对水体、土壤和空气造成污染（吴根义等，2014）。以奶牛为代表的畜禽粪便中含有大量的养分，种植业与养殖业的分离导致磷、氮物质大量流失进入水体，并已成为导致江河湖水体富营养化的因素之一（贾伟，2014）。奶牛粪便中含有大量氮磷等元素和有机物质，对奶牛粪便加以处理，如通过厌氧发酵、制沼气等方式，不仅能够生产出有机肥、沼渣，粪便还田后能够为作物生长提供充足的养料，替代种植业中使用的化肥，同时能够减轻粪便造成的污染（钟珍梅等，2012）。奶牛粪便经专用沸石处理剂处理后，能够消除恶臭异味，呈现发酵醇香味，提高处理饲料的适口性，实现奶牛粪便的饲料化利用（程文定，2007）。

表 3 - 3　　　　　2015 年我国奶牛每日粪便及污染物排泄量　　　单位：万吨

项目	粪便	尿液	COD	N	P
奶牛	54.6	27.6	8.9	0.4	0.05

资料来源：全国畜牧总站。

第二节　我国种养结合奶牛场的主要实践模式

利益联结机制的组织载体是种养结合模式开展的经营组织形式，依据经营主体类型、生产规模、产业组织形式与利益共享机制进行分类研究（尹昌斌，2015），结合区域辐射范围和产业融合特点，本书系统梳理奶牛种养结合发展实践模式，在实地调研的基础上，总结出当前奶牛种养结合模式中种植业与养殖业联结的组织模式主要有：种养一体化经营模式、种养契约合作模式、种养区域循环模式。

一、种养一体化经营模式

（一）模式内涵

奶牛场是最基本的经济组织单元，是我国农业生产的主体（尤小文，1999）。种养一体化经营模式是指奶牛场利用自有条件进行奶牛养殖，利用自有耕地种植、收获饲料作物，奶牛场将作物秸秆收集、打包，作物秸秆经青贮、微贮等生物处理，茎秆熟化变软后用作奶牛粗饲料。奶牛养殖过程中产生的粪便，通过堆肥发酵等处理进行还田，实现"饲料作物和农作物秸秆—奶牛—粪便—农作物"的循环模式（杨恒山等，2008）。

与其他养殖不同，种养一体化奶牛场主要是小规模生产，专业化、社会化和市场化程度低，收益空间有限，种养一体化经营模式以售奶收入作为家庭主要经济来源；经营比较封闭，自给自足程度高（于洪霞等，2015）。奶牛采食量大、消化率高，生产活动中需要充足的饲料，在实际生产过程中，秸秆喂牛能够有效缓解农户养殖奶牛的饲料成本压力。饲料和秸秆经奶牛过腹后，排放的粪便经发酵制成有机肥，还田能够促进农作物生长，并减少化肥的使用量，这样不仅降低了奶牛场生产过程中的投入，同时为奶牛养殖和作物种植两个生产环节实现了价值提升，实现无公害、绿色、有机生产。种养一体化经营模式不仅实现了循环农业，也实现了农业产业价值链提升（周颖，2008）。

（二）模式特征

种养一体化经营模式通常采用自给自足式生产经营，利用自有劳动力从事生产活动，很少雇用工人。该模式养殖规模最小，一般为100头以下，利用自有耕地为奶牛提供大部分饲料作物，养殖产生的粪便堆沤还田，实现畜禽粪便与农作物秸秆的资源化利用（朱娟，2009）。奶牛场对奶牛粪便的肥料价值了解模糊，粪便处理过程相对简单，主要采用露天堆肥的处理方式；奶牛场施用有机肥主要凭借传统农业的经验与试探，缺少科学的依据和数量的概念，没有充分发挥奶牛粪便的养分与价值。

在河北省调研中发现，散户经营的种养一体化经营模式，受家庭决策者文化程度、管理经验和生产规模的制约，实际生产中散户对奶牛养殖管理粗放，优质粗饲料使用率较低，养殖综合效益较低。牛粪堆肥还田比施用化肥消耗更多的劳动力资源，散户种养结合模式一般不额外雇用工人，充分发挥自身劳动力资源，不计自身劳动力的机会成本。在我国农村劳动力急剧老龄化的背景下，年轻人外出打工，老年人留守进行种植成为常态。以家庭为单位的种养结合能够有效节约生产成本，控制家庭生产开销。牛粪还田能够提高土壤有机质含量、改善土壤质量，提高作物产量、提升农作物品质，实现废弃物利用与可持续发展。散户种养结合模式通过回收作物秸秆，为奶牛补充安全、充足的饲料，减少饲料部分的支出，同时为秸秆综合利用提供途径。散户种养结合模式中虽然没有形成流动的利益联结，但是减少了部分饲料和肥料的购买成本，降低了农户的生产成本并实现了更好的循环效果。

在山东省和河北省的调研中发现，奶牛场采用种养一体化经营模式的比例较高。究其原因，农户经营的经济效益较低，种养结合模式为奶牛场带来的比较效益大于其他模式，因而奶牛场对于种养结合的需求度最高，且实施难度最小，循环效果较好。首先，牛粪供给自家耕地可代替部分化肥，节约生产成本，同时牛粪可以改善土壤质量，显著提高作物收成。其次，奶牛场利用自有耕地种植饲料作物并回收秸秆，为奶牛提供了安全、放心的饲料，减少了饲料部分的成本支出，同时也是秸秆综合利用的良好途径。施用有机肥虽然比化肥需要消耗更多的劳动力资源，但是对于奶牛场来说，他们往往不计自身劳动力的机会成本。目前，奶牛场模式种养结合面临的最大困难是粪便处理过程技术效率水平较低，粪肥资源价值没有得到最大化利用；奶牛场抵御奶牛疫病的能力较弱，养殖效益受市场波动影响较大，影响奶牛场继续开展奶牛养殖的因素众多，奶牛场模式发展种养结合的可持续性较弱。

（三）模式效益

以河北省隆尧县为例，奶牛场养殖一头奶牛每年需要精饲料 3 吨、青贮玉米 5 吨。2015 年当地精饲料价格为每吨 3000 元，青贮玉米价格为每吨 400 元，养殖一头奶牛一年的饲料成本合计为 11000 元。奶牛场从事奶牛养殖的主要经济来源是出售牛奶，其经济效益与牛奶的产量和品质密不可分。奶牛产奶分为三个阶段，停奶期、高峰期和淡奶期，不同时期奶牛的产奶量不同：停奶期完全不产奶，产奶高峰期一头奶牛一天的产奶量一般在 250 千克以上，淡奶期时间较长，在此期间一头奶牛一天的产奶量为 50 千克到 200 千克之间。计算得出，一头成年奶牛年产奶量约为 4 吨。牛奶的出售价格一般为 3000 元/吨，养殖一头奶牛一年的经济收入约为 12000 元，净收入约为 1000 元/年。除此之外，奶牛场的经济收入还有可能来自出售淘汰的奶牛、奶牛公仔、牛粪等，其中牛粪的平均售价为每立方米 25 元，按照成年奶牛日排粪 55 千克计算，一头成年奶牛一年排粪量约 2 吨，每头奶牛出售粪便可获利润 200 元。奶牛场利用自有耕地种植青贮玉米或苜蓿等饲料作物，为奶牛提供饲料来源，减少购买饲料作物的数量，青贮玉米亩产 4 吨左右，能够有效缓解奶牛场养殖奶牛的饲料压力，节约奶牛场购买青贮玉米的成本。

奶牛场模式改变了部分奶牛场单一发展畜牧业的现状，通过发展种植业，利用自有耕地开展种植为奶牛养殖提供饲料来源，种草养畜，能减少购买饲料的成本。饲料成本是养殖成本中重要部分，约占总生产成本的 70%（冯艳秋，2012）。以家庭为单位的种养结合，其节约的成本对于控制家庭支出是很重要的。奶牛场利用农闲时处理、施用有机肥，将奶牛粪便通过堆肥发酵后还田，充分发挥奶牛排泄物的价值，替代了部分购买化肥的成本，发展循环经济，促进农民增收，达到节本增效的目的。虽然没有形成流动的利益联结，但是相对于没有开展种养结合的家庭，他们减少了部分饲料和肥料购买成本，通过施用有机肥明显改善土壤质量，提升作物品质，能够实现种植增效、养殖增收的双赢目标。

二、种养契约合作模式

(一) 模式内涵

种养契约合作模式是奶牛场养殖向规模化养殖发展的一种过渡形式，奶牛场与周边农户通过契约合作统一开展养殖种植活动（王艳杰，2010）。在该模式中，农户利用自有耕地种植青贮饲料作物为养殖场提供作物秸秆饲料（王钰等，2015）；奶牛场养殖奶牛产生的粪便经堆肥后出售或赠予农户用于还田。种养契约合作模式近年来发展迅速，相较奶牛场模式实现了四大转变：挤奶方式由手工挤奶向机械化挤奶转变，饲养户由兼业养殖向专业养殖转变，饲养方式由粗放向集约转变，养殖规模由散养向规模化转变（李栋，2013）。种养契约合作模式能够实现青贮饲料统一购买、排泄物统一消纳。此外，与非种养奶牛场模式相比，种养契约合作模式通过专业化、系统化的管理，可以改善奶牛生产环境，提升牛奶质量和产量水平，提高养殖主体的经济效益和生产效率（如图 3 - 2 所示）。

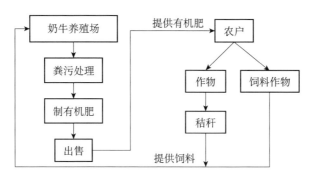

图 3 - 2 种养契约合作模式运行流程

(二) 模式特征

奶牛场与农户之间基本的利益联结方式是肥料的销售和青贮饲料的购买。养殖场与周边农户建立合作关系，能保障粪污的消纳和青贮饲料的稳定供应，在一定程度上能够降低部分生产成本，同时提供更高质量的技术服务，生产出更高品质的牛奶。在生产过程中，奶牛场有效地联合了分散的农户，促进了奶牛养殖综合效益的增长并提高了奶牛场的经济收入（杨静，2007）。

种养契约合作模式的养殖规模很大程度上受到当地社会经济发展条件的

我国种养结合奶牛场高质量发展研究与实践

影响，采用种养契约合作模式的奶牛场养殖规模一般在 100～500 头。种养契约合作模式的出现可以联合从事农业生产家庭使其作为农业生产的经营主体，从而有效地形成联盟，作为联合起来的大主体，奶牛场可以获得更加充分的市场信息，在买卖谈判中增加更多的筹码以获得更加有利的地位（邬小若，2011）。在"四化同步"背景下，为更好地实现农产品价值链升级、种养结合循环农业发展，应积极培育新型农业经营主体（楼栋，2013）。当前，养殖场经济投入的主要来源是出售牛奶收入、社员投入以及政府对合作社的补贴。养殖场多采用青贮池、沼气池综合处理青贮饲料和奶牛粪便，运用了一定的粪便处理技术。养殖场的管理水平相对较高，对于人员分配及职责安排相对明晰，因而参与种养结合的专业化水平较高。此外，种养契约合作模式通过鼓励周边农户种植青贮玉米等，减少了农村剩余劳动力，缓解了农村部分劳动力的就业问题（黄世成，2015）。

（三）模式效益

种养契约合作模式要求奶牛场与农户之间结成利益共同体，只有存在共同的利益，并使总体和个体利益最大化，种养结合不同主体之间的联结才能稳定。因此，协调稳定的利益关系是种养契约合作模式成功的关键。奶牛养殖场是专业化的独立经济组织，以独立的生产者的身份与其他生产主体产生联系，其联系的基础是市场。从产权的角度分析，种养结合环节中的奶牛场和农户的联结是奶牛场自愿让渡部分产权，即让周边种植户免费使用养殖场的粪污。种养契约合作模式利益联结方式主要有买断式和合同式两种形式，这两种形式有其各自不同的特点（见表3-4）。

表 3-4   农户与奶牛场利益联结不同方式的特点比较

方式	联结纽带	交易费用	承担风险	稳定性	发展方向
买断式	市场	较高	奶牛场和农户	不稳定	初级形态
合同式	契约	较低	奶牛场	较稳定	现阶段目标

买断式利益联结机制是奶牛养殖业中利益联结的初级方式。买断式利益联结即奶牛场与农户双方不签订合同，奶牛场到季对农户种植的饲料作物、秸秆进行收购，自由买卖，价格随行就市，农户以比较低的价格或者免费使用奶牛场的粪肥。除此之外，奶牛场与农户之间没有其他联系和约束。收购饲料与秸秆和出售粪便是通过市场活动进行的，奶牛场与农户的关系不稳定，互不负责。在这种买断式利益联结机制中，奶牛场是价格的被动接受者，受

价格因素驱动在种养结合活动中提供原料和购买肥料，缺乏主动参与种养结合的积极性，农户可以选择与不同奶牛场进行交易。因此，在这种相对松散的交易利益关系下，二者的联结是不稳定的，交易双方都需要承担一定的风险。

合同式利益联结机制以契约为纽带联结了奶牛场与农户，属于半紧密型利益联结方式。农户通过与奶牛场签订合同，以事先约定价格收购农户的青贮饲料，或按照合同内容为农户提供有机肥，形成了基于合同的稳定购买与销售关系。这种联结机制合理地配置了农户与奶牛场各自的生产目标、投入产出，以更加合理的方式降低了经营主体间参与市场的购买和收储成本，加入农户＋奶牛场这一模式的经营主体均可以在生产前得到相对确定的价格，降低生产风险，农户能够以较低价格购买奶牛粪便，扩大了种植的利润空间。契约的具体内容因社会经济条件而有所不同，按照奶牛场与农户权利及义务的关系来划分，一方面农户和奶牛场相互承诺以议定的价格和数量买卖奶牛场的有机肥和农户的青贮饲料，使奶牛场的有机肥销路和饲料供应得到保障；另一方面规定了奶牛场以何种方式向农户出售或赠与牛粪。签订购销合同能够降低奶牛场生产和经营的不确定性以及农户的组织成本，调动了奶牛场和农户参与种养结合的积极性。

（四）模式典型案例

以南京市六合区复兴奶牛场为例，该奶牛场占地 70 亩，饲养奶牛约 300 头。复兴奶牛场向周边农户社统一购买饲料及秸秆作物，农户也可根据个人情况提供部分羊草、苜蓿等饲料作物和作物秸秆，由专业技术人员合理搭配后进行奶牛饲养，奶牛场统一为奶牛注射疫苗及监测奶牛健康状况。养殖产生的粪便由专人定时清扫并收走，以劳代资，粪便经处理后还田，奶牛场按需购买。采用该模式能够减少奶牛场散养过程所需的成本，能够提升养殖过程中的专业化水平与专业技术含量；农户可根据养殖需求开展种植，确定播种品种与面积，也加强了奶牛场抵御市场风险的能力。复兴奶牛合作社种养结合流程如图 3-3 所示。

山东省莱西市联益奶牛场，占地面积 50 亩，养殖奶牛 310 头，日产奶 3 吨，售价 3.8 元/吨。乳品企业根据奶牛的养殖规模、卫生标准与生鲜乳质量等指标制定了相应的收购价格。该奶牛场常年与周边农户签订种植合同，奶牛场种植青贮玉米，收割时节由奶牛场负责人根据当年玉米长势确定收购价格。奶牛场统一对牛粪进行干湿分离处理，固体经发酵制成有机肥，以 20 元每立方米的价格出售给周边设施农业种植户；液体经沉淀和过滤，残渣进行氧化发酵，制成有机肥。该奶牛场通过对牛粪综合处理与出售，为养殖提高了经济效益，提升了种植户耕地土壤质量，实现了种养结合循环农业。

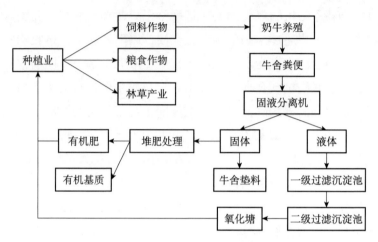

图3-3　复兴奶牛合作社种养结合流程

调研发现，联谊奶牛场每年可由牛粪收入约9.8万元。签订饲料和秸秆收购合同，每头奶牛每天需要青贮玉米7.8千克，该奶牛场年需青贮玉米88.3吨，约合2300亩耕地的青贮玉米。每亩地收购价平均低于市场价50元，共节约饲料成本11.5万元。该奶牛场通过种养结合每年总计产生的效益约21万元。对于种植户来说，签订合同保证了大田作物的销路，另外，牛粪替代部分化肥能够减少化肥的购买量，以化肥一袋50千克80元计算，1立方米牛粪能够替代2~3袋化肥，一亩地每年可减少化肥支出200元，有效控制了奶牛场的种植成本，并且作物长势较好，产量比单施用化肥有明显提高。

目前，种养契约合作模式开展种养结合效果较好。以奶牛场为圆心，与周边农户签订协议统一采购饲料、出售粪便，一方面有力控制了饲料成本，降低了饲料受市场价格波动影响的风险，充分调动周边种植户的生产积极性，为奶牛场提供稳定、优质的青贮饲料来源；另一方面为粪便提供了较好的消纳途径，为养殖场带来了更多的利润。这种模式能够充分调动周边种植户的生产积极性，为合作社提供稳定、优质的青贮饲料来源；养殖产生的粪便也得到合理的利用，既避免了污染，又实现了价值。然而，经济发达地区实行种养结合面临的问题较为棘手，由于经济发展水平较好，人工成本过高，种养结合的效益不能弥补实行种养结合付出的人工与效率支出，违背了自然经济人的选择，推广种养结合还存在一定的困难。

三、种养区域循环模式

（一）模式内涵

种养区域循环模式是指在一个区域内，以奶牛养殖场为中心开展养殖活动，养殖场发动周围奶牛场开展饲料作物种植，种植内容包括青贮玉米、苜蓿等饲料作物。奶牛场依托养殖场作为销路，户生产的饲料作物以及其他作物秸秆由养殖场统一消纳；中大规模养殖场往往建有沼气池或购置粪便处理设施，具有一定的粪便消纳能力，养殖场统一对粪便进行处理，用于制沼或生产有机肥。在传统的养殖场与奶牛场合作过程中，各经营主体之间的信息不对等制约了生产效率的提高（生秀东，2001）。

一方面，养殖场没有足够的精力与分散的奶牛场逐一对接（王银凤，2005）；另一方面，养殖场对于饲料作物与粗饲料的巨大需求使养殖场需要联结周边奶牛场，中介应运而生。中介包括秸秆经纪人和粪便经纪人，中介承担着收购、转卖秸秆作物、奶牛粪便与有机肥等功能，作为连接养殖场与奶牛场之间的桥梁，为饲料作物提供稳定的效率和来源，也为秸秆和粪便综合利用提供解决途径，中介承担了这部分的工作并从中赚取差价以获取利润，养殖场、中介与奶牛场通过利益的关联形成了种养结合模式，该模式的核心是三者之间经济利益的联结（闫玉科，2006）。

（二）模式特征

种养区域循环模式的特征主要体现在以下三点：首先，养殖场模式内有多个参与主体，且各参与主体分工明确。养殖场从事专业化生产，统一购买饲料作物与秸秆，集中处理和出售奶牛粪便，秸秆经纪人从田间地头、奶牛场手中收购饲料作物以及新鲜的秸秆，打捆运输至养殖场，粪便经纪人统一收购养殖场产生的畜禽粪便，分散销售至果园、蔬菜大棚、有机肥厂等，通过中介的活动，各经营主体间实现了种养结合。其次，养殖场模式内种养结合活动专业化程度高。以奶牛粪便处理为例，在国家政策补贴下养殖场完善粪便综合处理的基础设施并投入使用，养殖场建有沼气池并购置粪便处理设施，实现对奶牛粪便的综合处理（王治方等，2015）。在该模式中，种养结合各环节的参与主体借助市场的平台进行循环，提升了种养结合市场化水平（张宇峰，2013）。最后，养殖场模式带动了更多的奶牛场参与种养结合，扩大了奶牛种养结合活动的辐射范围，强化了各经营主体间的利益联结。养殖场模式中各经营主体都是以追求自身利益最大化为目标，基于利益驱动机制运转，因此，该模式成功的关键在于能否形成一个利益共享、风险共担的经济共同体（缪建平，1997）。

养殖场模式通过发动一定数量的奶牛场种植饲料作物，既为奶牛场种植业提供了稳定的效益来源，同时拓宽了养殖场饲料来源，增强了经营主体抵御饲料市场价格上涨冲击的能力。不仅如此，稳定、优质的饲料来源有助于养殖场提升饲养品质，从而保证乳品品质与安全，提高牛奶出售价格，为养殖场实现更好的经济效益。奶牛粪便经过粪污处理设施集中处理，不仅缓解了养殖活动可能造成的环境污染和不良影响，同时为种植业提供了充足的有机肥料，做到了废弃物循环利用，实现了较好的社会效益和生态效益。

（三）模式效益

根据养殖场、中介与奶牛场之间利益联结的组织形式及联结的密切程度，将养殖场模式利益联结方式分成以下三种。

第一种是松散型联结方式，奶牛场与养殖场联系的主要纽带是市场。每年收获季节，中介与奶牛场进行现货交易，收购饲料作物和作物秸秆；企业产生的畜禽粪便有专人定期打扫并收购，奶牛场按需购买，奶牛场与企业之间不进行直接交易。虽然实现了秸秆作物和奶牛粪便在社会经济领域的循环，但从严格意义上说只是种养结合广义上的体现，是种养结合在一定区域内的循环，不是由经营主体主观为了实现种养结合而展开的联结。并且，这种联结方式没有建立稳定的购销关系和明确的品质标准，使养殖场收购的饲料品质参差不齐，不利于保证养殖场标准化养殖的质量水平，进而可能影响到养殖主体经济效益，损害养殖场模式种养结合的持续发展。

第二种是半紧密型联结方式，养殖场和奶牛场分别与中介签订协议，按照合同约定数量与价格执行，养殖场与奶牛场各自承担中介费用。契约的存在将养殖企业和奶牛场联系在一起，一方面，分散的奶牛场生产的饲料作物能够拥有稳定的销售渠道，避免了收获季节销路的竞争，基本保证了奶牛场的稳定收入；另一方面，契约保证了养殖场拥有相对稳定的青贮饲料供应，也为奶牛粪便的消纳提供了渠道。这种半紧密型联结方式在现有的奶牛种养结合活动中较为常见，中介在其中发挥了至关重要的作用。然而，由于奶牛场与养殖企业之间没有形成稳定的利益共同体，当养殖场经营目标发生变化或生产规模突然改变时，奶牛场利益和养殖场利益可能产生矛盾。实际情况中，种养结合利益联结机制会引导参与主体倾向于建立更加密切的联结关系。

第三种是紧密型利益联结方式，奶牛场与养殖场联系的纽带是产权关系。养殖场将奶牛场通过收购、合并等方式"内化"为养殖活动的组成部分，使奶牛场真正成为养殖场的资产所有者，奶牛场能够享受到养殖场的利益分红，种养结合各环节的经营主体组成了新的利益共同体。

种养结合中不同的养殖主体与种植主体之间的关系，决定了双方经济效益的实现情况。养殖主体与种植主体在种养结合中的经济地位及利益分配很大程度上取决于双方的利益联结方式与利益联结密切程度。从保障种植主体收益的角度出发，应通过商品合同为纽带规范和完善经营主体间利益分配机制。研究发现，经营主体的经济地位与利益分配随着与养殖主体关系密切程度的提高而逐步得到提升和改善（范亚东，2005）。同样，在"养殖场＋中介＋奶牛场"模式中，奶牛场的经济地位与利润分配关系随着"松散型""半紧密型""紧密型"的顺序逐渐得到提升和改善。

（四）模式典型案例

河北省邢台市爱牛养殖场，占地面积45亩，养殖奶牛550头，日产奶量6吨，为伊利公司提供稳定高品质奶源，牛奶收购价3.8元/千克。该场进行规模化养殖对饲料作物需求量较大，基于此，由中介牵头，该场周围奶牛场种植600亩青贮玉米，保障饲料作物与秸秆的供应。该场年产奶牛粪便约3000立方米，由专人联络以20元/立方米的价格出售给周边的菜园种植户。爱牛养殖场已形成以奶牛养殖为核心、由中介牵线搭桥、带动种植户积极参与的种养结合循环模式。在山东省青岛市，牧春奶牛场养殖奶牛420头，充分利用自有30亩耕地开展青贮玉米种植，并向周围奶牛场购买大量青贮玉米。当地粪便经纪人负责上门清扫牛棚、回收粪便，经纪人每年付给奶牛场3.5万元，粪便经处理后由经纪人销售至有机肥料厂。

在调研中，规模较大的河北红山乳业有限公司占地近120亩，养殖奶牛850头，带动周边种植饲料作物750亩。奶牛养殖过程中产生的粪便污水，在场内进行厌氧沼气发酵，干湿分离后液体作为有机肥用于出售和还田，固体经过加工制成有机肥料用于销售，并且与周边蚯蚓场签订合约，日供应牛粪10立方米。养殖场内配有沼气发电设备，通过奶牛粪便制沼发电能够满足场内生活用电。红山乳业公司不仅实现了奶牛场、中介与养殖场之间的种养结

我国种养结合奶牛场高质量发展研究与实践

合循环，并将牛粪制成沼气作为再生能源发挥作用，实现了经济效益、社会效益与生态效益三者的统一（如图3-4所示）。

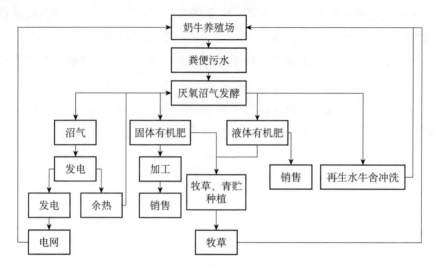

图3-4　种养区域循环模式流程

新疆地区受社会发展水平与经济条件制约，种养结合发展呈现两极化趋势。以豪子畜牧业有限公司（以下简称豪子畜牧）为典型的大型养殖场，受到国家补贴、资金实力等因素影响，开展种养结合取得较好成效。豪子畜牧占地4631亩，总投资5.35亿元。栏数已达到2800余头，日产鲜奶可达10吨，已注册独立乳品品牌。豪子畜牧投资1430万元用于建设粪污处理系统，粪污处理系统建设内容主要包括粪污收集系统：液压刮粪板、粪污收集管道及循环冲洗管道，污粪收集处理池4个，容量合计4500立方米；牛床垫料生产车间1个，生产垫料生产设备一套；污粪输送管道4千米；两个氧化塘总容量为20万立方米；液肥输送管道4.2千米，喷滴灌灌溉管网1500亩。豪子畜牧运行粪污处理系统，每年投入电费10万元，人工费12万元，设备折旧及维修费160万元。豪子畜牧通过收集养殖场内生产污水以及生活污水，污水循环用于冲洗场内粪道。引进国外先进污粪处理设备，采用重型液压刮粪板自动清理系统进行粪污处理。通过该系统将粪污收集到牛舍中间的污粪收集管道，通过水冲方式输送到固液分离车间的集粪池，污粪处理系统的实施管道全部采用地埋式管道，同时氧化塘也做了严密的防渗漏处理，避免了地表、地下的污染。奶牛粪便经过干湿分离，其中干性物质经24小时高温发酵用于生产牛床垫料，其余干性物质经高温发酵形成菌肥，通过运输车抛洒用于还田。

　　液态粪便先经过氧化塘无害化处理，再经一、二级沉淀池沉淀，最后由泵抽至集粪池进行二次循环利用，多余的水性物质通过管道输送至林草兼做区进行林木灌溉。企业内部充分利用牛场粪便作为有机肥料，同时企业内部种植苜蓿等饲料作物，实现了粪污处理与种养结合的循环闭合利用。以豪子畜牧为例的大型养殖场粪便处理方式效果好、自有耕地面积大、参与种养结合程度高，机械化水平与科技含量较高，然而该模式需要对大型养殖场进行充足的政府补贴与资本投入才能得以开展与顺利运行（许栋，2017）。

　　调研中发现，许多养殖场虽然修建了沼气池或污水处理池，但投入使用率低，养殖场购置粪污处理设备或修建沼气池的原因往往是应付检查和企业评比。小规模的沼气处理设施粪污处理能力有限，无法满足规模养殖场的粪便处理量，设备耐用性差，处理过程相对烦琐且成本较高。中规模、大规模的粪污处理设施运营成本高，运行所需的技术水平高，牛粪处理过程的费用高于牛粪出售价格，且能够为企业带来的经济效益十分有限。因此，养殖主体出于综合效率考虑会选择相对便捷的处理方式，即直接出售粪便，这样既解决了养殖场潜在的粪污排放污染问题，同时为企业实现了更好的经济效益，也是实现种养结合的一种方式。

　　养殖场自身开展种养结合最大的阻碍在于高昂的成本：不仅土地流转成本高，企业雇工、管理费用高，运行与实施粪污处理的成本也相当高。不同地区由于社会经济发展水平不同，经营主体选择开展种养结合的方式也存在一定差异。如河北地区一些奶牛场由专人清理粪便后将粪便统一运走，以劳代资不再支付牛粪的费用，养殖场也不必支付清扫粪便的费用，一举两得。而在经济发展较好的地区如江苏南部，当地人工成本高，造成处理牛粪的成本过高，许多养殖场选择将牛粪直接堆积在村头、路口和养殖场附近，免费供周边奶牛场取用。尽管如此，由于当地过高的人工成本，大多数奶牛场仍然不愿意施用粪肥，更倾向于施用投入少、效率高的化肥。经济成本成为制约当地种养结合发展的一大难题，那些被随意搁置的牛粪不仅造成了资源浪费，还对大气、土壤和水资源造成了严重污染。

第三节　三种典型奶牛场种养结合模式特征比较

　　种养一体化经营模式、种养契约合作模式、种养区域循环模式三种模式

我国种养结合奶牛场高质量发展研究与实践

的共同点与联系首先体现在三种模式都实现了农业废弃物综合利用，完善了种植业和养殖业之间的循环链条，促进了农民增收和农村经济的发展。特别是充分发挥了秸秆的价值，发展节粮型畜牧业，替代了部分饲料，缓解了养殖主体的饲料压力。目前，全国秸秆养畜示范县已扩展到 485 个，其中秸秆养牛示范县 323 个（高雪松，2011）。

奶牛合作社具有较完整的组织机构，责权明确，运行机制完善，并且合作社奶牛养殖模式下的精饲料与粗饲料成本均低于其他模式（韩青，2013）。研究表明，在同等条件下，奶牛散养模式的产出效率最差，小规模和中规模养殖模式的产出效率相较于散养模式都有明显提高，并且小规模与中规模养殖模式的产出效率相比更加稳定（郜亮亮，2015）。

更为重要的是，种养结合缓解了随着养殖规模逐渐扩大而不断增加的粪污处理压力，解决了畜禽养殖带来的污染和畜禽生产中尿液和冲洗水处理的难点，种养结合模式将奶牛产生的粪尿进入收集池，处理后用作有机肥，实现了资源化利用，替代和减少了种植户的化肥施用量。这些经营主体通过种养结合解决了养殖中产生的粪便污染问题，为奶牛粪便的处理和循环利用提供了解决路径，实现了农业废弃物的循环利用和可持续发展。以上三种模式通过开展种养结合实现了资源优化配置，为经营主体减少了生产成本，实现了更好的经济效益，为周围的生态环境改善作出了贡献；同时，还可以促进经营主体向更加精细化的生产方向发展，不仅能够提升农产品的市场竞争力，还能够提升从业人员的技能水平，促进循环农业中新技术的推广和新产品的应用。

表 3 - 5 从生产规模、资金投入量、劳动力状况、技术水平、管理方式和专业化水平等角度，比较了上述三种奶牛种养结合模式的区别。

表 3 - 5　　　　　　　三种典型奶牛场种养结合模式特征比较

类别	生产规模	资金投入	劳动力投入	技术水平	管理方式	专业化水平
种养一体化经营模式	主要小型	较少	主要自家劳力	落后	松散	未形成
种养契约合作模式	主要中等	中等	雇用部分劳动力	技术培训	较松散	较低
种养区域循环模式	主要大型	较大	雇用劳力	先进	规范	高

总体看来，三种模式的发展效果呈现出递增的趋势。首先，种养一体化经营模式生产规模最小，耕地面积较小且养殖奶牛数量少，一般规模为 100 头以内，发展自给自足式经济。种养契约合作模式生产规模居中，规模在

100~500头之间，耕地面积取决于农户的耕地面积、养殖场对耕地的需求以及奶牛场的经济实力，奶牛场的资金投入主要依靠合作社效益与国家补贴。种养区域循环模式的养殖场模式生产规模最大，养殖数量基本在500头以上，个别特大规模养殖场养殖数量能达到1000头以上，养殖场模式开展种养结合辐射的面积最广，辐射带动的参与主体数量最多，产生的影响也最大，养殖场对于开展种养结合特别是流程中粪污处理资金投入量较大，在三种模式的资金投入量中排首位。此外，种养一体化经营模式的劳动力以家庭成员为主，种养契约合作模式的养殖场或少量雇用工人，种养区域循环模式的养殖场需要较多的劳动力，并加以细化分工，劳动力投入最多。从技术水平和专业化水平的角度来看，种养一体化经营模式涉及种养结合的主要环节是饲料种植、秸秆收购和粪便还田，对于秸秆和粪便没有加以处理，运用的技术较少，专业化水平较低。种养区域循环模式的养殖场响应国家号召修建沼气池并购置粪污处理设施，将技术的因素运用到种养结合中，实现效果较好。

第四节　本章小结

本章首先对奶牛场种养结合模式发展潜力进行分析，奶牛场发展种养结合模式可以降低养殖场的青贮饲料成本，保障青贮饲料的稳定供应，促进养殖场粪污的消纳，同时粪肥的使用可以改善土壤质量，持续促进种植产量的提升，实现养殖业与种植业的双赢。接着，本章对当前主要的种养结合模式进行分类，在实地调研的基础上，总结当前奶牛种养结合模式中种植业与养殖业联结的组织模式主要有：种养一体化经营模式、种养契约合作模式、种养区域循环模式，并对不同模式的特征进行比较分析。

第四章　我国种养结合奶牛场环境绩效评估研究

在奶牛养殖过程中，饲料的种植与加工、饲养过程的能源消耗、奶牛的肠道呼吸、粪便的处理等各个环节都会排放温室气体，且总体的排放量主要取决于饲料种植与奶牛养殖的生产能力（Fan et al.，2018）。种养结合奶牛场通过青贮玉米种植与奶牛养殖，实现养殖场内粪便、秸秆和青贮玉米的综合利用，从而减少种植环节中化肥使用，减少青贮饲料的购买，降低饲料和粪便运输能耗，被认为是一种可持续的生产模式。然而，现有的研究对这方面关注不足，尤其是难以回答种养结合奶牛场的温室气体减排效果如何、资源节约程度如何、如何降低该模式的资源消耗和环境负荷等问题全面准确评估种养结合奶牛场的环境绩效，是相关政策制定的基础，也是促进奶牛养殖业绿色生产的关键。为此，本章节将利用调研数据，基于 LCA 方法，对以上问题进行回应。

第一节　关于奶牛养殖环境影响的研究

一、奶牛养殖环境污染的成因及主要污染类型

造成奶牛养殖环境污染的原因是多方面的。过去奶牛养殖以散养为主，养殖规模相对较小，养殖分布比较分散，奶牛场自身拥有的耕地基本上能完全消纳养殖的粪污，养殖对环境污染非常小（刘忠等，2010）。随着奶牛养殖规模化发展，奶牛场的养殖量不断增加，养殖场产生大量粪便，增加粪污处理的难度（孙良媛等，2016）。此外，奶牛场主要分布在大城市周边，这些地方的耕地较少，更加剧了粪污处理的难度（周轶韬，2009；孙铁珩等，2008）。此外，相关研究表明，目前我国禽畜粪便利用程度较低，仅有 50% 左

右的粪便还田（马林等，2018），但化肥用量却非常高，占世界总用量的1/3以上（Faostat，2019），耕地质量保护与提升形势依然很严峻（王军等，2019）。尽管禽畜粪便还田有利于减少化肥使用、改善土壤质量，然而，随着种养分离、农民种地习惯改变，我国粮食种植户逐渐习惯于使用化肥而不愿意使用有机肥，也加剧了养殖场粪污处理的难度（Zhang et al.，2019）。兼有种植和畜禽养殖的农村家庭所占比例从1986年的71%急剧下降到2017年的12%（Jin et al.，2020），禽畜粪便还田对中国乃至发达国家来说都是一个重大挑战。

在奶牛养殖过程中，饲料的种植与加工、饲养过程的能源消耗、奶牛肠道呼吸、粪便的处理等各个环节都会对环境带来一定影响，总体的污染物排放量主要取决于饲料种植与奶牛养殖的生产效率（Basset-mens et al.，2009）。奶牛养殖可能会对水体、土壤、大气等造成影响，具体来说，奶牛养殖排放二氧化碳（CO_2）、甲烷（CH_4）等温室气体，加剧全球气候变暖；排放二氧化硫（SO_2）、氨气（NH_3）等酸化物质，加剧土壤酸化风险；排放总氮（TN）、总磷（TP）等水体富营养化物质，导致水体富营养化（Wang et al.，2018；段雪琴，2018；曹正纲，2012）。相关研究表明，"青贮玉米 + 奶牛"的种养结合模式通过青贮玉米种植与奶牛养殖，实现养殖场内粪便、秸秆和青贮玉米的循环利用，从而减少种植环节中化肥使用，降低饲料和粪便运输能耗，被认为是一种可持续的生产模式，具有巨大的经济效益和环境效益（黄显雷等，2021；Basset-mens et al.，2009；Fan et al.，2018）。每年由规模化养殖产生的温室气体排放量约占全球温室气体排放量的15%（Gerber et al.，2013）。减少规模化养殖产生的温室气体排放是世界各国面临的主要挑战之一（Monteny et al.，2006；Flessa et al.，2002；Kramer et al.，1999）。

二、评估奶牛养殖环境影响的方法模型

LCA是一种应用于定量评价某个生产过程、活动或产品"从摇篮到坟墓"整个生命周期环境影响和资源消耗的分析方法（Michael et al.，2016；ISO，2020），目前在农业领域得到广泛应用（刘欣超等，2020；Wang et al.，2018；Fan et al.，2018；Baldini et al.，2017）。国际上对LCA的研究，最早可以追溯到20世纪的70年代初出现的资源与环境状况分析，苏黎世大学在荷兰Leiden大学的清单数据库的基础上，从生态平衡和环境评价的角度出发，

首次对 LCA 开展了较为系统的研究（霍李江，2003）。作为全新的预防性环境评价理论与方法，欧美日等发达国家的相关研究单位与相关学者，在生命周期环境评价模型方面提出了 Eco-indicator 99 模型（Gerbinet et al.，2014）、EPS 2000 模型（Rey et al.，2004）、CML 模型（Klopffer，2006）、Impact 2002 + 模型（潘媛，2018）、ReCiPe 2008 模型（Owsianiak et al.，2014）、EPD 2013 模型（Ferreira et al.，2016）；在生命周期清单数据库构建方面，欧美日等国家和地区构建了 ETG-ESU 96 数据库（瑞士）（Blengini，2009）、Ecoinvent 2000 数据库（瑞士）（Jungbluth et al.，2004）、Idemat 2000 数据库（荷兰）（Castro et al.，2003）、Franklin US LCI 98 数据库（美国）（Puettmann et al.，2005；Puettmann et al.，2010）、Input-output 数据库（日本）（Suh et al.，2007）。近些年随着国内的重视，陆续有相关研究单位和相关研究学者构建了数据库。其中主要有山东大学的 CPLCID 数据库、中科院生态环境研究中心的 CAS-RCEES 数据库、四川大学的 CLCD 数据库、北京工业大学的 Sino-Center 数据库等（王玉涛等，2016）。

目前关于奶牛养殖的 LCA 研究主要集中在评估奶牛养殖的整体环境影响及各个环节的贡献份额上。在欧洲，奶牛场的青贮饲料自给率超过 70%，养殖场自产青贮饲料有利于降低单位 FPCM 生产的温室气体排放、酸化潜力和能源消耗（Matteo et al.，2013）。在对新西兰奶牛场的研究中发现，养殖场自产青贮饲料可以降低单位 FPCM 生产的温室气体排放、酸化潜力、水体富营养化潜力和土地占用（Basset-mens et al.，2009）。对加拿大奶牛场的研究发现，养殖场自产青贮饲料能降低养殖饲料成本（Li et al.，2018）。通过对中国南方某典型种养结合奶牛场进行 5 年跟踪调查，发现该养殖场能提高秸秆利用率、改善土壤肥力（Zheng et al.，2012）。研究发现奶牛肠道排放、饲料生产过程的排放和粪便管理过程的排放是中国关中平原奶牛场三大温室气体排放源（Wang et al.，2016），同时，饲料生产是影响中国华北平原奶牛养殖中温室气体排放、能源消耗、土地占用和水资源消耗的决定性因素（Wang et al.，2018）。相比非种养结合模式，种养结合模式下每生产 1 吨牛奶，可减少温室气体排放 24%，氨排放 14%，氮排放 29%（Fan et al.，2018）。通过种养结合模式将粪污进行还田利用，替代部分化肥的施用，能改善生态环境（靳红梅等，2015）。

第二节　调研地区奶牛养殖状况

一、调研地区与样本量确定

（一）我国奶牛养殖分布及调研地区

目前我国奶牛养殖主要分布在北方，这些地区也是玉米种植的主要区域。2019 年底，我国奶牛存栏量为 1045 万头，牛奶总产量为 3201 万吨，玉米及青贮玉米总种植面积约为 4300 万公顷（中国农村统计年鉴，2020），其中青贮玉米种植仅占玉米种植面积的 5%。2019 年，山东省和黑龙江省的牛奶产量分别为 220 万吨和 470 万吨，分别占我国牛奶总产量的 7% 和 15%。目前山东省和黑龙江省玉米的种植面积为 380 万公顷和 590 万公顷（中国农村统计年鉴，2020 年）。在政策方面，这两个省份自 2016 年开始实施青贮玉米种植补贴政策，山东省补贴标准为 20 ~ 50 元/吨，黑龙江省补贴标准为 60 ~ 100元/吨。

（二）样本量的确定及有效样本量

研究使用以下计算方法来确定每个省的最小样本量（Hamburg，1980；Raosoft，2004）：

$$x = Z_c^2 r(100 - r) \tag{4-1}$$

$$n = \frac{N}{[(N-1)E^2 + x]} \tag{4-2}$$

$$E = \sqrt[2]{(N-n)/(n(N-1))} \tag{4-3}$$

其中，x 为误差率，一般允许的最大误差率不超过 10%，Z_c 表示在置信水平 c 下的临界值，通常置信水平的选择要在 90% 以上，N 为调查省份的奶牛场数，n 为最低的样本量要求；E 代表标准偏差。2019 年，山东省、黑龙江省养殖规模在 50 头以上的奶牛场数分别为 1800 家和 1600 家。为此，每个省的最低样本量要求为 65，一般来说，较低的误差率和较高的置信水平需要较大的样本量。

笔者采用面对面交流的方式，笔者于 2020 年 8 ~ 12 月在山东省和黑龙江省开展奶牛场问卷调查，共调查 223 家奶牛场（山东青岛 109 家，黑龙江哈尔滨 114 家），这些奶牛场中，75 家奶牛场采用非种养结合模式，114 家奶牛

我国种养结合奶牛场高质量发展研究与实践

场采用"青贮玉米+奶牛"种养一体化经营模式，另外34家奶牛场采用"蔬菜+奶牛""林果+奶牛"等种养结合模式，这部分数据不在本研究范围内。最后共获得189个奶牛场的有效样本，包括75个非种养结合模式样本和114个"青贮玉米+奶牛"种养一体化经营模式样本。

二、调研地区奶牛养殖情况

表4-1列出两类奶牛场的基本情况。non-IPBS和IPBS的平均养殖规模分别为233头和281头，泌乳牛的产奶量分别为8372千克/头和8493千克/头，IPBS的产奶量略高，但经过t检验分析，两者没有显著性差异。山东省单头产奶量显著高于黑龙江省，原因可能是山东省比较注重奶牛进食的饲料营养管理。调研地区的牛奶单产高于全国的平均水平，接近欧盟一些国家的奶牛单产，但是与美国还有较大差距（Faostat，2019），说明从全国来看这两省的奶牛养殖技术水平比较先进，但是与发达国家还有很大差距。在青贮玉米种植方面，IPBS青贮玉米产量为43995千克/公顷，黑龙江省青贮玉米产量显著高于山东省。所调查奶牛场中，60.3%的奶牛场采用IPBS，这部分奶牛场的玉米青贮自给率约为56.6%，有机肥自用率为56.7%。意味着整体奶牛场的青贮玉米自给率仅约为34%，欧盟国家奶牛场的饲料自给率在70%以上（Matteo et al.，2013）。

表4-1　　　　　　　　不同模式奶牛场基本情况

项目	non-IPBS			IPBS		
	山东	黑龙江	合计	山东	黑龙江	合计
泌乳牛（头）	81.4	109.2	95.1	129.6	128.9	129.2
干泌乳牛（头）	24.5	51.0	37.6	30.8	57.0	46.7
育成牛（头）	62.2	72.4	67.2	102.0	44.4	67.1
犊牛（头）	28.1	35.4	31.7	39.7	37.4	38.3
总牛数（头）	196.1	270.8	233.0	302.2	267.7	281.3
产奶量（千克/头）	8588[a]	8173[b]	8383	8781[a]	8334[b]	8510
牛奶销售价格（元/千克）	3.63	3.63	3.63	3.64	3.66	3.66
牛奶蛋白率（%）	3.32	3.37	3.34	3.31	3.36	3.35
牛奶脂肪率（%）	3.78	3.72	3.75	3.77	3.81	3.79
奶牛场总耕地面积（公顷）	0	0	0	12.97	49.15	34.87
用于小麦—青贮玉米种植的耕地（公顷）*	0	0	0	10.35	35.41	25.52

续表

项目	non-IPBS			IPBS		
	山东	黑龙江	合计	山东	黑龙江	合计
小麦产量（千克/公顷）	—	—	—	6927	—	6927
青贮玉米产量（千克/公顷）	—	—	—	39743[a]	46768[b]	43995
青贮玉米自给率（%）	0.0	0.0	0.0	31.8	72.7	56.6
有机肥自用率（%）	0.0	0.0	0.0	28.9	74.8	56.7
样本量	38	37	75	45	69	114

注："a"和"b"表示在5%的水平上存在显著性差异；"＊"表示个别养殖场只用部分耕地种植小麦—青贮玉米，研究只分析此部分数据，山东省是冬小麦—夏青贮玉米轮作种植，黑龙江省为青贮玉米连作。

第三节　分析框架

本章首先运用 LCA 对非种养结合奶牛场与种养结合奶牛场的环境影响进行分析；其次在此基础上，评估全国奶牛场采用种养结合模式的最大理论比例及整体环境减排潜力；最后使用线性回归模型探究影响种养结合奶牛场环境绩效的决定因素，提出相关建议和对策。具体分析框架如图 4 - 1 所示。

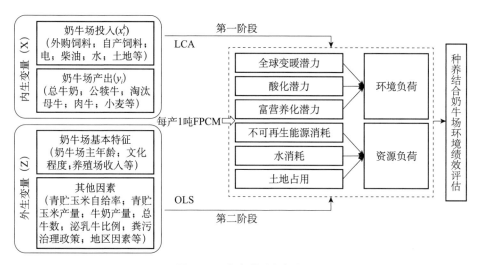

图 4 - 1　本章节分析框架

LCA 是一种应用于定量评价某个生产过程、活动或产品"从摇篮到坟墓"整个生命周期环境影响和资源消耗的分析方法。在奶牛场中，饲料、电、柴油等各项投入要素在其生产过程中会消耗一定的资源并给环境带来负荷，根据 LCA 量化这种环境负荷，并将整体环境负荷分摊到总产出上，即可评价每产 1 吨 FPCM 的环境绩效。投入与产出的关系是影响每产 1 吨 FPCM 环境绩效的内生变量，在产出不变条件下，投入越少，则环境负荷越少，每产出 1 吨 FPCM 的环境绩效越高。而奶牛场主的年龄、文化程度、牛奶单产、养殖规模、地区因素等会影响奶牛场的投入与产出比，进而影响每产 1 吨 FPCM 的环境绩效，这些因素构成影响每产 1 吨 FPCM 环境绩效的外生变量。

一、生命周期环境评价的分析框架

本书采用 LCA 方法评估两系统中奶牛养殖的环境影响。根据 ISO 14040《环境管理生命周期评价原则与框架》，将 LCA 的基本结构大致分为三个部分：研究目的与范围、生命周期清单分析、生命周期影响评价。

（一）研究目的与范围

1. 研究目的

LCA 作为一种评价工具，用来评估某产品或某生产流程过程对环境造成的影响。目前，LCA 已广泛应用于农业生产的环境评价（Wang et al. , 2018；Baldini et al. , 2017；Sara et al. , 2016）。应用 LCA 方法的关键是准确评估各投入清单应对的潜在环境影响，并将各排放物质进行环境归类（Michael et al. , 2016）。本研究旨在量化考察 non-IPBS 和 IPBS 下奶牛养殖的环境影响。具体来说，进行 LCA 研究的目的是：通过对奶牛养殖系统中涉及的饲料种植、奶牛饲养、粪便处理、饲料运输等全过程的物质、能量输入与输出进行分析，从生命周期的角度评价两种系统的全球变暖潜力、酸化潜力、富营养化潜力、不可再生能源消耗、水消耗、土地占用等指标，通过对两种模式的横向比较以及模式内部各个环节的纵向分析，明确奶牛养殖过程中各节点节能减排和清洁生产的关键技术要点，提出相应的改进意见及建议，以期为奶牛场选择最友好的生产模式提供依据和决策支持，推进我国奶牛养殖绿色生产。

2. 研究范围

对奶牛养殖系统进行生命周期评价，首先应当确定奶牛养殖系统的边界。根据本研究目标，基于奶牛养殖的各个环节，确定 IPBS 系统边界包括：①青贮饲料种植；②奶牛饲养；③粪便处理；④饲料和有机肥运输。而在 non-IPBS 中没有青贮饲料种植环节（如图 4 - 2 所示）。本研究只是对奶牛养殖系统的

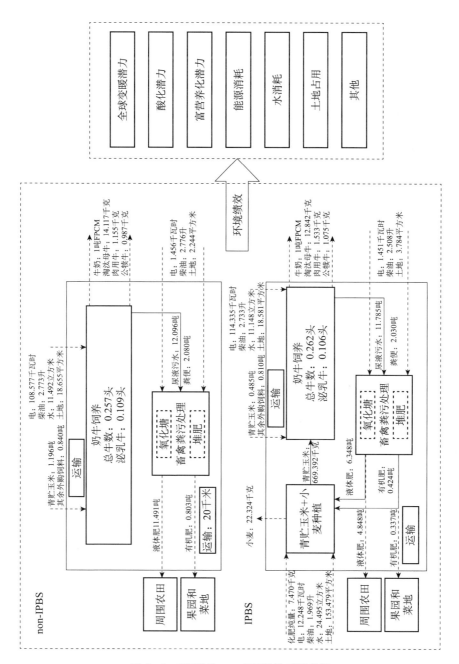

图4－2　IPBS 和 non-IPBS 的系统边界

注：在 IPBS 中，山东省是冬小麦—夏青贮玉米轮作种植，黑龙江省为青贮玉米连作。

资料来源：图中数据根据调研得到。

生产过程进行分析，主要用于考察两种生产模式下环境绩效的差异，未考虑牛奶加工、包装和流通，也没有分析淘汰奶牛的屠宰、加工和运输，此外，其他相关的厂房设备、建筑设施、运输工具生产等的环境影响也未考虑。

3. 功能单位确定

LCA 分析中，功能单位的确定是基础，在清单分析的过程中所收集投入产出数据，必须都换算为功能单位，这样才能在影响评价中实现产品系统的输入和输出的标准化，方便进行比较分析。本研究以生产 1 吨 FPCM 为评价的功能单位，计算公式如下（Baldini et al.，2017）：

$$FPCM = 牛奶(重量) \times [(0.116 \times 脂肪率) + (0.06 \times 蛋白率) + 0.337]$$

$$(4-4)$$

两种系统中，奶牛场除出售牛奶，还会出售公犊牛、淘汰母牛、肉用牛、有机肥等，在 IPBS 中，还会出售小麦。环境影响应该分摊在全系统中的每类产品上。关于牛奶和副产品之间的环境影响分配规则主要有三种（Baldini et al.，2017），包括将所有影响都归功于牛奶的无分配规则、根据产品的重量分配规则和根据产品价值的经济分配规则。考虑到本研究的产品是多种类的（牛奶、牛肉、小麦等），无分配原则并不适用，且伴随生产大量重量大而价值较低的产品（小麦、有机肥等），如果按照重量分配规则则造成分配给牛奶主产品环境影响的份额低，不符合实际情况，因此，经济分配规则更适用于本研究，同时该分配规则也是 LCA 中最常用的分配规则之一（Wang et al.，2018；Baldini et al.，2017；Wang et al.，2016）。根据产品的销售收入，按照公式（4-2）和公式（4-3），non-IPBS 和 IPBS 中养殖环境影响分配给牛奶的比例为 89% 和 87%。

（二）生命周期清单分析

生命周期清单分析（LCI）是进行生命周期评价的基础，此阶段需收集必要的数据，以达到所要研究的目标。清单分析的核心是建立以产品功能单位表达的系统各要素的投入与产出，并根据相关的环境因子，确定系统的环境影响。在本书中，清单分析是对奶牛场生产过程中每个阶段具体的物质、能源等要素投入及其相应污染物排放的数据进行记录，数据来源于调研数据和文献数据。将奶牛养殖系统分为四个阶段，即饲料环节、奶牛饲养环节、粪便处理环节和运输环节。

1. 饲料环节

奶牛饲养需要饲料投入，根据 LCA 原理，饲料在生产过程中会对环境造成影响，所以在奶牛养殖系统中要考虑此部分环境影响。在 non-IPBS 中，所有饲料都来源于购买，其生产过程的环境影响可以参考相关文献。而在 IPBS 中，部分青贮玉米通过自产提供，需要确定该部分的环境清单，以评估两系统的差别。在 IPBS 中，山东采用小麦—青贮玉米种植，黑龙江仅种植青贮玉米，生产资料投入主要有化肥、有机肥、农药、种子等，产品为小麦、麦秸和玉米青贮。产品中，小麦全部出售；麦秸全量还田，原因在于小麦收获季经常伴随下雨，麦秆容易发霉不利于制成奶牛粗饲料；青贮玉米用于饲养奶牛。生产 1 吨 FPCM 在 IPBS 种植环节的投入产出见表 4 - 2。此环节的环境影响依据表 4 - 3 计算。

表 4 - 2　　IPBS 下每产 1 吨 FPCM 青贮玉米种植环节的投入与产出

类别	项目	IPBS		
		山东（青贮玉米—小麦）	黑龙江（青贮玉米）	合计
投入	氮肥（N）（千克/吨）	2.370（269）	6.687（128）	4.983
	磷肥（P_2O_5）（千克/吨）	0.677（77）	1.911（37）	1.420
	钾肥（K_2O）（千克/吨）	0.507（59）	1.433（28）	1.067
	有机肥（N）（千克/吨）	3.718（503）	10.302（240）	7.703
	电（千瓦时/吨）	10.728（1370）	13.239（266）	12.248
	柴油（升/吨）*	0.895（113）	2.670（56.4）	1.969
	灌溉水（立方米/吨）	21.457（2740）	26.477（532）	24.495
	耕地面积（平方米/吨）	79.381	201.804	153.479
产出	小麦（千克/吨）	56.555	0	22.324
	青贮玉米（千克/吨）	318.667[a]	947.691[a]	669.392[a]

注：表中数值为养殖场各项总投入、总产出平摊到每吨 FPCM 上计算得出的各养殖场的平均值，所有投入产出清单数据均按此方法计算；"（ ）"中的数值为每公顷平均投入，目的为方便与相关研究比较；"＊"由于养殖场的耕地的机械作业主要是代耕作业，养殖场主对该环节的柴油消耗不清楚，该数据借鉴相关研究（刘松，2017）；"a"此数值为过程产出，最终全部用于系统内部。

资料来源：来源于研究的数据分析，根据调研数据计算出来的结果。

表 4 - 3　　　　　　青贮玉米种植过程中的环境影响因子

项目	排放因子						
	CO_2	CO	NO_x	N_2O	NH_3	NO_3	SO_2
生产氮肥（N）（千克/吨）	10.37	0.0043	0.036	—		—	0.032
生产磷肥（P_2O_5）（千克/吨）	1.59	0.0008	0.005	—		—	0.003
生产钾肥（K_2O）（千克/吨）	0.66	0.0004	0.002	—		—	0.001

续表

项目	排放因子						
	CO_2	CO	NO_x	N_2O	NH_3	NO_3	SO_2
施用氮肥（N）（千克/吨）	—	—	—	0.0105	0.048[a] 0.036[b]	0.03[a] 0.035[b]	—
施用有机肥（N）（千克/吨）	—	—	—	0.0105	0.2	0.25	—
电（千瓦时/吨）	0.776	0.0012	0.0003	—	—	—	0.0021
柴油（升/吨）	3.823	0.0008	0.0031	—	—	—	0.0019

注："a"此数值为青贮玉米的排放因子；"b"此数值为小麦的排放因子。
资料来源：Hasler et al.，2015；Wang et al.，2018；王效琴等，2012；杨兴林等，2020。

2. 奶牛饲养环节

在奶牛饲养中，两种模式的区别在于青贮玉米饲料的来源不同。在 IPBS 中，养殖场部分青贮玉米饲料来源于自产，所调研养殖场中，有41家（山东 3 家、黑龙江 38 家）养殖场的青贮玉米自给率达 100%。除青贮玉米外，两种模式的饲养过程相同，生产资料的投入主要有饲料、水、电、柴油等，产品有牛奶、公犊牛、淘汰母牛、肉用牛等（见表 4 – 4）。具体来说，奶牛饲料主要有浓缩饲料、玉米粒、麦麸、青贮玉米、棉籽、燕麦、苜蓿和羊草等。个别奶牛场还伴随用酒糟和菜籽粕，但其用量少，对整体环境影响可忽略不计。矿物质补充剂用量少，对整体环境影响可忽略不计。奶牛饲养环节的温室气体排放包括外购饲料在其生产过程中的排放、养殖场能源消耗的排放（如养殖场内饲料加工、牛舍照明和通风、水加热、牛奶冷藏等）和奶牛肠道气体排放及牛舍气体排放。外购饲料在其生产过程中的排放按表 4 – 5 计算，养殖场能耗排放根据表 4 – 2 计算，动物肠道排放以及牛舍排放按表 4 – 6 计算。

表 4 – 4　　　两系统下奶牛饲养环节（产 1 吨 FPCM）的投入与产出

类型	项目	non-IPBS			IPBS		
		山东	黑龙江	合计	山东	黑龙江	合计
投入	泌乳牛（头/吨）	0.113	0.104	0.109	0.111	0.102	0.106
	干泌乳牛（头/吨）	0.030	0.060	0.045	0.025	0.057	0.044
	育成牛（头/吨）	0.072	0.070	0.071	0.072	0.066	0.068
	犊牛（头/吨）	0.033	0.032	0.033	0.032	0.051	0.044
	浓缩饲料（吨/吨）*	0.235	0.366	0.300	0.228	0.320	0.284
	玉米粒（吨/吨）	0.115	0.099	0.107	0.111	0.122	0.118

续表

类型	项目	non-IPBS			IPBS		
		山东	黑龙江	合计	山东	黑龙江	合计
投入	豆粕（吨/吨）	0.053	0.013	0.033	0.051	0.009	0.026
	麦麸（吨/吨）	0.044	0.001	0.023	0.043	0.001	0.018
	外购青贮玉米（吨/吨）	1.030	1.366	1.196	0.682	0.356	0.485
	自产青贮玉米（吨/吨）	0.000	0.000	0.000	0.318	0.948	0.669
	苜蓿（吨/吨）	0.113	0.054	0.084	0.108	0.074	0.087
	燕麦（吨/吨）	0.124	0.037	0.081	0.115	0.043	0.071
	羊草（吨/吨）	0.305	0.075	0.192	0.290	0.118	0.186
	棉籽（吨/吨）	0.039	0.003	0.021	0.038	0.009	0.020
	电（千瓦时/吨）	103.460	113.833	108.577	110.443	116.874	114.335
	柴油（升/吨）	2.265	3.294	2.773	2.183	3.092	2.733
	水（立方米/吨）	10.647	12.360	11.492	10.200	11.766	11.148
	土地占用（平方米/吨）	15.695	21.694	18.655	13.975	21.585	18.581
产出	FPCM（吨）	1.000	1.000	1.000	1.000	1.000	1.000
	销售公犊牛（千克/吨）	0.920	1.056	0.987	0.798	1.256	1.075
	销售淘汰母牛（千克/吨）	13.977	14.260	14.117	11.445	13.753	12.842
	销售肉用牛（千克/吨）	1.185	1.125	1.155	2.209	1.092	1.533
	样本量	38	37	75	45	69	114

注："＊"根据调研浓缩料一般含30%的豆粕、50%的玉米粒、10%的麦麸和10%的其他物质。
资料来源：来源于研究的数据分析，根据调研数据计算出来的结果。

表4-5　　　　外购饲料在种植过程中环境影响因子（产1千克干物质）

项目	CO_2-eq（千克）	SO_2-eq（千克）	PO_4^{3-}-eq（千克）	MJ	水（立方米）	土地（平方米）
玉米粒	0.7368	0.0058	0.0015	5.943	0.534	1.604
麦麸	0.2748	0.0018	0.0005	2.311	0.158	0.580
豆粕	0.5716	0.0094	0.0019	7.299	0.765	2.904
青贮玉米	0.2248	0.0018	0.0005	1.757	0.181	0.550
羊草	0.2000	0.0016	0.0006	0.350	0.167	0.423
燕麦	0.2820	0.0013	0.0010	2.145	0.309	0.515
苜蓿	0.3200	0.0017	0.0011	3.880	0.605	0.801
棉籽	0.8146	0.0047	0.0009	7.552	0.726	0.773

注：SO_2-eq（Sulfur dioxide equivalent，二氧化硫当量）；PO_4^{3-}-eq（Phosphate radical，磷酸根当量）
资料来源：刘松，2017；刘欣超等，2020；Sara et al.，2016；Gallego et al.，2011。

我国种养结合奶牛场高质量发展研究与实践

表 4 - 6 　　　　　　　　　奶牛肠道 CH_4 和 NH_3 排放因子

项目	排放因子 CH_4（千克/头·年）		排放因子 NH_3（千克/头·年）
	肠道 CH_4	牛舍粪便 CH_4	肠道 NH_3
泌乳牛	61.00	9.00	17.3
干泌乳牛	47.00	1.00	
育成牛	36.15	1.00	
犊牛	10.40	1.00	

资料来源：刘欣超等，2020；Battini et al.，2014。

3. 粪便处理环节

所调查的奶牛场均饲养荷斯坦奶牛，粪便排泄参数见表 4 - 7。在粪便处理环节，两种模式的处理方式相同，均通过堆肥制成有机肥，此环节投入主要是电和柴油（见表 4 - 8）。此环节的排放包括粪肥储存排放、有机肥生产能耗排放。堆肥处理方式的气体排放根据表 4 - 9 计算，有机肥生产能耗排放根据表 4 - 3 计算。

表 4 - 7 　　　　　　　　　　奶牛场粪便的排泄系数

项目	粪便（千克/头·天）				尿液（千克/头·天）					挥发性固体干物质（VS）（千克/头·天）
	排量	TN（%）	TP（%）	TOC（%）	排量	TN（%）	TP（%）	COD（%）	TOC（%）	
泌乳牛	32.84	0.56	0.07	5.03	13.24	0.50	0.02	2.79	0.70	2.8
育成牛	18.57				2.62					

注：干泌乳牛以育成牛的系数进行计算，犊牛以育成牛数值的一半进行计算。
资料来源：杨前平等，2019；段雪琴，2018。

表 4 - 8 　　　　　两系统下粪便管理（每产 1 吨 FPCM）的投入与产出

类型	项目	non-IPBS			IPBS		
		山东	黑龙江	合计	山东	黑龙江	合计
投入	粪便（吨/吨）	1.931	2.233	2.080	1.868	2.135	2.030
	尿液污水（吨/吨）	11.215	13.001	12.096	10.753	12.458	11.785
	电（千瓦时/吨）	1.352	1.563	1.456	1.308	1.545	1.451
	柴油（升/吨）	2.577	2.980	2.776	2.493	2.517	2.508
	土地占用（平方米/吨）	1.700	2.802	2.244	2.760	3.460	3.184
产出	有机肥（吨/吨）	0.751	0.857	0.803	0.518（0.728）	0.197（0.782）	0.337（0.761）
	液体肥（吨/吨）	10.654	12.351	11.491	7.263（10.215）	2.982（11.835）	4.848（11.196）
样本量		38	37	75	45	69	114

注：括号中的数值为过程总产出，部分用于系统内部。
资料来源：来源于研究的数据分析，根据调研数据计算出来的结果。

表 4 - 9　　　　　　　　　　　堆肥方式的环境排放因子

项目	单位	简单堆肥
CH_4 最大生产潜力	m^3 CH_4/kg VS	0.13
堆肥 CH_4 转化因子	%	0.5
堆肥 N_2O 直接排放因子	%	1
堆肥 TN 损失	%	40
N_2O 间接排放因子来自总 N 挥发	%	1
堆肥 NH_3 排放因子	kg/tmanure	1.089
堆肥 CO_2 排放因子	kg/tmanure	36.201
堆肥 NO_3 排放因子	kg/tmanure	0.948
堆肥 TP 损失	kg/tmanure	0.001
堆肥 COD 排放	kg/tmanure	0.640

资料来源：IPCC，2006；张颖等，2010。

4. 运输环节

在饲料和有机肥运输环节中，两种模式的不同之处在于青贮玉米和有机肥的运输。在 non-IPBS 中，青贮玉米全部来源于购买，假设运输距离约为 30 千米，有机肥全部出售给果农和菜农，平均运输距离约为 20 千米。在 IPBS 中，青贮玉米部分来源于自产，有机肥部分用于养殖场内耕地，两者运输距离均约为 1 千米。运输距离不同会导致能耗差异，由此对环境的影响不同。相关研究表明，有机肥长距离运输会增加粪便中 TN 和 TP 的损失，增加水体富营养化风险（Wang et al.，2018）。两种模式的其他饲料运输距离相同，浓缩饲料、豆粕、玉米粒和麦麸来自当地市场，运输距离约为 50 千米。棉籽来自甘肃省，到青岛运输距离约为 1830 千米，到哈尔滨运输距离约为 2650 千米。羊草来自黑龙江省建三江等地区，到青岛运输距离约为 1720 千米，到哈尔滨运输距离约为 200 千米。燕麦和苜蓿来自美国，到青岛运输距离约为 18000 千米，到哈尔滨运输距离约为 20000 千米。表 4 - 10 列出所有饲料和有机肥运输的清单。运输环节的环境影响根据 Ecoinvent Database v3.7 计算（Ecoinvent，2020）（见表 4 - 11）。

表 4 - 10　　　　　两模式下（每产 1 吨 FPCM）的饲料和有机肥运输　　单位：吨千米

项目	non-IPBS			IPBS		
	山东	黑龙江	合计	山东	黑龙江	合计
浓缩饲料[a]	11.8	18.3	15.0	11.4	16.0	14.2

续表

项目	non-IPBS			IPBS		
	山东	黑龙江	合计	山东	黑龙江	合计
玉米粒	5.8	5.0	5.4	5.6	6.1	5.9
豆粕	2.7	0.7	1.7	2.6	0.5	1.3
麦麸	2.2	0.1	1.2	2.2	0.1	0.9
外购青贮玉米	30.9	71.0	50.7	20.5	14.6	16.9
自产青贮玉米	0.0	0.0	0.0	0.3	2.2	1.4
苜蓿	2034.0	1080.0	1563.4	1944.0	1480.0	1663.2
燕麦	2232.0	740.0	1495.9	2070.0	860.0	1337.6
羊草	524.6	15.0	273.2	498.8	23.6	211.2
棉籽	71.4	8.0	40.1	69.5	23.9	41.9
外售有机肥	15.0	17.1	16.1	10.4	3.9	6.5
自用有机肥	0.0	0.0	0.0	0.2	0.6	0.4

注："a" 此数值为运输量乘以运输距离。

资料来源：来源于研究的数据分析，根据调研数据计算出来的结果。

表 4-11 不同运输方式的排放因子与运输成本

运输模式	类别	排放因子（千克/吨千米）				运输成本（天/吨千米）
		CO_2	CO	NO_x	SO_2	
海运	船舶（3000TEU）	0.010231	0.000002	0.000008	0.000005	0.012
	船舶（5000TEU）	0.007161	0.000001	0.000006	0.000004	0.009
	船舶（8000TEU）	0.006607	0.000001	0.000005	0.000003	0.008
	船舶（10000TEU）	0.006138	0.000001	0.000005	0.000003	0.007
陆运	小货车（2.5吨）	0.369780	0.000077	0.000300	0.000184	0.852
	中货车（7吨）	0.220107	0.000046	0.000178	0.000109	0.507
	大货车（20吨）	0.123260	0.000026	0.000100	0.000061	0.284

注："TEU" 为集装箱，根据调研1标准TEU可装约25吨苜蓿或燕麦，海运的排放因子取4类船舶排放因子的均值；陆运中，假设饲料全部由大货车运输，有机肥由中、小货车来运输，取二者因子的均值。

资料来源：Ecoinvent，2020；王雁凤等，2014。

（三）生命周期影响评价

non-IPBS 和 IPBS 的环境影响评估采用中点环境分类评估法，通过此方法可以将系统排放的各类污染物以一定的权重贡献到不同环境影响类型中（如图 4-3 和表 4-12 所示），具体的环境影响类型包括全球变暖潜力（global warming potential，GWP）、酸化潜力（acidification potential，AP）、富营养化潜力（eutrophication potential，EP）、不可再生能源消耗（non-renewable energy use，NREU）、水消耗（water use，WU）和土地占用（land use，LU）等方面。

具体来说，IPBS 各类环境影响的计算公式如下：

$$IPBS_{CO_2\text{-eq}} = （外购饲料_{CO_2\text{-eq}} + 种植环节_{CO_2\text{-eq}} + 奶牛饲养_{CO_2\text{-eq}} +$$
$$粪污处理_{CO_2\text{-eq}} + 运输环节_{CO_2\text{-eq}}） \times \frac{M}{M + W + M1 + M2 + M3 + O} \quad (4-5)$$

其中，$IPBS_{CO_2\text{-eq}}$ 为 IPBS 中生产 1 吨 FPCM 的 CO_2-eq 排放，此过程的排放包括五部分：外购饲料、养殖场种植、奶牛饲养过程、粪污处理过程、饲料和有机肥运输。产品有 FPCM、小麦、淘汰母牛、肉用牛、公犊牛、有机肥，根据经济分配规则，要将环境影响分摊在 6 种产品上。M 表示产出 1 吨 FPCM 的销售收入，W、M1、M2、M3、O 分别表示在产出 1 吨 FPCM 下，伴随产品小麦、淘汰母牛、肉用牛、公犊牛、有机肥的相应销售收入。$\dfrac{M}{M + W + M1 + M2 + M3 + O}$ 即为根据产品的销售收入在整体环境影响中分配给 FPCM 的比例，为 87%。IPBS 的其他环境影响类型的计算公式类似此公式。

non-IPBS 各类环境影响的计算公式如下：

$$non\text{-}IPBS_{CO_2\text{-eq}} = （外购饲料_{CO_2\text{-eq}} + 奶牛饲养_{CO_2\text{-eq}} + 粪污处理_{CO_2\text{-eq}} +$$
$$运输环节_{CO_2\text{-eq}}） \times \frac{M}{M + M1 + M2 + M3 + O} \quad (4-6)$$

其中，$non\text{-}IPBS_{CO_2\text{-eq}}$ 为 non-IPBS 中生产 1 吨 FPCM 的 CO_2-eq 排放，此过程的排放包括四部分：外购饲料、奶牛饲养过程、粪污处理过程、饲料和有机肥运输。产品有 FPCM、淘汰母牛、肉用牛、公犊牛、有机肥，根据经济分配规则，要将环境影响分摊在 5 种产品上。M 表示产出 1 吨 FPCM 的销售收入，M1、M2、M3、O 分别表示在产出 1 吨 FPCM 下，伴随产品淘汰母牛、肉用牛、公犊牛、有机肥的相应销售收入。$\dfrac{M}{M + M1 + M2 + M3 + O}$ 即为根据产品的销售收入在整体环境影响中分配给 FPCM 的比例，为 89%。non-IPBS 的其他环境影响类型的计算公式类似此公式。

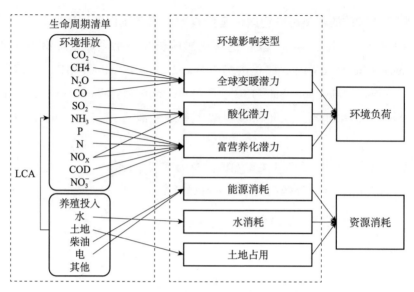

图 4 - 3　奶牛养殖系统的环境影响类型

表 4 - 12　　　　　　　　环境影响类型及主要环境影响因子当量系数

环境影响类型	单位	贡献污染物	贡献因子
global warming potential（GWP）	kg CO_2-eq	CO_2	1
		CH4	30
		N_2O	265
		CO	2
eutrophication potential（EP）	kg PO_4^{3-}-eq	PO_4^{3-}	1
		P	3.06
		N	0.42
		NH_3	0.35
		NO_x	0.13
		COD	0.022
		NO_3^-	0.13
acidification potential（AP）	kg SO_2-eq	SO_2	1.2
		NH_3	1.6
		NO_x	0.5

资料来源：IPCC，2013；Guinee，2001；Wang et al.，2018。

二、线性回归模型与变量选择

在评估出 IPBS 环境绩效之后，接着探究影响该系统环境绩效的决定因素，为降低该系统的资源消耗和环境负荷提供参考建议。由于 GWP、AP、EP、NREU、WU 和 LU 为连续变量，因此可采用 OLS 模型，模型如下：

$$Y_i = \alpha + \beta Z_i + \varepsilon_i \qquad (4-7)$$

其中，Y_i 为因变量，包括 GWP、AP、EP、NREU、WU 和 LU，α 为常数项，Z_i 为影响各类因变量的自变量，β 为因变量系数，ε_i 为误差项。因变量选取见表 4-13。

表 4-13　　　　　　　　　　自变量的定义和描述性统计

变量	解释	平均值	标准差
年龄	奶牛场主年龄（年）	46.6	6.9
教育	奶牛场主接受教育年限（年）	10.30	1.50
收入	奶牛场总收入（万元）	601.5	564.6
青贮玉米自给率	奶牛场青贮玉米自给率（%）	56.6	39.4
青贮玉米产量	奶牛场青贮玉米产量（千克/公顷）	43995	6810
FPCM 产量	每头泌乳牛的 FPCM 产量（千克/头）	8435	1000
总牛数	奶牛场总牛数（头）	281	198
泌乳牛比例	奶牛场泌乳牛比例（%）	45.2	11.8
粪污治理监管	奶牛场主认为当地粪污治理监管是否严格（1：是；0：否）	0.92	0.27
地区变量	地区虚变量（1：山东；0：黑龙江）	0.39	0.49
样本量	属于 IPBS 的样本量	114	

理论上，单位 FPCM 的温室气体、酸化物质、水体富营养化物质等污染物的排放取决于奶牛场各要素的投入与牛奶产出的关系。在总 FPCM 不变的情况下，奶牛场的投入要素越少，则养殖对环境的污染越少，养殖环境绩效越好；在要素投入不变的情况下，奶牛场总 FPCM 产出越多，则单位 FPCM 的污染物排放越少，养殖环境绩效越好。同时，养殖场主的年龄、教育等个人特征会影响养殖技术水平，进而影响养殖的环境绩效。养殖场的规模、收入等养殖特征会影响相关养殖技术的使用，进而影响养殖环境绩效。当地的粪污治理监管力度会影响养殖场主选择不同的粪污处理技术，进而影响养殖环境绩效。为此，本研究提出以下假设。

H1：奶牛场青贮玉米自给率越高、青贮玉米的产量越大，则养殖的环境绩效越好。

H2：奶牛场的牛奶单产越大，则养殖的环境绩效越好。

H3：奶牛场主教育水平越高、奶牛场收入越高、养殖规模越大，越有利于奶牛场采用先进养殖技术，养殖环境绩效越好。

H4：当地政府粪污治理监管力度越严格，有利于奶牛场主选择清洁化的养殖技术，养殖环境绩效越好。

第四节　奶牛养殖系统的环境绩效

两系统每产 1 吨 FPCM 的整体环境绩效见表 4 - 14。在 non-IPBS 中，每产 1 吨 FPCM 的 GWP、AP、EP、NREU、WU 和 LU 分别为 1351.1 千克 CO_2-eq、18.2 千克 SO_2-eq、8.8 千克 PO_4^{3-}-eq、4600.5 兆焦耳、414.9 立方米和 1533.3 平方米，略低于国内相同地区的研究结果（Wang et al.，2018；曹正纲，2012），可能的原因是，过去我国奶牛的生产能力较低，造成单位 FPCM 环境成本较高，随着未来牛奶生产能力的提升，单位 FPCM 的环境成本将持续下降，但还是远高于发达国家（Baldini et al.，2017；Eshel et al.，2014；Matteo et al.，2013；Basset-mens et al.，2009），说明相比发达国家而言，我国奶牛养殖的环境代价依然很大。相比 non-IPBS，IPBS 每产 1 吨 FPCM 的环境负荷和资源消耗更低，在 GWP、AP、EP、NREU、WU 和 LU 方面分别下降 14.3%、10.4%、18.2%、9.9%、7.9% 和 13.1%。不同省份中，在 non-IPBS 下山东省奶牛养殖的环境绩效优于黑龙江省，这归功于山东省更高的奶牛生产能力，然而 IPBS 下山东省奶牛养殖的环境绩效低于黑龙江省，这归功于黑龙江省更高的奶牛场青贮玉米自给率。自产青贮玉米一方面通过施用有机肥减少化肥施用来降低种植过程的环境影响，另一方面通过减少外购青贮玉米降低此过程的运输能源消耗。显然，IPBS 在减少奶牛养殖的环境损害和资源消耗方面具有巨大潜力。

表 4 - 14　　　　　　　　两系统每产 1 吨 FPCM 的整体环境影响

项目	non-IPBS					IPBS			
	山东	黑龙江	合计	山东	下降 *	黑龙江	下降 *	合计	下降 *
GWP（千克 CO_2-eq）	1301.4	1402.1	1351.1	1229.2	5.5%	1111.4	20.7%	1157.9	14.3%
AP（千克 SO_2-eq）	17.6	18.9	18.2	17.1	2.8%	15.8	16.4%	16.3	10.4%
EP（千克 PO_4^{3-}-eq）	8.5	9.1	8.8	7.7	9.4%	6.9	24.2%	7.2	18.2%

续表

项目	non-IPBS					IPBS			
	山东	黑龙江	合计	山东	下降*	黑龙江	下降*	合计	下降*
NREU（兆焦耳）	4581.0	4620.5	4600.5	4319.5	5.7%	4034.3	12.7%	4146.9	9.9%
WU（立方米）	405.2	424.9	414.9	385.8	4.8%	380.0	10.6%	382.3	7.9%
LU（平方米）	1471.0	1595.9	1533.3	1375.6	6.5%	1303.3	18.3%	1332.7	13.1%
样本量	38	37	75	45		69		114	

注："＊"下降指相对应 non-IPBS 的下降比例。

资料来源：来源于调研数据分析，下同。

一、饲料环节

饲料环节的环境影响涉及饲料（包括外购饲料和自产饲料）种植过程对环境的影响。non-IPBS 和 IPBS 中每产 1 吨 FPCM，分别需要外购青贮玉米 1.196 吨和 0.485 吨，自产青贮玉米 0 吨和 0.699 吨，外购其他饲料 0.841 吨和 0.810 吨（见表 4-4）。饲料环节的 GWP、AP、EP、NREU、WU 和 LU 分别约占总体的 47%、30%、17%、69%、98% 和 99%（如图 4-4 所示），这说明饲料环节对整个奶牛养殖系统的 GWP、AP、EP、NREU、WU 和 LU 都产生关键性影响。相比 non-IPBS，IPBS 通过施用场内生产的有机肥、液体肥，从而减少种植环节的化肥施用量和农业灌溉水用量，降低青贮玉米种植过程的环境成本。具体来看，在 IPBS 中，山东省和黑龙江省种植青贮玉米的氮肥（N）施用量分别为 133 千克/公顷和 128 千克/公顷（见表 4-2）。根据《农产品成本收益汇编 2019》，当前山东省和黑龙江省玉米种植的氮肥（N）施用量分别为 384 千克/公顷和 338 千克/公顷，明显高于本研究结果。在种植灌溉水上，相关研究指出，华北平原的冬小麦—夏玉米轮作系统每年灌溉水为 3000~7000 立方米/公顷（王西琴等，2020；张喜英，2018），这也高于本研究结果。

从饲料环节对整个系统的节能减排贡献来看，相比 non-IPBS 饲料环节，IPBS 饲料环节通过自产部分青贮玉米，即青贮玉米自给率为 56.6%（见表 3-1），可以让整体 GWP、AP、EP、NREU、WU 和 LU 分别下降 11.2%、3.7%、0.1%、4.1%、7.7% 和 13.1%（如图 4-4 所示）。同时，整体 GWP、AP、NREU、WU 和 LU 的下降主要来源于饲料环节。主要原因是，相比外购青贮玉米的生产过程，IPBS 下自产青贮玉米过程中使用更少的化肥和灌溉水，从而降低环境成本。具体来说，IPBS 中生产 1 吨青贮玉米干物质的 GWP、AP、EP、NREU、WU 和 LU 分别为 176 千克 CO_2-eq、1.4 千克 SO_2-eq、0.45 千克 PO_4^{3-}-eq、1461 兆焦耳、141 立方米和 530 平方米，明显低于外购青贮玉米种植的环境成本（刘松，2017；朱永昶等，2017）。

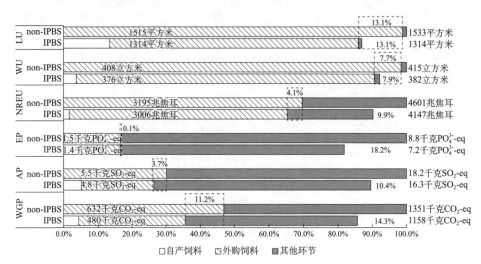

图 4 - 4　每产 1 吨 FPCM 在饲料种植环节的环境绩效

注：IPBS 条形图比率为 IPBS 各环节环境影响占总 non-IPBS 环境影响的比率，为直观反映 IPBS 的节能减排潜力，下同。

二、饲养环节

奶牛饲养环节的环境影响涉及饲养过程电、柴油、水、土地等资源消耗所产生的环境影响和牛肠道气体排放的环境影响。non-IPBS 和 IPBS 中每产 1 吨 FPCM，所需电量分别为 108.577 千瓦时和 114.335 千瓦时，柴油 2.773 升和 2.733 升，水量 11.492 立方米和 11.148 立方米，土地 18.655 平方米和 18.581 平方米（见表 4 - 5）。饲养环节的 GWP、AP、EP、NREU、WU 和 LU 分别约占总体的 34%、41%、19%、9%、2% 和 1%（如图 4 - 5 所示），这说明饲养环节对整个奶牛养殖系统 GWP、AP 和 EP 产生关键影响，而对 NREU、WU 和 LU 的影响不大。该环节的 GWP、AP、EP 主要来源于奶牛的肠道 CH_4 和 NH_3 排放。

non-IPBS 与 IPBS 在饲养环节资源消耗所产生的 GWP、AP、EP、NREU、

WU 和 LU 等方面没有明显差别。可能原因是此过程主要涉及的混合饲料加工、牛棚照明通风、牛饮用水加热、挤奶、牛奶冷藏等操作步骤基本一致，所需资源消耗基本相同，造成的环境成本没有显著差别。相比 non-IPBS 的饲养环节，IPBS 饲养环节可以让整体 GWP、AP、EP、NREU、WU 和 LU 分别下降2.5%、3.9%、1.3%、0.7%、0.1% 和0.0%（如图4－5所示）。IPBS 饲养环节对整体 GWP、AP 和 EP 的下降有一定贡献，主要原因是，non-IPBS 和 IPBS 在泌乳牛、干泌乳牛、育成牛和犊牛的养殖结构比例上有差异（见表4－5），生产1吨 FPCM 在 non-IPBS 下需要更多的泌乳牛、干泌乳牛和育成牛，由此造成肠道 CH_4 和 NH_3 排放有差异。

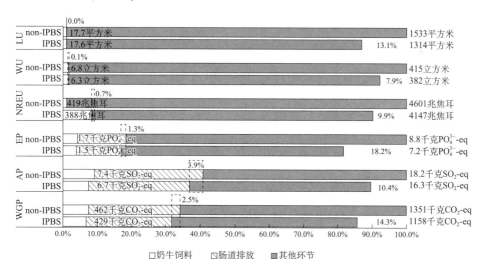

图4－5　每产1吨 FPCM 在饲养环节的环境绩效

注：IPBS 条形图比率为 IPBS 各环节环境影响占总 non-IPBS 环境影响的比率，为直观反映 IPBS 的节能减排潜力，下同。

三、粪污处理环节

粪污处理环节的环境影响涉及粪污处理过程电、柴油、土地等资源消耗所产生的环境影响和粪便堆肥过程产生的环境影响。non-IPBS 和 IPBS 中每生产1吨 FPCM 会伴随产生2.080吨和2.030吨干粪便，12.096吨和11.785吨尿液污水，将这些粪便收集、堆肥、尿液污水无害化等处理会消耗电1.456千瓦时和1.451千瓦时，柴油2.776升和2.508升（见表4－7）。粪污处理环节的 GWP、AP、EP、NREU、WU 和 LU 分别约占总体的12%、27%、65%、2%、0% 和0.1%（如图4－6所示），这说明粪污处理环节对整个奶牛养殖系统 GWP、AP 和 EP 产生关键影响，而对 NREU、WU 和 LU 的影响不大。

相比 non-IPBS 的粪污处理环节，IPBS 粪污处理环节可以让整体 GWP、AP、EP、NREU、WU 和 LU 分别下降 0.1%、2.6%、16.7%、0.1%、0% 和 0%（如图 4-6 所示）。IPBS 粪污处理环节对整体 AP 和 EP 的下降有一定贡献，主要原因是，相比 non-IPBS 的粪污处理环节，IPBS 粪污处理环节通过奶牛场耕地较好地消纳大部分养殖场的粪污，降低粪污因没有农田消纳所导致环境污染增加的风险。相关研究表明，粪便长距离运输会增加粪便中 TN 和 TP 的损失，增加土壤酸化、水体富营养化风险（Wang et al.，2018）。

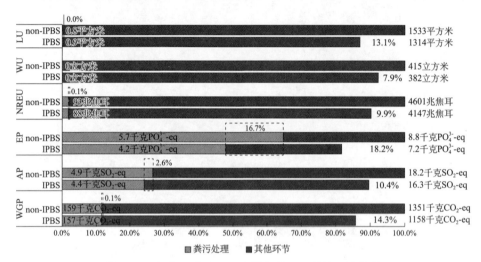

图 4-6 每产 1 吨 FPCM 在粪便处理环节的环境绩效

四、运输环节

运输环节的环境影响涉及饲料、有机肥的运输带来的能耗所产生的环境影响。运输环节的 GWP、AP、EP、NREU、WU 和 LU 分别约占总体的 7%、3%、0.2%、19%、0% 和 0%（如图 4-7 所示），这说明粪污处理环节对整个奶牛养殖系统 NREU 产生关键影响，而对 GWP、AP、EP、WU 和 LU 的影响不大。相比 non-IPBS 的运输环节，IPBS 运输环节可以让整体 GWP、AP、EP、NREU、WU 和 LU 分别下降 0.5%、0.2%、0.0%、5.0%、0% 和 0%（如图 4-7 所示）。主要原因是，在运输环节，IPBS 通过自产部分青贮玉米和使用部分有机肥，降低了青贮玉米和有机肥运输的环境成本，减少了能源消耗和环境成本。

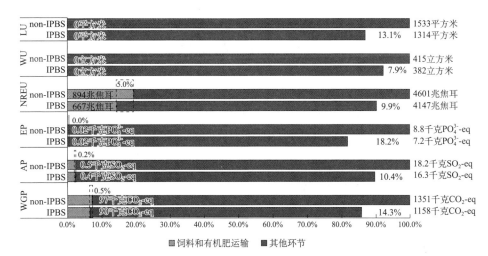

图 4 - 7　每产 1 吨 FPCM 在运输环节的环境绩效

五、小结

从不同环节的比较分析可以看出，饲料环节为整个奶牛养殖系统 GWP、AP、EP、NREU、WU 和 LU 贡献了较大份额，相比 non-IPBS，IPBS 通过施用场内生产的有机肥、液体肥，从而减少种植环节的化肥施用量和农业灌溉水用量，降低青贮玉米种植过程的环境成本，并对降低整体 GWP、AP、NREU、WU 和 LU 发挥巨大作用。饲养环节为整个奶牛养殖系统 GWP、AP 和 EP 贡献了较大份额，non-IPBS 和 IPBS 在饲养环节的环境绩效基本一致。粪污处理环节为整个奶牛养殖系统 GWP、AP 和 EP 贡献了较大份额，相比 non-IPBS，IPBS 通过场内耕地有效消纳大部分养殖场产生的粪污，减少粪污因长距离运输带来的 TN 和 TP 损失，对整体 AP 和 EP 的下降发挥巨大作用。运输环节为整个奶牛养殖系统 NREU 贡献了较大份额，相比 non-IPBS，IPBS 通过自产部分青贮玉米和使用部分有机肥，降低青贮玉米和有机肥运输的环境成本，对整体 NREU 的下降发挥巨大作用。综合来看，在奶牛养殖系统中，IPBS 环境绩效优于 non-IPBS 的关键因素有：①在饲料环节上，IPBS 能有效降低该环节的 GWP、AP、NREU、WU 和 LU，并为全系统 GWP、AP、NREU、WU 和 LU 的下降发挥巨大作用；②在粪污处理环节上，IPBS 能有效降低该环节的 AP 和 EP，并为整系统 AP 和 EP 的下降发挥巨大作用；③在运输环节上，IPBS 能有效降低该环节的 NREU，并为整系统 NREU 的下降发挥巨大作用。因此，养殖场引进农田自产青贮玉米是未来降低奶牛养殖系统环境成本的可行策略。

第五节 奶牛养殖节能减排潜力分析

一、青贮玉米自给率变化对环境绩效的影响

在 IPBS 中，青贮玉米饲料自给率仅为 56.6%，如果提升到 100%，相应的环境绩效变化见表 4-15。相比 non-IPBS，情景 1 中 IPBS 每生产 1 吨 FPCM 的 GWP、AP、EP、NREU、WU 和 LU 分别下降 19.7%、12.6%、25.0%、14.3%、11.5% 和 15.4%；情景 2 中 IPBS 每生产 1 吨 FPCM 的 GWP、AP、EP、NREU、WU 和 LU 分别下降 26.9%、17.0%、28.4%、17.2%、14.9% 和 18.9%。显然，随着奶牛场的青贮玉米自给率提升，生产单位 FPCM 的环境成本显著下降。

表 4-15 IPBS 中青贮玉米自给率变化对每产 1tFPCM 的环境影响

项目	non-IPBS	IPBS					
情景模拟	当前	当前	下降 *	情景 1	下降	情景 2	下降
青贮玉米自给率（%）	0	56.6	—	80	—	100	—
GWP（千克 CO_2-eq）	1351.1	1157.9	14.3%	1085.6	19.7%	988.2	26.9%
AP（千克 SO_2-eq）	18.2	16.3	10.4%	15.9	12.6%	15.1	17.0%
EP（千克 PO_4^{3-}-eq）	8.8	7.2	18.2%	6.6	25.0%	6.3	28.4%
能源消耗（兆焦耳）	4600.5	4146.9	9.9%	3944.0	14.3%	3807.1	17.2%
水消耗（立方米）	414.9	382.3	7.9%	367.3	11.5%	353.2	14.9%
土地占用（平方米）	1533.3	1332.7	13.1%	1296.8	15.4%	1243.1	18.9%

注："*"下降为相对 non-IPBS 下降的比率。

过去的 20 年，我国牛奶产量实现快速增长，2000~2019 年，我国牛奶产量约增长 4 倍（中国统计年鉴，2020），总产量跃居世界第三位（Faostat，2019）。但与发达国家相比，目前我国奶牛养殖效率较低、环境代价大（Ledgard et al.，2019；Sultana et al.，2014），降低奶牛养殖的环境影响是实现未来中国奶业可持续发展的关键。2019 年，全国共生产 3201 万吨牛奶，占全国各类鲜奶总量的 97%（中国统计年鉴，2020）。根据乳业发展目标（农业农村部，2018），到 2025 年，中国鲜奶产量要达到 4500 万吨，如果不降低当前单位奶牛养殖的温室气体排放量，未来奶牛养殖的总温室气体排放将随

着牛奶产量的增加而增加，这不利于中国实现《巴黎协定》的 2030 年"碳达峰"以及 2060 年"碳中和"目标（Zhou et al.，2019；Pri，2021）。本研究结果表明，相比 non-IPBS，IPBS 通过引进农田自产青贮玉米，有效降低奶牛养殖系统的环境影响，同时，奶牛场的青贮玉米自给率越高，生产单位FPCM 的环境成本越低。在欧洲，奶牛场的饲料自给率超过 70%（Matteo et al.，2013）。饲料自给率高不仅有利于降低奶牛养殖系统的温室气体排放、酸化潜力和能源消耗（Matteo et al.，2013），也有利于降低饲料成本（刘长全等，2018）。这些研究成果为降低我国奶牛养殖的环境损害提供了新的技术路径。

二、基于 IPBS 的中国奶牛养殖的温室气体减排潜力

为进一步评估全国奶牛场 IPBS 理论的采纳率及其相应的奶牛养殖温室气体减排潜力，研究设计 4 种情景。情景 1 中，假设所有奶牛场均采用 non-IPBS，这可代表全国奶牛养殖理论上最大的温室气体排放量。情景 2 中，假设全国 50% 的奶牛场采用 IPBS，并且在 IPBS 中青贮玉米自给率为 50%，该情景与调研数据情况基本一致，可用于表示我国当前奶牛养殖的情况。情景 3 中，假设全国 100% 的奶牛场采用 IPBS，并且在 IPBS 中青贮玉米自给率为50%。情景 4 中，假设全国 100% 的奶牛场采用 IPBS，并且在 IPBS 中青贮玉米自给率为 100%，此情景表示最理想化状态下的奶牛养殖。另外，根据奶牛饲养分布、玉米种植面积分布（见表 4 – 16），考虑到一些省份玉米种植面积与奶牛场分布不匹配问题，不能达到假设情景的 IPBS 采纳率，在确保养殖场青贮玉米自给率为 50% 或 100% 的假设下，估算出各省份奶牛场最高的实际IPBS 采纳率（见表 4 – 17）。

表 4 – 16　　　　2019 年我国各省份奶牛饲养与玉米种植面积情况

省份	奶牛饲养量（万头）	牛奶产量（万吨）	玉米种植面积（万公顷）
北京	5.7	26.4	3.4
天津	11.0	47.4	18.1
河北	114.8	428.7	340.8
山西	31.9	91.8	171.5
内蒙古	122.5	577.2	377.6
辽宁	27.4	133.9	267.5
吉林	15.3	39.9	422.0

续表

省份	奶牛饲养量（万头）	牛奶产量（万吨）	玉米种植面积（万公顷）
黑龙江	107.6	465.2	587.5
上海	5.2	29.7	0.2
江苏	12.5	62.4	50.4
浙江	3.1	15.5	7.6
安徽	14.5	33.8	119.7
福建	4.3	14.5	3.1
江西	3.5	7.3	4.7
山东	89.9	228	384.7
河南	35.6	204.1	380.1
湖北	4.6	13.4	72.8
湖南	6.0	6.3	38.7
广东	6.0	13.9	12.0
广西	5.2	8.7	58.0
海南	0.1	0.2	0.0
重庆	1.1	4.2	43.8
四川	79.8	66.7	184.4
贵州	1.3	5.3	53.1
云南	16.9	59.9	178.2
西藏	44.0	42.4	0.5
陕西	27.4	107.8	117.7
甘肃	30.7	44.1	98.8
青海	19.1	34.9	2.1
宁夏	43.7	183.4	30.0
新疆	154.0	204.4	99.7
总计	1044.7	3201.4	4128.41

表 4-17　　　基于 IPBS 的 2019 年我国奶牛养殖温室气体减排潜力

省份	情景1		情景2			情景3			情景4		
	CO_2-eq[a]	耕地面积[b]	CO_2-eq	耕地面积	采纳率[c]	CO_2-eq	耕地面积	采纳率	CO_2-eq	耕地面积	采纳率
北京	0.517	0	0.478	0.4	50	0.443	0.8	100	0.379	1.7	100
天津	0.797	0	0.738	0.7	50	0.683	1.4	100	0.585	2.7	100
河北	6.147	0	5.694	5.8	50	5.267	11.6	100	4.511	23.2	100
山西	1.882	0	1.743	1.6	50	1.613	3.2	100	1.381	6.5	100

续表

省份	情景 1		情景 2			情景 3			情景 4		
	CO_2-eq[a]	耕地面积[b]	CO_2-eq	耕地面积	采纳率[c]	CO_2-eq	耕地面积	采纳率	CO_2-eq	耕地面积	采纳率
内蒙古	9.393	0	8.701	6.1	50	8.119	13.4	100	7.117	24.3	89
辽宁	2.084	0	1.931	1.4	50	1.786	2.7	100	1.530	5.4	100
吉林	0.644	0	0.597	0.7	50	0.552	1.4	100	0.473	2.8	100
黑龙江	5.372	0	4.976	4.4	50	4.604	8.8	100	3.943	17.6	100
上海	0.555	0	0.532	1.3	28	0.532	1.3	28	0.547	1.3	14
江苏	0.830	0	0.769	0.7	50	0.712	1.4	100	0.609	2.7	100
浙江	0.258	0	0.239	0.2	50	0.221	0.3	100	0.189	0.6	100
安徽	0.512	0	0.474	0.6	50	0.438	1.3	100	0.375	2.5	100
福建	0.229	0	0.212	0.2	50	0.196	0.4	100	0.170	0.8	76
江西	0.159	0	0.148	0.2	50	0.137	0.3	100	0.117	0.6	100
山东	3.802	0	3.522	4.6	50	3.258	9.1	100	2.790	18.2	100
河南	3.366	0	3.118	1.7	50	2.885	3.3	100	2.471	6.6	100
湖北	0.213	0	0.197	0.2	50	0.182	0.4	100	0.156	0.9	100
湖南	0.103	0	0.095	0.3	50	0.088	0.6	100	0.076	1.1	100
广东	0.231	0	0.214	0.3	50	0.198	0.6	100	0.176	1.2	72
广西	0.147	0	0.136	0.2	50	0.126	0.5	100	0.108	1.0	100
海南	0.003	0	0.003	0.0	0	0.003	0.0	0	0.003	0.0	0
重庆	0.081	0	0.075	0.1	50	0.070	0.1	100	0.060	0.3	100
四川	1.044	0	0.967	3.8	50	0.902	9.2	100	0.816	15.2	63
贵州	0.096	0	0.089	0.3	50	0.082	0.6	100	0.070	1.2	100
云南	0.828	0	0.767	0.8	50	0.709	1.6	100	0.608	3.2	100
西藏	0.607	0	0.594	7.1	14	0.594	7.5	14	0.611	7.5	7
陕西	1.811	0	1.678	1.9	50	1.552	3.8	100	1.329	7.7	100
甘肃	0.731	0	0.677	1.5	50	0.635	3.6	100	0.570	5.9	77
青海	0.541	0	0.509	2.3	27	0.499	4.3	27	0.502	4.9	13
宁夏	2.795	0	2.589	2.0	50	2.395	3.9	100	2.051	7.9	100
新疆	2.666	0	2.470	6.3	50	2.310	17.4	89	2.170	24.2	45
总计	48.444	0	44.933	57.4	48	41.791	114.8	93	36.497	199.5	81

注："a" 为奶牛养殖的总温室气体排放量，单位为 $TgCO_2$-eq；"b" 为在 IPBS 下用于种植青贮玉米的耕地面积，单位为万公顷；"c" 为基于遥感手段，根据奶牛饲养分布、玉米种植面积分布，以及本研究结果，在确保养殖场青贮玉米自给率为 50% 或 100% 的假设下，估算出各省市奶牛场实际能采纳的 IPBS 比率。

4 种情景模拟结果见表 4-17。情景 1 中，2019 年我国奶牛养殖的最大温室气体排放量为 48.4 兆吨，占我国畜牧业温室气体排放总量的 16%（Faostat，2019 年）。情景 2 中，温室气体排放量为 44.9 兆吨，这与之前的研究一致（王欢等，2019），情景 2 比情景 1 减少 7.2% 的温室气体排放，在情景 2 中，估算出需要 57.4 万公顷农田来种植青贮玉米，占中国总玉米种植面积的 2%。情景 3 中，在保障 IPBS 每个奶牛场的青贮玉米自给率为 50% 的条件下，可估算出中国约有 93% 的奶牛场可以采用 IPBS，此情景下奶牛养殖的总温室气体排放量为 41.8 兆吨，需要 114.8 万公顷农田来种植青贮玉米，情景 3 分别比情景 1 和情景 2 减少 13.6% 和 6.9% 的温室气体排放。情景 4 中，在保障 IPBS 每个奶牛场的青贮玉米自给率为 100% 的条件下，可估算出中国约有 81% 的奶牛场可以采用 IPBS，此情景下奶牛养殖温室气体排放量为 35.5 兆吨，需要 199.5 万公顷农田来种植青贮玉米，占中国总玉米种植面积的 5%，情景 4 分别比情景 1 和情景 2 减少 24.6% 和 18.7% 的温室气体排放。

根据以上结果可知，IPBS 在减少奶牛养殖温室气体排放方面具有巨大潜力。2019 年，中国畜牧生产系统的温室气体排放量约为 298 兆吨，占农业温室气体排放量的 47%（Faosta，2019 年），占国内温室气体排放总量的 3%（Pri，2021）。研究估算出 2019 年我国奶牛养殖总温室气体排放量为 44.9 兆吨，占我国畜牧业温室气体排放总量的 15%。如果未来所有养殖场都不采用 IPBS，则奶牛养殖温室气体排放量理论上比当前排放最大增加 7.8%；相反，如果未来更多奶牛场采用 IPBS，并且保证每个奶牛场的青贮玉米自给率达到 100%，可估算出最多有 81% 的奶牛场可以采用 IPBS，则奶牛养殖温室气体排放量理论上比当前排放最大减少 18.7%，这意味着可以让整个牲畜生产系统的温室气体排放量减少 3%。

第六节　IPBS 环境绩效的决定因素

IPBS 的回归结果见表 4 - 18。7 个回归模型的 R-squared 都在 0.5 以上，表明回归模型结果比较好。根据模型的 t 检验结果，发现养殖场主接受教育年限、养殖场收入、青贮玉米自给率、青贮玉米产量、每头奶牛的 FPCM 产量、养殖场总牛数、泌乳牛比率和粪便治理监管等 8 个自变量显著影响 IPBS 的环境绩效和资源利用。

表 4 – 18　　　　　　　　　　影响 IPBS 环境绩效的决定因素

变量	GWP	AP	EP	NREU	WU	LU
	系数	系数	系数	系数	系数	系数
年龄	1. 2558	0. 00642	0. 0022	6. 9724	0. 9048	2. 2048
教育	1. 4546 ***	0. 01668 **	0. 0046 *	9. 2643 ***	0. 9164 ***	2. 1957 ***
收入	− 0. 3204 **	− 0. 00351 *	− 0. 0013 **	− 1. 1252	− 0. 0843	− 0. 1470
青贮玉米自给率	− 1. 7590 ***	− 0. 01356 **	− 0. 0175 ***	− 4. 6265 *	− 0. 2042 **	− 2. 1712 ***
青贮玉米产量	− 0. 0725 *	− 0. 00097 **	− 0. 0002	− 0. 3872	− 0. 0410	− 0. 1557 ***
FPCM 产量	− 0. 0507 ***	− 0. 00094 ***	− 0. 0004 ***	− 0. 0427	− 0. 0068	− 0. 0731 **
总牛数	0. 9020 **	0. 00983 **	0. 0049 **	3. 0451	0. 2402	0. 5081
泌乳牛比例	− 13. 5355 ***	− 0. 19547 ***	− 0. 0695 ***	− 40. 6800 ***	− 3. 8405 ***	− 16. 7123 ***
粪污治理监管	− 268. 971 ***	− 3. 11847 ***	− 1. 4066 ***	− 1088. 2470 ***	− 95. 2580 ***	− 304. 2378 ***
山东	− 17. 8096	− 0. 35551	− 0. 2356	− 257. 6932	− 36. 5254 *	− 110. 2833 *
常数项	2656. 368 ***	38. 74199 ***	16. 9111 ***	8328. 3680 ***	788. 0157 ***	3472. 5980 ***
F statistic	34. 90	37. 00	50. 61	13. 55	10. 72	21. 42
Prob > F	0. 0000	0. 0000	0. 0000	0. 0000	0. 0000	0. 0000
R-squared	0. 7901	0. 7996	0. 8452	0. 5936	0. 5362	0. 6979
Adjusted R-squared	0. 7674	0. 778	0. 8285	0. 5498	0. 4862	0. 6653
样本量	114	114	114	114	114	114

注：***、**、* 分别表示在 1%、5% 和 10% 水平上显著。

　　奶牛场青贮玉米自给率与 IPBS 的环境绩效和资源利用效率之间存在显著正相关关系，说明青贮玉米自给率越高的奶牛场，每产 1 吨 FPCM 的 GWP、AP、EP、NREU、WU 和 LU 越小。本研究发现，奶牛场自产青贮玉米的环境影响比外购青贮玉米的环境影响更小，这意味着提高奶牛场青贮玉米自给率将显著降低奶牛养殖系统的环境负荷和资源消耗。类似的研究也揭示了这一观点（Basset-mens et al.，2009；Matteo et al.，2013）。青贮玉米产量越高，每产 1 吨 FPCM 的 GWP、AP、NREU 和 LU 越小，主要是因为青贮玉米产量越高意味着每产同样多的青贮玉米的环境成本就越小，进而降低奶牛养殖系统饲料环节的环境影响。当前，中国的青贮玉米产量显著低于欧美等发达国家（Faostat，2019），这也是中国奶牛养殖环境成本比较高的原因之一。

　　每头奶牛的 FPCM 产量显著正向影响奶牛养殖系统的环境绩效和资源利用效率，说明奶牛的 FPCM 产量越高，每产 1 吨 FPCM 的 GWP、AP、EP 和

LU 越小。主要是因为每头奶牛的 FPCM 产量越高意味着每产同样多的 FPCM 的环境成本就越小。2019 年我国的奶牛平均单位产量为 5647 千克/头，而在欧美等发达国家，奶牛平均单位产量超过 9000 千克/头，在新西兰奶牛单位平均产量甚至超过 9000 千克/头（Faostat，2019），这可以很好解释为什么中国奶牛养殖环境代价很高。泌乳奶牛比率对奶牛养殖系统的环境绩效和资源利用效率有显著正向影响，奶牛场中泌乳牛比率越高，每产 1 吨 FPCM 的 GWP、AP、EP、NREU、WU 和 LU 越小，这意味着改善奶牛场养殖结构，控制泌乳牛在奶牛场中的比例，可以提高奶牛养殖系统的环境绩效和资源利用效率。这些结论与过去的研究结论一致（Wang et al.，2018；Wang et al.，2016）。奶牛场牛总数越多，每产 1 吨 FPCM 的 GWP、AP 和 EP 越大，可能的原因是大规模养殖场会带来大量的粪污集中化产生，导致周围没有足够的农田消纳粪污，对环境造成严重污染。相似的研究也认为，集约化、规模化养殖场会加剧粪污污染环境的风险（Delgado et al.，2008），重塑农田与养殖的联系是未来农业可持续发展的关键（Jin et al.，2020；Zhang et al.，2019）。

养殖场主的受教育水平对奶牛养殖系统的环境绩效和资源利用效率有显著正向影响。当奶牛场主的教育水平比较低时，这类奶牛场每产 1 吨 FPCM 的 GWP、AP、EP、NREU、WU 和 LU 比较高，可能原因是低文化水平不利于奶牛场主接受并使用新的养殖技术、新的粪污治理技术等。养殖场收入越高，每产 1 吨 FPCM 的 GWP、AP 和 EP 越小，说明收入高的养殖场具备充足的经济条件采用更先进的养殖技术和粪污处理技术，从而提高奶牛养殖系统的环境绩效和资源利用效率。当地政府对养殖场的粪污治理监管越严格，越能有效地促进奶牛场对粪污进行处理，从而降低粪污对环境的污染。

第七节　本章小结

本章基于 LCA，对 non-IPBS 与 IPBS 在奶牛养殖过程中的 GWP、AP、EP、NREU、WU 和 LU 环境绩效和资源利用进行分析，在此基础上，评估全国奶牛场能采用 IPBS 的最大理论比率及其整体环境减排潜力。最后，使用线性回归模型探究影响 IPBS 环境绩效和资源利用效率的决定因素，提出改善的建议和对策。相关结论如下。

（1）IPBS 在减少奶牛养殖的环境损害、提高奶牛养殖的资源利用方面具有明显优势。在 non-IPBS 中，每产 1 吨 FPCM 的 GWP、AP、EP、NREU、WU 和 LU 分别为 1351.1 千克 CO_2-eq，18.2 千克 SO_2-eq，8.8 千克 PO_4^{3-}-eq，4600.5 兆焦耳、414.9 立方米和 1533.3 平方米。相比 non-IPBS，IPBS 每生产 1 吨 FPCM 的 GWP、AP、EP、NREU、WU 和 LU 分别减少 14.3%、10.4%、18.2%、9.9%、7.9% 和 13.1%，如果 IPBS 中青贮玉米自给率从当前 56.6% 提升到 100%，则相应减少 26.9%、17.0%、28.4%、17.2%、14.9% 和 18.9%。IPBS 可以降低青贮玉米种植过程的化肥施用、改善土壤质量、解决粪便污染等，是加强牲畜和农田联系的一种环境友好、资源循环利用的农业生产模式，值得推广。

（2）基于 LCA 的结果，可估算出 2019 年我国奶牛养殖总温室气体排放量约为 44.9 兆吨，占我国畜牧业温室气体排放总量的 15%。如果未来所有养殖场都不采用 IPBS，则奶牛养殖温室气体排放量理论上比当前排放增加 7.8%；相反，如果未来更多奶牛场采用 IPBS，并且保证每个奶牛场的青贮玉米自给率达到 100%，可估算出最多有 81% 的奶牛场可以采用 IPBS，则奶牛养殖温室气体排放量理论上比当前排放减少 18.7%，这意味着可以让整个牲畜生产系统的温室气体排放量减少 3%。

（3）在 IPBS 中，奶牛场青贮玉米自给率越高、青贮玉米产量越高、奶牛单位 FPCM 产量越高、泌乳牛占总牛数比率越大，则每产 1 吨 FPCM 的环境成本和资源消耗越低。同时，奶牛场的收入水平、奶牛场主的文化水平、当地政府对养殖场粪污处理的监管力度等因素也影响奶牛养殖的环境绩效和资源利用效率。为此，短期来看，可以通过增加奶牛场青贮玉米种植面积以提高青贮玉米自给率、改善养殖结构以提高奶牛场泌乳牛比率等策略来降低奶牛养殖系统对环境的影响；长期来看，应通过科技的持续进步来提高青贮玉米产量和奶牛单位 FPCM 产量，这是未来奶牛养殖实现低碳生产的关键出路，也是当前发达国家奶牛养殖环境成本比较低的原因所在。

第五章　我国种养结合奶牛场经济效益评估研究

第一节　关于奶牛养殖经济效益的研究

一、奶牛养殖的经济效益及提升举措

奶牛养殖需要投入饲料成本、人工成本、购牛成本、电柴油等能源消耗成本、基础设施建造成本等，奶牛是主要产品，还伴随有公犊牛销售、淘汰母牛销售、肉用牛销售等，整体的经济效益取决于总投入和总产出的关系。相关研究表明，我国奶牛养殖的饲料成本一直居高不下，严重影响我国奶业在国际的竞争力（刘长全等，2018）。我国奶牛总产量高，但单产能力与发达国家相比还有一定差距，奶牛养殖的经济效益不高（魏艳骄等，2019）。奶牛场的养殖状况会影响奶牛的健康状况与产奶能力及牛奶的蛋白率、脂肪率、体细胞数、菌落数等品质指标（Fusco et al.，2020；陆克龙等，2017），进而影响牛奶的销售价格，对奶牛养殖经济效益产生影响。大量研究表明，优质的青贮玉米、苜蓿等粗饲料能提高奶牛单产，从而增加奶牛养殖经济效益（高海秀等，2019；王怡然等，2019）。我国奶牛养殖的青饲料自给率不高，尤其苜蓿、燕麦还依靠进口，造成奶牛养殖饲料成本较高，而且随着国际贸易冲突的升级，饲料成本将会持续上升（王玉庭等，2019；刘长全等，2018）。大量研究发现，奶牛场通过种养结合模式，自产青贮玉米饲料能降低养殖饲料成本，提高养殖经济效益，但是当前土地流转体系不健全会限制该模式的发展（黄显雷等，2021；彭艳玲等，2019；王怡然等，2019；Fan et al.，2018）。

二、评估奶牛养殖经济效益的方法模型

CBA 通常是评价奶牛养殖经济效益应用最广泛的方法，此外，还有生命

周期成本（LCC）、机会成本法等。CBA 通过比较奶牛生产过程的总投入与总产出值来评价其生产的经济效益，其核心思想是将所有投入与产出货币化（赵薇等，2017）。在资源日趋紧缺、环境污染备受关注的今天，奶牛养殖成本的研究不仅仅局限于饲料、人工、基础设施等生产资料投入的成本，还应关注奶牛养殖过程环境污染物排放的环境成本（韩庆兰等，2012）。LCC 是基于 LCA 结果，将环境污染成本货币化的一种成本收益分析方法，在评价过程中应综合考虑环境成本与经济成本（胡鸣明等，2018）。早在 20 世纪 60 年代，美国就开始研究 LCC 评价法（陈晓川等，2002）。之后，LCC 逐渐受到世界各国相关研究的关注（胡鸣明等，2018；韩庆兰等，2012；董士波，2004；Islam et al.，2015；Swarr et al.，2011）。CBA 与 LCC 的主要区别在于，CBA 主要关注于奶牛养殖过程的经济收益，LCC 则关注于整个奶牛养殖过程的生命周期评价，考虑环境成本和经济收益。

经过文献梳理，我们发现目前奶牛场采用种养结合模式的经济效益评价研究还比较少。研究发现，奶牛场采用种养结合模式之后，每头奶牛可以节省成本 1820 元，同时，养殖规模较大的奶牛场的经济效益明显高于规模较小奶牛场的经济效益（王怡然等，2019）。奶牛场采用种养结合模式，能减少养殖和种植生产过程中资源消耗，实现种养循环，提高资源利用，实现经济与环境的协调发展（武卫秀等，2019；郑瑞强等，2016）。有研究表明，奶牛场采用种养结合模式的环境效益巨大，但受奶牛场周围耕地流转制度的障碍，奶牛场无法大规模发展种植业，整体经济效益提高不明显，必须要制定一些激励机制促进其可持续发展（Fan et al.，2018）。"青贮玉米＋奶牛"种养结合模式净收益的提高率取决于耕地流转费用和青贮玉米的价格（黄显雷等，2021）。大力发展"青贮玉米＋奶牛"种养结合模式是今后提升奶牛养殖经济效益的关键出路。

前章节已实证 IPBS 的环境绩效，作为国家大力推广的一项农业可持续生产模式，IPBS 在其运营中能否实现养殖增效和奶农增收的目标？non-IPBS 与 IPBS 的经济效益、综合净收益有多大差异？关键因素变化如何影响 IPBS 奶牛场的经济收益？除了经济效益，non-IPBS 与 IPBS 在牛奶单产、品质上有差别吗？现实中，奶牛场是否采取种养结合主要取决于其经济效果，全面准确评估 IPBS 的经济性能，可为我国种养结合奶牛场经营管理提供科学参考，为制定相关扶持政策提供决策依据。为此，本章将利用调研数据，基于成本收益分析、PSM 模型等方法，对这些问题进行回应。

第二节　分析框架

本章首先对 non-IPBS 与 IPBS 在奶牛养殖过程的经济效益进行分析，在此基础上，考虑环境外部性成本，考察两种系统环境与经济的综合效益。其次，基于情景分析方法探究青贮玉米价格、土地流转费用等关键因素变化如何影响 IPBS 的经济收益。最后，运用 PSM 模型，以模拟实验的方法，在单纯考虑是否采纳种养结合这单因素条件下，实证分析 non-IPBS 与 IPBS 在泌乳牛的产奶量、牛奶蛋白率、脂肪率、体细胞、菌落总数等指标上是否存在显著性差异，以排除两系统养殖规模、养殖场主文化水平等因素对这些结果变量的影响。分析框架如图 5 – 1 所示。

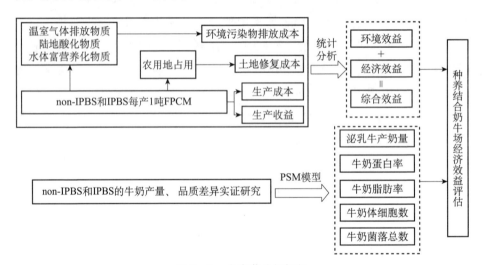

图 5 –1　本章节分析框架

经济因素是奶牛场关注的核心问题，如果奶牛场采用 IPBS 后，经济效益比 non-IPBS 还差，则很难激励奶牛场主选择该模式。同时，在资源日趋紧缺、环境污染备受关注的今天，奶牛养殖的成本不仅仅局限于饲料、人工、基础设施等生产资料投入的成本，我们还应关注奶牛养殖过程环境污染物排放的环境成本，为此，研究将环境污染物排放按照一定方法货币化，考察 non-IPBS 与 IPBS 的环境与经济的综合效益。有研究发现，优质的青贮玉米喂养奶牛能提高奶牛产奶量，舒适的养殖场环境能减少奶牛发病率，进而提高牛奶的品质（王继红等，2019；陆克龙等，2017；李冰等，2014）。non-IPBS 和 IPBS 的青贮饲料来源是不同的，因粪污处理途径不同养殖场的环境也有所差异，这些是否会导致 non-IPBS 与 IPBS 在泌乳牛的产奶量、牛奶蛋白率、脂肪率、体细胞、菌落总数等指标上存在显著性差异？这需要展开实证分析。

一、数据来源与样本特征

本章所用数据来源于山东和黑龙江两省的调研数据，基本情况见表 4 - 1，奶牛场关键要素投入价格和产品销售价格见表 5 - 1。在泌乳牛产奶量方面，non-IPBS 和 IPBS 没有显著性差异，山东产奶量显著高于黑龙江。在价格方面，non-IPBS 和 IPBS 模式下所购买的饲料价格没有显著差异，销售的牛奶、公犊牛、淘汰母牛、肉用牛等价格也不存在显著差异。在 IPBS 中，耕地的流转费用为 9685 元/公顷，黑龙江省的耕地流转费用低于山东省。

表 5 - 1　　　　　　奶牛场关键要素投入价格和产品销售价格

类型	项目	non-IPBS			IPBS		
		山东	黑龙江	合计	山东	黑龙江	合计
投入	浓缩饲料（元/吨）[a]	2930	2961	2946	2894.4	2951	2929
	玉米粒（元/吨）	2397	2407	2402	2356.2	2404	2385
	豆粕（元/吨）	2865	2906	2885	2871	2914	2897
	麦麸（元/吨）	1153	1229	1190	1162.8	1249	1215
	外购青贮玉米（元/吨）	472	469	471	475	472	473
	苜蓿（元/吨）	2615	2685	2650	2669.4	2639	2651
	燕麦（元/吨）	2516	2579	2547	2526.3	2569	2552
	羊草（元/吨）	1174	1176	1175	1179.9	1175	1177
	棉籽（元/吨）	2760	2807	2783	2746.8	2783	2769
	电（元/千瓦时）	0.54	0.49	0.52	0.53	0.48	0.50
	柴油（元/升）[b]	6.09	5.94	6.01	6.09	5.94	6.00
	耕地流转费用（元/公顷）	—	—	—	9900	9544	9685
产出	牛奶销售（元/千克）	3.63	3.63	3.63	3.64	3.66	3.65
	公犊牛销售（元/千克）	94.6	89	91.8	95.4	90.2	92.3
	淘汰母牛销售（元/千克）	21	20.7	20.9	21.3	21.5	21.4

续表

类型	项目	non-IPBS			IPBS		
		山东	黑龙江	合计	山东	黑龙江	合计
产出	肉用牛销售（元/千克）	28.5	29.7	29.1	30.4	30.1	30.2
	小麦销售（元/千克）	—	—	—	2.3	—	2.3
	有机肥销售（元/吨）	30.1	12.4	21.4	30.8	12.9	20.0
样本量		38	37	75	45	69	114

注："a"饲料价格均为运输到奶牛场的价格；"b"柴油价格为当地平均价格。

二、基于 LCA 的环境成本计算模型

奶牛养殖系统整个生命周期过程的环境成本主要包括大气、水污染物排放成本和土地生态修复成本。根据 LCA 分析，大气、水污染物排放主要有 CO_2、CO、SO_2、NO_X、NH_3、COD、TP 等。大气、水污染物排放环境成本参考《中华人民共和国环境保护税法实施条例》进行计算，土地生态修复采用支付意愿法进行计算。

2017 年国务院颁布的《中华人民共和国环境保护税法实施条例》（2018 年 1 月 1 日起施行）规定，奶牛场规模达到 50 头以上，应当依法缴纳环境保护税，对于不清楚污染物排放量的奶牛场可按照 12 ~ 120 元/头的标准计算；同时，该条例也明确，奶牛场依法对畜禽养殖废弃物进行综合利用和无害化处理的，不属于直接向环境排放污染物，不缴纳环境保护税。根据调研得知，当前养殖场基本上都配套养殖粪污处理设施，养殖场没有缴纳环境保护税。为更详细了解奶牛养殖的大气、水污染物排放环境成本，研究参考《中华人民共和国环境保护税法实施条例》进行计算，计算公式如下：

$$污染排放环境成本 = \sum_{i=1}^{k} (X_i \div \alpha_i \times \beta_i) \tag{5-1}$$

其中，X_i 为根据 LCA 计算出的第 i 类污染物排放量（千克），α_i 为第 i 类污染物的当量值（见表 5-2），β_i 为第 i 类污染物的税额。《中华人民共和国环境保护税法实施条例》中对 CO_2 排放不征税，但考虑本研究需要，CO_2 排放环境成本按照中国试点市场碳交易平均价 30 元/吨 CO_2 进行计算。

表5-2 环境保护税计算标准

类别	污染物	污染物当量值	税额（元/千克污染物当量）	备注
水污染物	COD	1	1.2~12	本研究税额取均值为6.6
	TP	0.25		
	NH$_3$	0.8		
大气污染物	SO$_2$	0.95	1.4~14	本研究税额取均值为7.7
	NO$_X$	0.95		
	CO	16.7		

资料来源：国务院网站《中华人民共和国环境保护税法实施条例》，[EB/OL]. http://www.gov.cn/zhengce/content/2017-12/30/content_5251797.htm [2021-01-19].

奶牛养殖系统中，土地占用主要包括饲料种植过程的耕地占用、奶牛饲养过程的农用地占用、粪污处理过程的农用地占用。其中，饲养过程和粪污处理过程的农用地占用会降低耕地质量，对其进行生态修复需要环境成本，这部分的生态修复环境成本的计算公式如下：

$$土地生态修复环境成本 = \delta_{ref} \times A \qquad (5-2)$$

其中，δ_{ref}为土地生态修复的单位面积补偿水平（元/平方米），本研究选取2018年吉林省实施的耕地休耕补偿值（0.75元/平方米）进行计算，A为生产1吨FPCM的奶牛场在饲养和粪污处理环节的土地占用。

三、PSM模型

倾向评分匹配法（propensity score matching，PSM）是运用于非实验数据或观测数据干预效应分析的一种最常用统计方法，在实证分析中，PSM模型能较好地处理样本选择偏差问题（Shah et al.，2005）。本研究中，IPBS的采用不是随机选择的过程，事实上，奶牛场主是否采纳IPBS的决定取决于许多外部因素，如养殖场主的社会经济特征、养殖场基本条件、当地政策因素等，这些因素也会影响奶牛的产量和品质。如果简单地直接比较non-IPBS与IPBS在泌乳牛的产奶量、牛奶蛋白率、脂肪率、体细胞、菌落总数等指标的差异，会造成选择性偏差问题，因为non-IPBS与IPBS之间的数据来源于调研数据，无法控制这两组数据在养殖场主社会经济特征、养殖场基本条件上拥有同样的特征。因此，本书采用PSM模型来确保non-IPBS与IPBS具备相似的养殖场主社会经济特征、养殖场基本条件、当地政策因素等条件下，探究non-IPBS与IPBS单纯因为饲料来源不同以及粪污处理利用方式不同对泌乳牛的产

我国种养结合奶牛场高质量发展研究与实践

奶量、牛奶蛋白率、脂肪率、体细胞、菌落总数等指标是否有影响。本研究的实验组为采用 IPBS 的奶牛场，对照组为没有采用 IPBS 的奶牛场，即 non-IPBS，考察的效应值为采用 IPBS 后泌乳牛的产奶量、牛奶蛋白率、脂肪率、体细胞、菌落总数等。

具体地，首先应用 Logit 模型来计算倾向得分（propensity score，PS），它代表奶牛场采用 IPBS 的因果关系（见表5-3）。

表5-3 变量的定义和描述性统计

类型	变量	解释	全样本	IPBS	non-IPBS	t 检验
因变量	采用 IPBS	奶牛场是否采用 IPBS（1：是；0：否）	0.60	—	—	—
结果变量	产奶量	每头泌乳牛的牛奶产量（千克/头）	8460	8510	8383	0.85
	牛奶蛋白率	牛奶的蛋白率含量（%）	3.35	3.35	3.34	0.52
	牛奶脂肪率	牛奶的脂肪率含量（%）	3.77	3.79	3.75	0.62
	牛奶体细胞数	牛奶的体细胞数（万个/毫升）	22.14	21.56	23.01	-1.27
	牛奶菌落总数	牛奶的菌落总数（万个/毫升）	9.12	8.86	9.52	-1.40
匹配变量	年龄	奶牛场主年龄（年）	46.9	46.6	47.4	-0.77
	教育	奶牛场主接受教育年限（年）	9.89	10.30	9.30	2.51
	收入	奶牛场总收入（万元）	540.3	601.5	447.3	1.92
	总牛数	奶牛场总牛数（头）	262.1	281.3	232.9	1.48
	泌乳牛比例	奶牛场泌乳牛比例（%）	44.3	45.2	42.9	1.35
	粪污治理监管	当地粪污治理监管是否严格（1：是；0：否）	0.79	0.92	0.60	5.76
	地区变量	地区虚变量（1：山东；0：黑龙江）	0.44	0.39	0.51	1.52
	样本量		189	114	75	—

$$y_i^* = \beta X_i + \varepsilon_i$$

$$Y_i = \begin{cases} 1 & \text{若} y_i^* \geq 0 \\ 0 & \text{若} y_i^* < 0 \end{cases} \tag{5-3}$$

其中，y_i^* 为 Y_i 的潜在变量，β 是自变量的系数，X_i 为影响 y_i^* 的自变量，ε_i 为误差项，Y_i 为是否采纳 IPBS，定义"Y=1"表示奶牛场采纳 IPBS，"Y=0"表

示奶牛场未采纳 IPBS。Y_i 的发生概率公式如下：

$$P_i(Y=1 \mid X) = \exp(X_i\beta) / (1 + exp(X_i\beta)) \qquad (5-4)$$

其中，$P_i(Y=1 \mid X)$ 表示奶牛场采纳 IPBS 的概率。

　　然后，基于 PS 结果，采用最近邻匹配法（nearest-neighbor matching，NNM）确保 non-IPBS 与 IPBS 在显著特征（养殖场主社会经济特征、养殖场基本条件、当地政策因素等）上相似。NNM 作为一种 PSM 模型中广泛应用的匹配算法，它确保 non-IPBS 与 IPBS 的配对成功，并尽可能利用 IPBS 数据，让每个 IPBS 数据都能与 non-IPBS 匹配。最后，使用平均治疗效果（average treatment effects on the treated，ATT）来解释实验组（IPBS）和对照组（non-IPBS）之间的不同结果效应，结果效应包括泌乳牛的产奶量、牛奶蛋白率、脂肪率、体细胞、菌落总数。ATT 表达式为：

$$ATT = E(\varnothing \mid p(x), Y=1) = E(I_1 \mid p(x), Y=1) - E(I_0 \mid p(x), Y=0)$$

$$(5-5)$$

其中，ATT 为泌乳牛的产奶量、牛奶蛋白率、脂肪率、体细胞、菌落总数的差异值，$E(I_1 \mid p(x), Y=1)$ 为经过匹配后实验组的泌乳牛的产奶量、牛奶蛋白率、脂肪率、体细胞、菌落总数的平均值，$E(I_0 \mid p(x), Y=0)$ 为经过匹配后对照组的泌乳牛的产奶量、牛奶蛋白率、脂肪率、体细胞、菌落总数的平均值。

第三节　non-IPBS 与 IPBS 的效益分析

一、经济效益

　　对 non-IPBS 和 IPBS 的总经济效益分析表明，IPBS 通过自产青贮玉米，降低饲料成本，从而提高养殖净收益。non-IPBS 生产 1 吨 FPCM 的净收益为 1415 元，而 IPBS 每生产 1 吨 FPCM 的净收益提高 219 元，如果不纳入小麦的成本与收益，实际净收益提高 205 元/吨，提升率为 14.5%（见表 5-4）。相比山东省，黑龙江省每产 1 吨 FPCM 所需饲料成本更低，主要原因是黑龙江省在牛奶饲养中较少使用进口苜蓿和燕麦，增加施用浓缩料（见表 4-4），在经济效益方面，黑龙江省每产 1 吨 FPCM 的净收益高于山东省。然而，需要指出的是，奶牛饲养非常注重青贮玉米、苜蓿、燕麦等粗饲料的营养品质

我国种养结合奶牛场高质量发展研究与实践

以及其与精饲料的搭配比例，否则容易引发奶牛疾病、产奶能力下降、母牛容易淘汰等问题，本研究发现黑龙江省的奶牛产奶量比山东省低（见表4－1），而且每产1吨FPCM，黑龙江省伴随淘汰母牛数量比山东省高（见表4－4），这些都说明，黑龙江省的饲养管理水平不如山东省先进，如果考虑购牛成本，也许两省的经济效益方面将会不同。但是，奶牛场在实际养殖中主要以自繁自养为主，个别养殖场会根据情况逐年购买少量育成牛，这导致购牛成本很难计算，所以本研究不考虑该部分成本。

表5－4　　　　　两系统每产1吨FPCM的整体经济效益　　　　单位：元/吨

类型	项目	non-IPBS			IPBS		
		山东	黑龙江	合计	山东	黑龙江	合计
成本	外购饲料成本	2238	2134	2187	2058	1657	1815
	青贮玉米种植成本	0	0	0	99	294	217
	小麦种植成本	0	0	0	97	0	38
	饲养电柴油费用	70	79	74	79	78	78
	饲养人工成本	120	108	114	117	113	115
	粪污处理电柴油费用	14	18	16	14	17	16
	粪污处理人工成本	10	7	9	10	8	9
	外购饲料运输成本[a]	411	291	352	385	242	298
	总成本	2863	2637	2752	2859	2429	2587
收益	每吨FPCM收入	3723	3739	3731	3745	3735	3739
	公犊牛、淘汰母牛、肉用牛收入	414	423	418	389	442	421
	有机肥销售收入	23	11	17	16	3	8
	小麦销售收入	0	0	0	131	0	52
	总收入	4160	4173	4166	4281	4180	4220
	净收益	1297	1536	1415	1423	1771	1634
	实际净收益[b]	1297	1536	1415	1389	1771	1620
	样本量	38	37	75	45	69	114

　　注：作经济效益分析时，将养殖场的各项成本和收益平摊到每吨FPCM上，没有考虑购牛成本、奶牛医疗防疫费、基础设施建造费用等；"a"所调研外购饲料的价格是到养殖场的价格，养殖场不清楚具体运输成本，该数值根据相关研究计算（见表4－10）；"b"实际净收益指不考虑小麦种植成本和收益，下同。

1. 饲料环节

在饲料环节，IPBS通过施用场内生产的有机肥、液体肥，从而减少种植环节的化肥施用量和农业灌溉水用量，降低种植成本，从而降低饲料成本。考虑到如果奶牛场不种植青贮玉米，不需要自身劳动力投入以及雇用劳动力，因此，运用劳动力机会成本的方法分析 IPBS 种植环节净收入，该数据来源于《农产品成本收益汇编 2019》。non-IPBS 与 IPBS 每产 1 吨 FPCM，分别需要外购青贮玉米 1.196 吨和 0.485 吨，自产青贮玉米 0 吨和 0.699 吨，外购其他饲料 0.841 吨和 0.810 吨（见表 4－4）。相比 non-IPBS，IPBS 中每产 1 吨 FPCM 总饲料成本减少 168 元，如果不考虑小麦成本与收益，则实际饲料成本减少 154 元，饲料成本下降 7%（见表 5－5）。具体来说，在 IPBS 中，自产青贮玉米为 0.699 吨，需要的成本为 217 元，即每产 1 吨青贮玉米只需要 324 元，而外购青贮玉米的价格为 473 元/吨，意味着 IPBS 每使用 1 吨自产青贮玉米，能减少 149 元。相比 non-IPBS，IPBS 饲料环节减少的 154 元中，有 100 元来自自产青贮玉米带来的成本下降。说明奶牛场采用 IPBS 可以减少青贮玉米饲料成本，增加小麦销售收入，是一种经济可行的奶牛养殖模式。

表 5－5　　　　　　　两模式每产 1 吨 FPCM 在饲料环节经济效益　　　　单位：元/吨

项目	non-IPBS			IPBS		
	山东	黑龙江	合计	山东	黑龙江	合计
外购饲料成本	2238	2134	2187	2058	1657	1815
小麦土地流转费	—	—	—	40	0	16
小麦生产资料成本[a]	—	—	—	28	0	11
小麦劳动成本[b]	—	—	—	29	0	11
青贮玉米土地流转费				40	172	120
青贮玉米生产资料成本[a]	—	—	—	27	64	49
青贮玉米劳动成本[b]	—	—	—	32	58	48
小麦销售收入	—	—	—	131	0	52
总饲料成本	2238	2134	2187	2123	1951	2019
实际总饲料成本[c]	2238	2134	2187	2157	1951	2032

注："a" 生产资料成本包括种子、化肥、农药、机械、灌溉费用；"b" 劳动成本包括雇工费用和养殖场用工折算，"c" 实际饲料成本指不考虑小麦种植的成本与收益。

2. 饲养环节

在饲养环节，non-IPBS 与 IPBS 每产 1 吨 FPCM 的销售收入没有显著差别，分别为4149元/吨和4160元/吨（见表5-6），主要是因为两模式的牛奶销售价格、牛奶蛋白质率、牛奶脂肪率等不存在显著差异。在饲养电柴油费用上non-IPBS与IPBS没有显著差别，可能原因是此过程主要涉及的混合饲料加工、牛棚照明通风、牛饮用水加热、挤奶、牛奶冷藏等步骤基本一致，造成电柴油等能源投入成本没有显著差别。在饲养的雇用人工成本上，non-IPBS与IPBS也没有显著差别。说明奶牛场是否采用IPBS对饲养环节经济效益不造成影响。

表5-6　　　　　两模式每产1吨FPCM在饲养环节经济效益　　　单位：元/吨

项目	non-IPBS			IPBS		
	山东	黑龙江	合计	山东	黑龙江	合计
饲养电柴油费用	70	79	74	79	78	78
饲养人工成本	120	108	114	117	113	115
每吨FPCM收入	3723	3739	3731	3745	3735	3739
公犊牛、淘汰牛、肉用牛收入	414	423	418	389	442	421
总饲养收入	4137	4162	4149	4134	4177	4160

3. 粪污处理环节

在粪污处理环节，non-IPBS和IPBS中每产生1吨FPCM会产生2.08吨和2.03吨干粪便，12.096吨和11.785吨尿液污水（见表4-8），将这些粪便收集堆肥、尿液污水无害化等处理会消耗电和柴油，由此产生的成本均为16元/吨，需要的人工成本均为9元/吨，而相应的有机肥销售收入为17元/吨和8元/吨（见表5-7），IPBS中有56.7%的有机肥自用于奶牛场耕地导致其收益低于non-IPBS。可以看出，该部分的净收益是负的，原因是所调研地区的有机肥销售价格很低，甚至有很多奶牛场免费给果农菜农提供有机肥，平均每吨有机肥的销售价格仅约为20元。在黑龙江省，粪污处理环节的亏损大于山东省，主要原因是，该省是粮食作物大省，菜农和果农很少，对有机肥的需求少，在当前粮食种植户不愿意使用有机肥的情况下，该省的奶牛场产生的有机肥绝大部分被免费送给周边农户使用，有机肥销售价格很低。这可以用来解释当前养殖场对粪污处理积极性不高的原因。随着未来农户对有机肥使用意愿的提升，该部分收益会有所改善。

表 5-7　　　　两模式每产 1 吨 FPCM 在粪污处理环节的经济收益　　单位：元/吨

项目	non-IPBS			IPBS		
	山东	黑龙江	合计	山东	黑龙江	合计
粪污处理电柴油费用	14	18	16	14	17	16
粪污处理人工成本	10	7	9	10	8	9
有机肥销售收入	23	11	17	16	3	8
净收入	-1	-14	-8	-8	-22	-17

4. 运输环节

在运输环节，IPBS 通过自产部分青贮玉米和使用部分有机肥，降低运输环节的经济成本。相比 non-IPBS，IPBS 每产 1 吨 FPCM 的总运输成本下降 53 元，下降 15%（见表 5-8）。说明奶牛场采用 IPBS 能降低运输成本。黑龙江省的运输成本比山东省低的原因是，黑龙江省在奶牛饲养中，较少地使用苜蓿、燕麦、棉籽等，以使用浓缩料替代，而苜蓿、燕麦来源于美国，棉籽来源于甘肃地区，这些饲料运输距离比较远，运输成本高，减少使用能降低运输成本。

表 5-8　　　　两模式每产 1 吨 FPCM 在饲养环节经济效益　　单位：元/吨

项目	non-IPBS			IPBS		
	山东	黑龙江	合计	山东	黑龙江	合计
外购饲料运输成本	411	291	352	383	237	295
自产饲料运输成本	0	0	0	1	3	2
自用有机肥运输成本	0	0	0	1	2	2
运输总成本	411	291	352	385	242	298

5. 小结

总体来看，相比 non-IPBS，IPBS 通过自产青贮玉米，降低饲料成本，从而提高养殖净收益。non-IPBS 生产 1 吨 FPCM 的净收益为 1415 元，而 IPBS 每生产 1 吨 FPCM 的净收益提高 219 元，如果不纳入小麦的成本与收益，实际净收益提高 205 元/吨，提升率为 14.5%（见表 5-4）。IPBS 实际净收益的提升主要来源于饲料成本下降 154 元和运输成本下降 53 元。在其他环节上 non-IPBS 与 IPBS 的各项成本和收益没有显著差别。

从各项成本来看，饲料成本约占总成本的 70% 以上（如图 5-2 所示），

我国种养结合奶牛场高质量发展研究与实践

奶牛场通过采用 IPBS 可以降低饲料成本。具体来说，在 IPBS 中，自产青贮玉米为 0.699 吨，需要的成本为 217 元，即每产 1 吨青贮玉米只需要 324 元，而外购青贮玉米的价格为 473 元/吨，意味着 IPBS 每使用 1 吨自产青贮玉米，能减少 149 元，IPBS 中使用 0.669 吨青贮玉米，减少 100 元青贮玉米成本。说明 IPBS 能有效降低奶牛养殖的饲料成本。

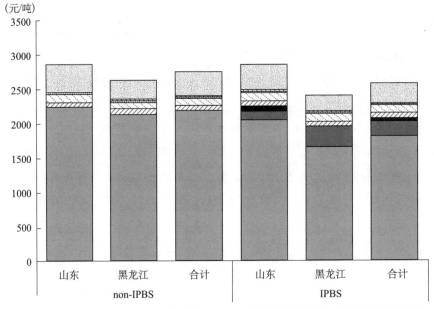

图 5 - 2　两模式每产 1 吨 FPCM 的成本构成

从各项收益来看，牛奶销售收入占总收入 90% 左右（如图 5 - 3 所示），non-IPBS 和 IPBS 每产 1 吨 FPCM 的牛奶、公犊牛、淘汰牛、肉用牛销售收入没有明显差异，有机肥销售收入极低。相比 non-IPBS，IPBS 每产 1 吨 FPCM 会伴随产生 52 元的小麦销售收入，而小麦的种植成本为 38 元。说明 non-IPBS 与 IPBS 每产 1 吨 FPCM 的收入差距不明显。

过去的 20 年，我国牛奶产量实现快速增长，但奶牛养殖的成本依然很高、国际竞争力不强，如何提升奶牛养殖的经济效益是实现奶业高质量发展的关键。2000 ~ 2018 年，我国牛奶产量增长了 3 倍（国家统计局，2020），总产量跃居世界第三位。相关研究指出，2016 年中国原料奶的收购价格比美国、德国、新西兰分别高 46%、62%、114%，2017 年国内原料牛奶收购价格比进口奶粉折原料奶的到岸价格高 31%，更值得关注的是，国内原料奶牛养殖成本比进口奶粉折原料牛奶的到岸价格还高 24%（刘长全等，2018）。较低的进口奶粉折原料牛奶价格会倒逼国内企业压低国内原料奶收购价格，这不利于国内奶牛养殖业的发展。在奶牛养殖中，饲料成本高低是决定其生产成本高低的关键因素（刘长全等，2018），目前中国奶牛业饲料主要依赖购买，尤其是燕麦、苜蓿等还大量依赖进口，自产的青贮饲料很少，造成饲料成本居高不下。欧洲奶牛场的饲料自给率超过 70%（Matteo et al.，2013）。本研究的结果表明，相比 non-IPBS，IPBS 通过自产青贮玉米能降低饲料成本提高养殖净收益，这将是未来奶牛场提升养殖经济效益的选择方向之一。

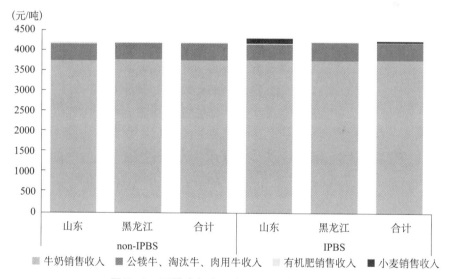

图 5–3　两模式每产 1 吨 FPCM 的收益构成

二、环境成本

根据第四章 LCA 的结果以及公式（5–1）和公式（5–2），可以计算出 non-IPBS 和 IPBS 每生产 1 吨 FPCM 的环境成本分别为 88 元和 76 元，相比 non-IPBS，IPBS 每生产 1 吨 FPCM 的环境成本下降 12 元，下降 13%（见表 5–9）。在奶牛养殖系统中，大气污染环境成本占总环境成本的 60% 以上，其中大气污染环境成本的 75% 来源于温室气体排放。

我国种养结合奶牛场高质量发展研究与实践

表 5 -9　　　　　　　　两系统每产 1tFPCM 的整体环境成本　　　　单位：元/吨

项目	non-IPBS			IPBS		
	山东	黑龙江	合计	山东	黑龙江	合计
水污染环境成本	21	21	21	18	16	17
大气污染环境成本	52	55	53	50	44	46
耕地占用生态修复成本*	12	15	13	11	15	13
总环境成本	85	91	88	78	75	76
样本量	38	37	75	45	69	114

注："*"耕地占用生态修复成本指对饲养过程和粪污处理过程农用地占用进行生态修复需要的环境成本。

在各环节中，饲养环节的环境成本占总环境成本的比例最大，约为 40%（如图 5 -4 所示），此部分的环境成本包括饲养耕地占用生态修复成本、大气污染环境成本、水污染环境成本，但在此环节的环境成本上，non-IPBS 与 IPBS 没有显著差别。饲料环节的环境成本占总环境成本的 30%，相比 non-IPBS，IPBS 每产 1 吨 FPCM 在饲料环节上环境成本减少 5 元。粪污处理环节的环境成本占总环境成本的 25%，相比 non-IPBS，IPBS 每产 1 吨 FPCM 在粪污处理环节上环境成本减少 5 元。运输环节的环境成本占总环境成本的比例最小，约 5%。总体来看，non-IPBS 每生产 1 吨 FPCM 的环境成本为 88 元，

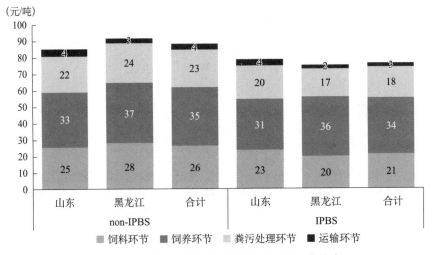

图 5 -4　两模式每产 1 吨 FPCM 的环境成本构成

IPBS 则下降 12 元，主要来源于饲料环节下降 5 元和粪污处理环节下降 5 元。说明 IPBS 能在饲料环节和粪污处理环节上降低奶牛生产系统的环境成本。

三、综合效益

综合考虑经济效益和环境效益之后，non-IPBS 和 IPBS 每生产 1 吨 FPCM 的综合净收益分别为 1327 元和 1544 元，相比 non-IPBS，IPBS 每生产 1 吨 FPCM 的综合净收益增加 217 元，增加 16%（见表 5 – 10）。说明，IPBS 具备更好的环境绩效，相比 non-IPBS，每产 1 吨 PFPCM 能减少 12 元的环境成本，本研究区中国试点市场碳交易价为 30 元/吨，当前欧洲市场碳交易价约为 30 EUR/吨（约 232 元/吨），随着我国碳交易价格的提升，将更突显 IPBS 的环境优势。

表 5 – 10　　　　两系统每产 1 吨 FPCM 的综合效益　　　　单位：元/吨

项目	non-IPBS			IPBS		
	山东	黑龙江	合计	山东	黑龙江	合计
实际净收益	1297	1536	1415	1389	1771	1620
环境成本	85	91	88	78	75	76
综合净收益	1212	1445	1327	1311	1696	1544
样本量	38	37	75	45	69	114

第四节　关键因素变动对 IPBS 经济效益的影响

一、土地流转费用变化

假设外购青贮玉米价格、牛奶销售价格等其他因素都不改变的情况下，土地流转费用增加时，会增加 IPBS 种植青贮玉米的成本，从而增加 IPBS 中每产 1 吨 FPCM 的饲料成本，降低实际净收益。而土地流转费用增加对于 non-IPBS 的每产 1 吨 FPCM 的实际净收益是没有影响的（如图 5 – 5 所示）。情景 1 中，当土地流转费用从当前的 9685 元/公顷增加到 15589 元/公顷时，IPBS 每产 1 吨青贮玉米的成本和外购青贮玉米的价格（不包括青贮玉米运输

我国种养结合奶牛场高质量发展研究与实践

价格）一致，此时 IPBS 每产 1 吨 FPCM 的实际净收益高于 non-IPBS，主要因为青贮玉米运输费用的减少。情景 2 中，当土地流转费用从当前的 9685 元/公顷增加到 17262 元/公顷时，IPBS 每产 1 吨青贮玉米的成本和外购青贮玉米的价格（包括青贮玉米运输价格）一致，此时 IPBS 每产 1 吨 FPCM 的实际净收益与 non-IPBS 相同。这说明，相比 non-IPBS，IPBS 净收益的提升主要取决于土地流转费用。

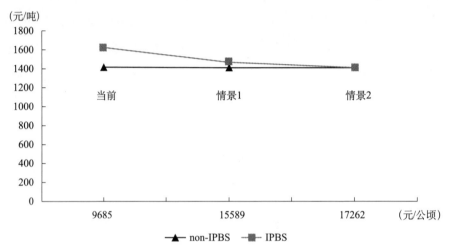

图 5 – 5　耕地流转费用变动对养殖场每产 1 吨 FPCM 实际净收益的影响

二、青贮玉米价格变化

假设土地流转费用、牛奶销售价格等其他因素都不改变的情况下，青贮玉米价格下降时，会降低 IPBS 中外购青贮玉米的成本，而 IPBS 中自产青贮玉米的成本是不变化的。因为 IPBS 外购的青贮玉米较少，青贮玉米价格下降对 IPBS 每产 1 吨 FPCM 的实际净收益的提升影响较少。相反，在 non-IPBS 中，青贮玉米全部依靠购买，青贮玉米价格下降对 non-IPBS 每产 1 吨 FPCM 的实际净收益的提升影响较大（如图 5 – 6 所示）。情景 1 中，当青贮玉米价格从当前的 462 元/吨下降到 305 元/吨时，此时 IPBS 和 non-IPBS 每产 1 吨 FPCM 的实际净收益都有所增加，IPBS 高于 non-IPBS 主要因为青贮玉米运输费用的减少。情景 2 中，当青贮玉米价格从当前的 462 元/吨下降到 261 元/吨时，此时 IPBS 和 non-IPBS 每产 1 吨 FPCM 的实际净收益都有所增加，但 IPBS 每产 1 吨 FPCM 的实际净收益与 non-IPBS 相同。

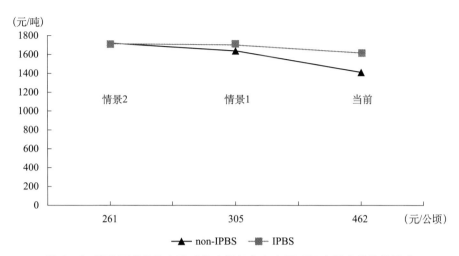

图 5 - 6　青贮玉米价格变动对养殖场每产 1 吨 FPCM 实际净收益的影响

第五节　奶牛场采纳 IPBS 的效应分析

图 5 - 7 显示 non-IPBS 与 IPBS 匹配前后各匹配变量的平衡情况。在匹配前，non-IPBS 与 IPBS 的养殖场主社会经济特征、养殖场基本条件、当地政策因素等匹配变量存在显著差异。而经过匹配后，non-IPBS 样本损失 2 个，IPBS 样本损失 10 个，实验组（IPBS）与对照组（non-IPBS）的偏差均值为 7%，说明匹配比较好。表 5 - 11 显示奶牛场采纳 IPBS 的效应结果。

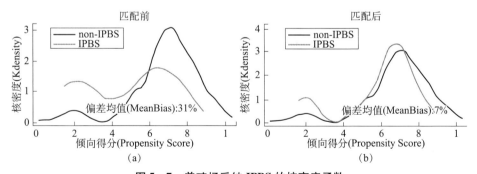

图 5 - 7　养殖场采纳 IPBS 的核密度函数

匹配前，non-IPBS 与 IPBS 在泌乳牛的产奶量、牛奶蛋白率、脂肪率、体细胞、菌落总数等指标上是不存在显著性差异的。经过匹配之后，确保 non-

IPBS 与 IPBS 在养殖场主社会经济特征、养殖场基本条件、当地政策因素等特征变量相似的情况下，再比较 non-IPBS 与 IPBS 的差异，发现 IPBS 的牛奶体细胞数、菌落总数明显低于 non-IPBS（见表 5 - 11）。相比 non-IPBS，IPBS 的牛奶体细胞数、菌落总数分别下降 2.40 万个/毫升和 1.35 万个/毫升。说明 IPBS 的奶牛更健康，可能的原因是 IPBS 能有效地处理养殖场的粪污问题，为奶牛营造一个更健康舒适整洁的环境，减少因粪便污水长时间堆肥养殖场而产生大量有毒有害气体以及病菌等，降低奶牛发病率。

表 5 - 11 　　　　　　　　　　　奶牛场采纳 IPBS 的效应结果

结果变量	类型	平均值		均值差	T-检验
		实验组 （IPBS）	对照组 （non-IPBS）		
产奶量	匹配前	8510	8383	127	0.85
	匹配后	8572	8422	150	1.46
牛奶蛋白率	匹配前	3.35	3.34	0.01	0.52
	匹配后	3.36	3.34	0.02	0.81
牛奶脂肪率	匹配前	3.79	3.75	0.04	0.62
	匹配后	3.83	3.76	0.07	1.03
牛奶体细胞数	匹配前	21.56	23.01	− 1.45	− 1.27
	匹配后	21.08	23.48	− 2.40 *	− 1.86
牛奶菌落总数	匹配前	8.86	9.52	− 0.66	− 1.40
	匹配后	8.71	10.06	− 1.35 **	− 2.08
匹配后样本量		104	73	—	—

注：＊＊、＊分别表示在5%和10%水平上显著。

第六节　本章小结

本章首先评价 non-IPBS 与 IPBS 每产 1 吨 FPCM 的经济效益，在此基础上，考虑环境外部性成本，考察两种系统环境与经济的综合效益。其次，探究青贮玉米价格、土地流转费用等关键因素变化如何影响 non-IPBS 与 IPBS 的经济收益。最后，运用 PSM 模型实证分析 non-IPBS 与 IPBS 在泌乳牛的产奶量、牛奶蛋白率、脂肪率、体细胞、菌落总数等指标上是否存在显著性差异。相关结论如下。

（1）IPBS 在提升养殖场净收益上具有巨大潜力。non-IPBS 生产 1 吨 FPCM 的净收益为 1415 元，而 IPBS 的实际净收益每吨提高 205 元，提升率为 15%，这些收益的增加主要因为自产青贮玉米成本较低，同时青贮玉米的运输费用减少。如果考虑环境成本，non-IPBS 每生产 1 吨 FPCM 的综合净收益为 1327 元，而 IPBS 每生产 1 吨 FPCM 的综合净收益增加 217 元，增加 16%。

（2）相比 non-IPBS，IPBS 净收益的提升率取决于耕地流转费用和青贮玉米价格。当土地流转费用从当前的 9685 元/公顷增加到 17262 元/公顷时，IPBS 每产 1 吨 FPCM 的实际净收益与 non-IPBS 相同。当青贮玉米价格从当前的 462 元/吨下降到 261 元/吨时，IPBS 和 non-IPBS 每产 1 吨 FPCM 的实际净收益都有所增加，但 IPBS 每产 1 吨 FPCM 的实际净收益与 non-IPBS 相同。

（3）奶牛场采纳 IPBS 的效应分析发现，IPBS 与 non-IPBS 在泌乳牛的产奶量、牛奶蛋白率、脂肪率等指标上不存在显著差异，但 IPBS 的牛奶体细胞数、菌落总数明显低于 non-IPBS，相应下降 2.40 万个/毫升和 1.35 万个/毫升。说明 IPBS 能有效处理养殖场的粪污问题，为奶牛营造一个健康舒适整洁的环境，降低奶牛发病率。相比发达国家，我国奶牛养殖的成本依然很高、国际竞争力不强，如何提升奶牛养殖的经济效益是实现奶业高质量发展的关键，本研究结果为提升我国奶牛养殖经济效益提供了新视角。

第六章　我国种养结合奶牛场
生产效率测度研究

第一节　关于奶牛养殖生产效率的研究

一、奶牛养殖生产效率反映综合生产能力和资源配置情况

生产效率是奶牛场提升竞争力的关键，也是牛奶产业长久发展的驱动力。奶牛养殖生产效率反映奶牛养殖的综合生产能力，也反映奶牛养殖过程中不同资源要素投入的资源配置情况，是衡量生产要素投入组合的优劣性能指标，也揭示如何优化奶牛养殖的要素投入，提高生产能力。目前，发达国家奶牛养殖已经从追求产量转向追求生产效率的提高和环境可持续发展（Handford et al.，2016）。随着人口的增长，未来奶牛养殖将面临更严峻的水与土地等资源紧缺、粮食与饲料之间竞争、碳排放受限制等多重挑战，在消费方面，未来20年全球尤其是发展中国家对牛奶的需求依旧保持快速增长的趋势（Herrero et al.，2016；Handford et al.，2016），这意味着奶牛场必须提高奶牛养殖效率和环境效益，以确保未来牛奶生产的可持续性。在资源日趋紧缺的今天，评估奶牛养殖效率不仅需要考虑资源投入与产品产出的情况，还需要考虑环境污染物的排放。

二、评估奶牛养殖效率的方法模型

数据包络分析（data envelopment analysis，DEA）是评估奶牛养殖效率中运用最广泛的方法，此外还有随机前沿生产函数模型等（彭艳玲等，2019；Cecchini et al.，2018；刘威等，2011；崔姹等，2017）。DEA是一种以多项输入和输出数据为基础，用于比较多个相似评价单元之间的相对优劣性的分析方法（Chachuli et al.，2020）。而非射线性模型（slack based model，SBM）

是一种 DEA 的改进模型，克服了传统 DEA 模型的缺陷，通过非射线方式，以优化松弛变量为目标函数，将非期望产出纳入分析中，提高评价的准确性（Tone，2002）。目前 SBM 模型在评价养殖场的生产效率中得到广泛运用（Cecchini et al.，2018；Le Thi et al.，2020）。相关研究表明，在考虑奶牛养殖的温室气体排放因素之后，奶牛养殖效率出现下降（崔姹等，2017）。李翠霞等运用 SBM 模型对中国奶牛养殖效率进行评估，并运用 Tobit 模型揭示影响其效率的关键因素，发现忽略环境污染因素时奶牛养殖生产效率被高估 0.1657，规模越大生产效率越高，奶牛单产对生产效率具有显著的正向影响（李翠霞等，2017）。与发达国家相比，我国奶牛养殖的经济效率还比较低（Cecchini et al.，2018）。实现奶业高质量发展需要持续优化奶牛养殖的要素投入。

第二节　分析框架

前章节已对 non-IPBS 和 IPBS 的环境、经济效益进行评估，然而，IPBS 不仅是农产品生产的过程，也是生产过程中农业废弃物的循环利用模式，它的效率不仅具有典型的内部性，也具有明显的外部性，即 IPBS 的发展，既要追求经济目标，也要实现环境目标。因此应综合考虑环境和经济条件下，non-IPBS 和 IPBS 的生产效率有多大差异、何种规模的奶牛场最有效、造成生产效率损失的关键原因是什么、又如何提高奶牛场生产效率等问题。对奶牛养殖系统的生产效率进行测度，是提升资源利用效率、促进奶业高质量发展的关键。为此，本章基于 SBM 模型、Tobit 模型，对以上问题进行回应。

本章首先用 SBM 模型对 non-IPBS 和 IPBS 的生产效率进行测度，在此基础上，运用 Tobit 模型分析影响奶牛场生产效率的制约因素。分析框架如图 6-1 所示。

非射线性模型（slack based model，SBM）是一种 DEA 的改进模型，克服传统 DEA 模型的缺陷，将环境污染物排放的非期望产出纳入分析中，提高评价的准确性。奶牛场的生产效率受到各项投入与产出变量的影响，这些构成影响生产效率的内生变量。而奶牛场主的年龄、文化程度、牛奶单产、养殖规模、地区因素等会影响奶牛场的投入与产出比，进而影响奶牛场的生产效

我国种养结合奶牛场高质量发展研究与实践

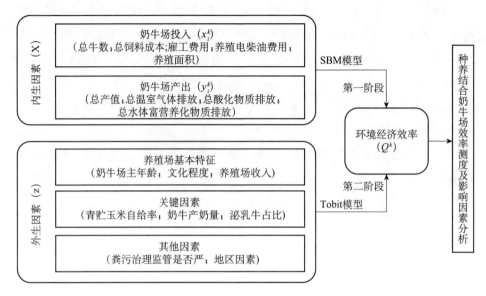

图 6 - 1　本章节分析框架

率，这些因素构成影响生产效率的外生变量。

一、数据来源与样本特征

本章基于山东和黑龙江两省的调查数据，基本情况见表 4 - 1，这里不再详细介绍。

二、SBM 模型与指标中选取

DEA 是一种以多项输入和输出数据为基础，用于比较多个相似评价单元之间的相对优劣性的方法（Chachuli et al.，2020）。而非射线性模型（slack based model，SBM）是一种 DEA 的改进模型，克服传统 DEA 模型的缺陷，通过非射线方式，以优化松弛变量为目标函数，将非期望产出纳入分析中，提高评价的准确性（Tone，2002）。目前 SBM 模型在评价养殖场的生产效率中得到广泛运用（Cecchini et al.，2018；Le THI et al.，2020）。

本研究采用 SBM 模型对奶牛养殖系统的生产效率进行测度，基于前章节的研究结果，将奶牛场总温室气体物质、总酸化物质、水体富营养化物质的排放作为非期望产出指标进行分析。具体来说，本研究共有 189 个评价单元，包括 75 家 non-IPBS 和 114 家 IPBS。每个评价单元由奶牛饲养的要素投入、期望产出及非期望产出 3 部分组成。奶牛场总牛数、饲料成本、雇工费用、养殖电柴油费用、养殖面积等各项要素投入 $x \in R^m$，奶牛场总产值作为期望产出 $y^g \in R^{s_1}$，奶牛场场总温室气体物质、总酸化物质、富营养化物质的排放作为非期望产出 $y^b \in R^{s_2}$（见表 6-1）。其矩阵如下：

$$
\begin{cases}
X = \begin{bmatrix} x_1, & x_2, & \cdots, & x_n \end{bmatrix} \in R^{m \times n} \\
Y^g = \begin{bmatrix} y_1^g, & y_2^g, & \cdots, & y_n^g \end{bmatrix} \in R^{s_1 \times n} \\
Y^b = \begin{bmatrix} y_1^b, & y_2^b, & \cdots, & y_n^b \end{bmatrix} \in R^{s_2 \times n}
\end{cases}
\tag{6-1}
$$

其中，n 为评价单元数，m 为要素投入项数，s_1 为期望产出项数，s_2 为非期望产出项数。SBM 模型的公式如下（Tone，2002）：

$$
\theta^k = \min \frac{1 - \dfrac{1}{m} \sum_{i=1}^{m} \dfrac{S_i^-}{x_{io}}}{1 + \dfrac{1}{S_1 + S_2} \left(\sum_{r=1}^{s_1} \dfrac{S_r^g}{y_{ro}^g} + \sum_{r=1}^{s_2} \dfrac{S_r^b}{y_{ro}^b} \right)}
$$

$$
\text{s. t.}
\begin{cases}
X_o = X\lambda + S^- \\
y_0^g = Y^g \lambda - S^g \\
y_o^g = Y^b \lambda + S^b \\
S^- \geqslant 0, \ S^g \geqslant 0, \ S^b \geqslant 0, \ \lambda \geqslant 0
\end{cases}
\tag{6-2}
$$

其中，λ 为权重向量，S^-，S^g，S^b 为松弛变量，分别表示要素投入的冗余、期望产出的不足、非期望产出的过量，θ^k 为奶牛养殖系统的生产效率。当且仅当 S^-，S^g，S^b 均为零时，θ^k 才为 1，此时是最有效的。当 $\theta^k < 1$，表示 S^-，S^g，S^b 中至少有一个不为零，说明该奶牛场存在效率损失情况，在投入产出要素上有改进的余地。

表 6-1　　　　　　　　　奶牛场生产效率投入产出指标

类型	项目	non-IPBS			IPBS		
		山东	黑龙江	合计	山东	黑龙江	合计
投入	总牛数（头）	196.1	270.8	233.0	302.2	267.7	281.3
	饲料成本（万元）	235.8	281.5	258.3	390.8	293.8	332.1
	雇工费用（元）	15.0	17.4	16.2	24.4	21.1	22.4
	养殖电柴油费用（元）	7.5	11.3	9.3	13.8	12.7	13.1
	养殖面积（公顷）	1.5	2.8	2.2	2.5	3.4	3.0
期望产出	总产值（元）	370.3	484.4	426.6	633.9	560.0	589.2

续表

类型	项目	non-IPBS			IPBS		
		山东	黑龙江	合计	山东	黑龙江	合计
非期望产出[a]	总温室气体排放物质（毫克 CO_2-eq）	1158.4	1627.4	1389.8	1.8	1.5	1.6
	总酸化物质（毫克 SO_2-eq）	15.7	21.9	18.8	25.3	21.2	22.8
	总富营养化物质（毫克 PO_4^{3-}-eq）	7.6	10.6	9.0	11.4	9.2	10.1
	样本量	38	37	75	45	69	114

注："a"非期望产出的总温室气体物质、总酸化物质、水体富营养化物质根据第四章 LCA 的结果计算，总温室气体物质将养殖场排放的 CO_2、CO、CH_4、N_2O 等以 CO_2-eq 表示，总酸化物质将养殖场排放的 SO_2、NO_x 等以 SO_2-eq 表示，总富营养化物质将养殖场排放的 TN、TP 等以 PO_4^{3-}-eq 表示，具体换算见表 4-11。

三、Tobit 模型与变量选择

在评估出奶牛养殖系统的生产效率之后，需要确定影响该系统生产效率的决定因素。由于生产效率是介于 0~1 之间的连续变量，故本研究可采用 Tobit 模型。该模型更适合于分析样本数据中出现 0 和超过 1 的情况，并且可以修正选择偏差（Mcdonald，2009）。该模型的公式如下：

$$Z^* = \alpha X_i + \delta$$

$$Z = \begin{cases} 0 & 若 Z^* \leq 0 \\ Z^* & 若 0 < Z^* < 1 \\ 1 & 若 Z^* \geq 1 \end{cases} \quad (6-3)$$

其中，Z 为在考虑环境因素下奶牛养殖的生产效率，X_i 表示奶牛养殖系统的生产效率的因素，α 为系数项，δ 为误差项。变量选择见表 6-2。

表 6-2　　　　　　　　　变量的定义和描述性统计

变量	解释	平均值	标准差
实际生产效率	奶牛养殖系统的生产效率	0.65	0.15
年龄	奶牛场主年龄（年）	46.6	6.9
教育	奶牛场主接受教育年限（年）	9.89	2.57
收入	奶牛场总收入（万元）	540.3	544.4
采用 IPBS	奶牛场是否采用 IPBS（1：是；0：否）	0.60	0.49
奶牛产奶量	泌乳牛的产奶牛量（千克/头）	8460	1011
泌乳牛占比	泌乳牛占比占总牛数比率（%）	44.4	10.9

续表

变量	解释	平均值	标准差
粪污治理监管	奶牛场主认为当地粪污治理监管是否严格（1：是；0：否）	0.79	0.41
地区变量	地区虚变量（1：山东；0：黑龙江）	0.44	0.50
样本量		189	

注：＊＊、＊分别表示在5%和10%水平上显著。

理论上，在考虑环境污染物排放的情况下，养殖生产效率取决于奶牛场各要素的投入与牛奶产出和污染物排放之间的关系。在总 FPCM 不变的情况下，奶牛场的投入要素越少，则养殖相应污染物排放越少，养殖生产效率越高；在要素投入不变的情况下，养殖污染物排放也相应固定，奶牛场总 FPCM 产出越多，则养殖的生产效率越高。同时，养殖场主的年龄、教育等个人特征会影响养殖技术水平，进而影响养殖的生产效率。养殖场的规模、收入等养殖特征会影响相关养殖技术的使用，进而影响养殖生产效率。当地的粪污治理监管力度会影响养殖场主选择不同的粪污处理技术，进而影响养殖生产效率。为此，研究提出以下假设。

H1：奶牛场采用种养结合模式，则养殖生产效率越高。

H2：奶牛场的牛奶单产越大，则养殖生产效率越高。

H3：奶牛场主受教育水平越高、奶牛场收入越高、养殖规模越大，越有利于奶牛场采用先进养殖技术，养殖生产效率越高。

H4：当地政府粪污治理监管力度越严格，越有利于奶牛场主选择清洁化的养殖技术，养殖生产效率越高。

第三节　奶牛场生产效率测度

一、non-IPBS 与 IPBS 生产效率

两系统的生产效率如图 6－2 所示。在未考虑奶牛场总 CO_2-eq、SO_2-eq、PO_4^{3-}-eq 排放时，non-IPBS 与 IPBS 的生产效率分别为 0.75 和 0.79，考虑环境的非期望产出后，实际生产效率分别为 0.63 和 0.71，说明如果忽略环境污染因素，导致 non-IPBS 与 IPBS 的生产效率值分别被高估 0.12 和 0.08。本研

究的生产效率结果略高于过去研究结果（崔姹等，2017；李翠霞等，2017），说明这几年我国奶牛养殖的生产效率得到一些提升。但与发达国家相比，中国的奶牛养殖的生产效率还比较低（Cecchini et al.，2018）。在 non-IPBS 中，山东省的生产效率高于黑龙江省，但在 IPBS 中，山东省的生产效率低于黑龙江省，主要是因为在 IPBS 中，黑龙江省的青贮玉米自给率高于山东省，更多自产的青贮玉米降低了养殖的饲料成本以及环境成本从而提高了生产效率。总体来看，我国奶牛养殖的生产效率还不高，推动奶业高质量发展还需要持续优化各要素投入比例及结构。同时，引进农田自产青贮玉米能提高奶牛养殖的生产效率。

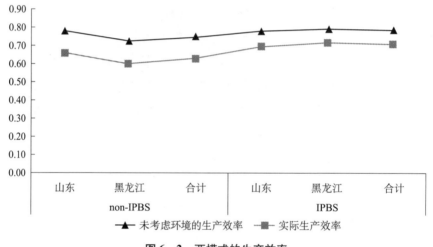

图 6 - 2　两模式的生产效率

在不同规模中，两系统的生产效率均随着规模的扩大而提升（见表 6 - 3）。但是，在 non-IPBS 中，未考虑环境的生产效率与实际生产效率之间的差距会随着规模的增加而扩大，可能的原因是，对于 non-IPBS 来说，规模越大、粪污的产生量越多，在奶牛场没有耕地消纳粪污的条件下，粪污处理存在较大困难，环境污染风险增加，环境成本较高。相反，在 IPBS 中，未考虑环境的生产效率与实际生产效率之间的差距会随着规模的扩大而缩小，这说明，规模越大的奶牛场采用 IPBS，越有利于缩小奶牛养殖中未考虑环境的生产效率与实际生产效率之间的差距。然而，规模越大的奶牛场想采用 IPBS 就意味着需要流转更多的农田来种植青贮玉米，在当前我国土地流转政策体系尚未健全的情况下，还存在诸多困难。

表 6 - 3　　　　　　　　不同规模下两系统的生产效率

模式	规模分类	样本量	未考虑环境的生产效率	实际生产效率	下降比例（％）
non-IPBS	（0，100]	9	0.63	0.52	16.6
	（100，200]	33	0.76	0.64	15.7
	（200，300]	22	0.75	0.62	17.1
	（300，400]	6	0.80	0.64	19.8
	（400，500]	2	0.82	0.67	18.7
	（500，20000）	3	0.92	0.72	22.1
IPBS	（0，100]	3	0.52	0.44	15.7
	（100，200]	38	0.74	0.63	14.7
	（200，300]	39	0.80	0.71	11.5
	（300，400]	16	0.72	0.62	14.6
	（400，500]	12	0.81	0.71	12.0
	（500，2000）	6	0.91	0.84	7.4

二、non-IPBS 与 IPBS 生产效率提升

当养殖的生产效率未达到 1 时，说明存在要素投入冗余或者非期望产出过量，资源没有得到最优配置。两模式生产效率的投入产出指标冗余率见表 6 - 4。从总体来看，造成奶牛养殖生产效率损失的原因集中在投入指标的冗余和非期望产出的过量。其中，饲料成本投入和总牛数投入出现较高的冗余率，这两项指标对生产效率损失的影响程度最严重。说明当前我国奶牛养殖的饲料成本投入、养殖规模结构不够合理，这也是我国奶牛养殖生产效率低于发达国家的主要原因所在（魏艳骄等，2019；刘长全等，2018；刘浩等，2020）。

表 6 - 4　　　　　　　两系统投入产出指标的冗余率　　　　　　单位：%

类型	省份	投入冗余率					非期望产出冗余率		
		雇工费用	养殖面积	总牛数	饲料成本	电柴油费用	CO_2-eq	SO_2-eq	PO_4^{3-}-eq
non-IPBS	山东	38.1	34.1	63.0	72.6	41.4	50.0	45.3	50.5
	黑龙江	36.6	39.8	63.1	62.6	41.9	48.7	45.5	51.3
	合计	37.4	36.9	63.0	67.7	41.7	49.4	45.4	50.9
IPBS	山东	37.2	29.4	57.9	67.8	40.9	48.7	45.3	46.8
	黑龙江	34.5	35.7	59.8	50.2	40.1	32.8	32.8	33.4
	合计	35.6	33.2	59.1	57.1	40.4	39.1	37.7	38.7

注：投入冗余率、非期望产出过量率表示各项投入产出指标的可优化程度，数字值越大，表示该项数据的冗余率越高，即对养殖生产效率损失的影响程度越高。

我国种养结合奶牛场高质量发展研究与实践

在 non-IPBS 中，造成养殖生产效率损失的第一主要原因是饲料成本，该项指标的冗余率为 67.7%，说明当前 non-IPBS 的饲料成本投入出现较多冗余；总牛数是造成牛奶养殖生产效率整体水平不高的第二主要因素，出现 63.0% 的冗余率。相反，在 IPBS 中，造成奶牛养殖生产效率损失的第一主要原因是总牛数投入指标，而饲料成本指标排在第二位，同时，相比 non-IPBS 中，IPBS 中的非期望产出冗余率也得到显著下降。这充分说明，通过引进农田自产青贮玉米可以有效提升奶牛养殖的生产效率。

第四节 奶牛场运行效率的影响因素分析

在外生变量分析中，影响奶牛养殖生产效率的关键因素见表 6 - 5。在 Tobit 模型的回归结果中，LR 值为 250.51，Pseudo R^2 为 0.3464。总体来看，影响奶牛养殖生产效率的外生因素主要有养殖场主受教育水平、经济收入、采用 IPBS、奶牛产奶量、泌乳牛占比、粪污治理监管、地区变量等。

表 6 - 5　　　　　　　　　影响奶牛场生产效率的决定因素

变量	系数	标准误差	t 检验
年龄	- 0.00027	0.00090	- 0.30
教育	0.00192 *	0.00264	1.73
收入	0.00023 ***	0.00007	3.31
采用 IPBS	0.01039 ***	0.01383	2.75
奶牛产奶量	0.00004 ***	0.00001	5.22
泌乳牛占比	0.00825 ***	0.00081	10.13
粪污治理监管	0.00203 **	0.01745	2.12
地区变量	0.05514 ***	0.01500	3.68
常数项	- 0.10612 ***	0.09380	- 3.13
Log-likelihood	-178.63		
LR chi2 (16)	250.51		
Prob > chi2	0.0000		
Pseudo R^2	0.3464		
样本量	189		

注：*** 、** 、* 分别表示在 1%、5% 和 10% 水平上显著。

养殖场主的受教育水平和养殖场经济收入显著影响奶牛养殖的生产效率。当养殖场主的受教育文化水平越高、养殖场的经济收入越高时，更有机会接触学习先进的养殖技术以及购买先进的养殖设施设备，从而提高奶牛养殖的生产效率。这与前人研究结论相似（刘威等，2011）。

奶牛场采纳 IPBS 会显著提升奶牛养殖的生产效率。可能的原因是，通过自产的青贮玉米一方面能降低饲料成本，另一方面能通过养殖场耕地消纳养殖的粪污来降低养殖的环境污染排放，从总体上提升奶牛养殖的生产效率。相关研究指出，发达国家的奶牛养殖成本较低的原因是奶牛场拥有较高的青贮饲料自给率（刘长全等，2018；Matteo et al.，2013）。

奶牛产奶量和泌乳牛占比越大，奶牛养殖的生产效率越高。奶牛产奶量越高，说明在消耗相同的投入下，产出更多的牛奶，则单位牛奶的经济收益将增加，而单位环境成本下降，所以生产效率提升。奶牛场的泌乳牛占比越大，说明奶牛场中饲料等生产资料投入用于饲养育成牛、犊牛等的份额越少，成本的投入都集中用于牛奶产生上，所以奶牛养殖的生产效率得到提升。这些研究与一些研究结论相同（李翠霞等，2017；Pieralli et al.，2017）。

当地政府的粪污治理监管力度越大，则奶牛养殖的生产效率越高。奶牛养殖系统中，不仅包括牛奶、牛肉等农产品的生产，也包括畜禽粪便等农业废弃物的生产，如果奶牛场不处理好养殖粪污的问题，会对水体、空气等环境造成危害。当前奶牛场的粪污治理收益很低，降低了奶牛场主的粪污治理意愿，这需要政府加强奶牛场粪污治理监管力度，促使奶牛场有效处理粪污，提高奶牛养殖的生产效率。山东省奶牛养殖的生产效率高于黑龙江省的主要原因是该地区的社会经济状况比黑龙江省发达，养殖技术相对黑龙江省先进。

第五节　本章小结

本章首先用 SBM 模型对 non-IPBS 和 IPBS 奶牛养殖的生产效率进行测度，在此基础上，运用 Tobit 模型分析影响奶牛场生产效率的外生因素。相关结论如下。

（1）IPBS 奶牛养殖的生产效率优于 non-IPBS。在未考虑温室气体物质、总酸化物质、富营养化物质等环境污染物排放时，non-IPBS 与 IPBS 奶牛养殖的生产效率分别为 0.75 和 0.79，在考虑环境的非期望产出因素后，相应的生产效率分别为 0.63 和 0.71，相应下降 16% 和 10%。这说明引进农田自产青贮玉米能提高奶牛养殖的生产效率。相比发达国家，我国奶牛养殖的生产效率不高，推动奶业高质量发展还需要持续优化各要素投入比例及结构。

（2）在不同规模中，两系统的生产效率均随着规模的增加而提升。但在 non-IPBS 中，未考虑环境的生产效率与实际生产效率之间的差距会随着规模的增加而扩大；相反，在 IPBS 中，未考虑环境的生产效率与实际生产效率之间的差距会随着规模的扩大而缩小。意味着适当扩大规模能提升奶牛养殖的生产效率，然而，规模越大的奶牛场若想采用 IPBS 就意味着需要流转更多的农田用于青贮玉米种植，在当前我国土地流转政策体系尚未健全的情况下，还存在诸多困难。

（3）饲料成本投入过高和养殖规模结构不合理是造成养殖生产效率损失的关键原因，这两项指标的投入冗余率均超过 60%，未来存在很大的优化空间。影响奶牛场生产效率的外生因素主要有养殖场主教育水平、养殖场经济收入、是否采用 IPBS、奶牛产奶量、泌乳牛占比、粪污治理监管、地区变量等。为此，短期来看，可以通过采用 IPBS 来降低饲料成本、调整养殖结构比例等措施来提升奶牛养殖的生产效率，长期来看，需要养殖场主文化水平的持续提升以及奶牛产奶能力技术水平的持续改善来不断提高我国奶牛养殖的生产效率。

第七章 我国奶牛场采纳种养结合模式的激励机制研究

第一节 关于奶牛场选择种养结合模式的研究

一、奶牛场选择种养结合模式的驱动力

种养结合奶牛场不仅涉及奶牛的生产，也涉及农业废弃物的循环利用，表现出良好的环境绩效、经济性能、生产效率，然而，不论何种模式，最终需要落实到行为主体上。行为主体的参与和支持是模式推广的基础保障，也是最终实现奶业低碳生产、高质量发展的关键，影响奶牛场主选择种养结合模式的因素复杂多样。经济效益是驱动奶牛场选择种养结合模式的关键因素，土地流转障碍会制约该模式的发展（王怡然等，2019）。劳动力缺乏、机械化服务化程度不高会限制养殖场发展种植业（Chadwick et al.，2015）。殖场场对粪污处理方式的选择（废弃、出售、还田）受到养殖规模、资金状况、行政干预等因素的制约（冯淑怡等，2013）。大量研究表明，养殖场主年龄、教育文化程度等个人特征，养殖规模、经济收入等养殖特征，对环境保护的认识等认知特征，政府激励监管、生态补偿政策等政策因素都会影响养殖场采纳绿色、循环、低碳的养殖方式（胡浩等，2009；彭新宇，2007；刘雪芬等，2013）。

二、奶牛场选择种养结合模式的行为分析

Logit、Probit、Tobit、结构方程模型等是解释行为选择常用的模型和方法。目前，关于奶牛场选择种养结合模式行为分析的研究还比较少。尹昌斌等（2011）运用 Logit 模型解析奶牛场采纳粪尿清洁处理技术的关键因素，并提出通过提高奶牛场主对环境影响的认识程度、技术管理水平、粪污处理设

施建设补贴等举措来激励奶牛场选择绿色生产模式。吴强等（2012）运用
Logit-ISM 模型确定奶牛场主实施生产质量控制行为的影响因素。相似的研究
表明，对粪便价值的认知水平提升会增加种植对有机肥的需求，养殖场有耕
地会促进有机肥的使用（何可等，2013）。此外，有机肥的施用受教育程度、
劳动力、种植规模等因素的制约（Dereje et al.，2016；褚彩虹等，2012；
杨泳冰等，2012）。种养结合模式的奶牛场充当了粪污的生产者和有机肥施
用者，其行为在缓解奶牛养殖粪污的环境污染、降低种植化肥施用造成的
面源污染、贯彻落实国家"种养结合"计划、实现种养业绿色生产等方面
具有重要的现实意义。

三、关于奶牛场采纳种养结合模式扶持政策的研究

种养结合奶牛场不仅涉及奶牛的生产，也涉及农业废弃物的循环利用，
表现出良好的环境绩效、经济性能、生产效率。而当前奶牛场主无法获得该
模式的全部收益，出现市场失灵情况。因此，需要通过市场手段和政府手段
来激励与规范其发展。种养结合模式具有正向的外部性，在受到政府扶持的
同时，需要逐步走向市场化，增加产业链的附加值，实现绿色产品溢价，才
能最终实现模式的可持续发展（郑微微等，2017）。实践中，奶牛场周围耕地
流转价格高、农户不愿意出租耕地、奶牛场没有资金从事种植生产等因素严
重制约着种养结合模式的推广（王怡然等，2019；Fan et al.，2018）。

通过市场化实现种养结合模式，环境成本内部化是促进其长效运行的关
键。相关研究指出，仅靠养殖场的投入很难改变当前粪污处理的难题，需要
通过制定有机肥补贴政策，培育有机肥利用的产品交易市场、有机肥施用的
机械服务市场等，激励养殖场进行粪污资源化利用（孙若梅，2017；吴云波
等，2013；叶安珊，2005）。应通过引入市场机制，健全土地流转市场体系、
建立低碳生产服务体系、探索亲环境产品市场体系，不断完善价格形成机制，
规范相关技术和产品市场秩序，进一步提高绿色产品溢价机制，解决当前绿
色产品价格扭曲的问题，激励种养结合模式的展开。

政府在奶牛养殖中，不仅扮演环境监督者，也扮演促进养殖低碳生产的
引导者，需要通过政策手段对奶牛场采纳绿色生产技术的行为进行生态补偿、
对奶牛场不采用绿色生产技术的行为进行处罚，以此激发奶牛场参与种养结
合模式的积极性，重新构建种植业与养殖业的关系。政府应大力推广种养结合

模式，鼓励种植业施用有机肥，制定合理耕地产权制度，促进养殖场发展种植业（Sartaj，2013）。目前奶牛场主对 IPBS 技术的运用与掌握水平有限，关于 IPBS 技术的研发和投入不够。需要不断完善粪肥堆肥技术，确定有机肥与化肥最佳的混合施用比例，研发有机肥、液体肥的施用机械装备，提高有机肥使用效率，减少过量使用产生的浪费现象，提升农业生产效率。同时，我国奶牛场主教育文化水平偏低、环境法律法规意识较淡薄，需要完善奶牛养殖亲环境生产的相关法律法规，明确养殖污染的具体规定及处罚标准，加强监管执行力度，提高奶牛场违法违规的成本。最终通过市场运作、政府调控，有序引导奶牛场种养结合模式的展开。

第二节　分析框架

前几章从环境、经济以及生产效率上实证分析了种养结合奶牛场的优劣势，并提出提高其环境绩效、经济效益及生产效率的举措。然而，不论何种模式，最终需要落实到行为主体上。行为主体的参与和支持是模式推广的基础，也是最终实现养殖业绿色生产和高质量发展的关键。影响奶牛场主选择 IPBS 的因素复杂多样，为此，本章对奶牛场主选择种养结合模式的行为进行分析，并基于论文研究结果构建种养结合奶牛场可持续性运行的激励机制，以提高养殖场主参与种养结合模式的积极性，保障种养结合奶牛场的运行和推广。

本章首先对奶牛场主选择 IPBS 的行为进行分析，探究奶牛场选择 IPBS 的驱动因素和障碍。其次，在此基础上运用 ISM 模型，揭示影响奶牛场选择 IPBS 各关键因素之间的层次结构关系，确定奶牛场选择 IPBS 的表层直接因素、中层间接因素和深层根源因素。最后，基于论文研究结果，从政府和市场两个角度，构建 IPBS 可持续性运行的激励机制。本章分析框架如图 7 – 1 所示。

一、数据来源与样本特征

本章基于山东和黑龙江两省的调研数据，基本情况见表 4 – 1，这里不再详细展开。

我国种养结合奶牛场高质量发展研究与实践

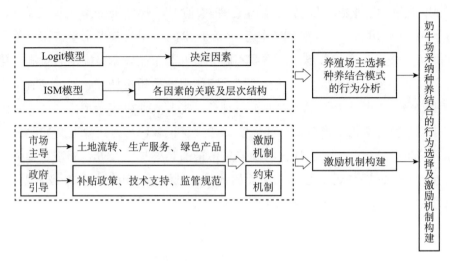

图 7 – 1　本章分析框架

二、Logit 模型与变量选择

奶牛场是否选择 IPBS 是典型的二元选择问题，该项决定受诸多因素影响。本研究采用 Logit 模型来揭示影响奶牛场选择 IPBS 的关键因素，模型如下：

$$y_i^* = \beta X_i + \varepsilon_i \quad Y_i = \begin{cases} 1 & 若 y_i^* \geq 0 \\ 0 & 若 y_i^* < 0 \end{cases} \qquad (7-1)$$

其中，y_i^* 为 Y_i 的潜在变量，β 是自变量的系数，X_i 为影响 y_i^* 的自变量，ε_i 为误差项，Y_i 为因变量，即为奶牛场是否采纳 IPBS，定义"Y = 1"表示奶牛场采纳 IPBS，"Y = 0"表示奶牛场不采纳 IPBS。Y_i 的发生概率公式如下：

$$P_i(Y=1 \mid X) = \exp(X_i\beta)/(1+\exp(X_i\beta)) \qquad (7-2)$$

其中，P_i（$Y=1 \mid X$）表示奶牛场采纳 IPBS 的概率。自变量与因变量的描述性统计见表 7 – 1。

表 7 – 1　　　　　　　　　　变量的定义和描述性统计

变量	解释	平均值	标准差
采用 IPBS	奶牛场采纳 IPBS（1：是；0：否）	0.60	0.49
年龄	奶牛场主年龄（岁）	46.9	6.9
教育	奶牛场主接受教育年限（年）	9.89	2.57
收入	奶牛场总收入（万元）	540.3	544.4

续表

变量	解释	平均值	标准差
总牛数	奶牛场总牛数（头）	262.1	219.9
距离农田	养殖场与周围农田距离（米）	115.0	246.8
耕地流转价格	奶牛场周围耕地流转费用（元/公顷）	9896.0	2818.3
青贮玉米价格	外购青贮玉米价格（元/吨）	468.1	46.6
改善土壤认知	认为使用有机肥能改善土壤质量（1：是；0：否）	0.87	0.33
减少化肥施用认知	认为使用有机肥能减少化肥施用（1：是；0：否）	0.89	0.32
降低饲料成本认知	认为IPBS能降低养殖饲料成本（1：是；0：否）	0.83	0.38
降低粪污治理成本认知	认为IPBS能有效处理养殖粪污（1：是；0：否）	0.91	0.29
粪污治理监管	奶牛场主认为当地粪污治理监管是否严格（1：是；0：否）	0.79	0.41
青贮玉米补贴	养殖场获得青贮玉米补贴（1：是；0：否）	0.52	0.50
地区变量	地区虚变量（1：山东；0：黑龙江）	0.44	0.50
样本量	总样本量	189	

　　理论上，奶牛场主选择种养结合模式是一个复杂的决策过程。首先，利益方面的因素是奶牛场主优先考虑的因素，如耕地流转价格、青贮玉米价格等，这些因素共同影响种养结合模式的经济效果。其次，养殖场主的受教育水平、年龄等个人特征会影响其对种养结合模式的认知，进而影响行为选择。再次，养殖场的收入、养殖场与周围耕地的距离、养殖场规模等养殖场特征会也会影响行为选择。最后，当地政策因素会对奶牛场主选择种养结合模式产生影响。为此，研究提出以下假设。

　　H1：耕地流转价格越低、青贮玉米价格越高，则奶牛场主更愿意选择种养结合模式。

　　H2：奶牛场主认为种养结合模式能给其带来正的利益，则偏向于选择种养结合模式。

　　H3：奶牛场与周围耕地距离越近，则奶牛场主更愿意选择种养结合模式。

　　H4：当地政府粪污治理监管力度越严格，则奶牛场主更愿意选择种养结合模式。

三、ISM 模型

　　本研究采用解释结构模型（interpretative structural modeling，ISM）来进一

步揭示影响奶牛场选择 IPBS 各关键因素之间的层次结构关系，确定奶牛场选择 IPBS 的表层直接因素、中层间接因素和深层根源因素。ISM 是一种基于布尔逻辑运算，以层级拓扑图的方式直观展示系统各因素之间关联的系统科学方法。相较于表格、数学公式等形式，ISM 能一目了然地展示系统各因素的因果层次关系，目前该方法在社会科学研究中得到广泛运用。ISM 的基本步骤如下（吴强等，2017）。

根据 Logit 模型确定影响奶牛场采纳 IPBS 的关键因素集合 S_1，S_2，S_3，$\cdots$，S_k，根据实地调查、文献分析和专家咨询确定各因素间的逻辑关系，作出逻辑关系图，构建邻接矩阵 R，可表示为：

$$r_{ij} = \begin{cases} 1 & S_i \text{对} S_j \text{有影响} \\ 0 & S_i \text{对} S_j \text{无影响} \end{cases} (i = 1, 2, \cdots, k; j = 1, 2, \cdots, k) \quad (7-3)$$

依据邻接矩阵 R，按照公式（7-4）转换为可达矩阵 M，

$$M = (R+I)^{\lambda+1} = (R+I)^{\lambda} \neq (R+I)^{\lambda-1} \neq \cdots \neq (R+I)^{2} \neq (R+I)$$

$$(7-4)$$

其中，I 为单位矩阵，$2 \leq \lambda \leq k$，矩阵运算按照布尔运算法则。根据可达矩阵 M 确定各因素的层级，各层级所含关键因素可以由公式（7-5）来确定：

$$L = \{S_i \mid P(S_i) \cap Q(S_i) = P(S_i)\} (i = 1, 2, \cdots, k) \quad (7-5)$$

其中，$P(S_i)$ 为可达集，包含可达矩阵 M 中 S_i 直接或间接影响的全部要素，$Q(S_i)$ 为先行集，包含可达矩阵 M 中直接或间接影响 S_i 的全部要素。

在确定最高层级（L_1）因素合集后，通过删除原可达矩阵 M 中 L_1 层元素对应的行与列，得到新的矩阵并运用同方式运算，得到第二层（L_2）的因素合集。以此类推，得到所有层次的因素合集。

第三节　奶牛场采纳 IPBS 的驱动因素

影响奶牛场选择 IPBS 的关键因素见表 7-2。在 Logit 模型的回归结果中，LR 值为 163.11，Pseudo R^2 为 0.5485。总体来看，影响奶牛场选择 IPBS 的关键因素主要有奶牛场主受教育水平、收入、总牛数、奶牛场与农田距离、土地流转价格、青贮玉米价格、降低饲料成本认知、降低粪污治理成本认知、当地粪污治理监管力度等 9 个因素。

表7－2 影响奶牛场选择 IPBS 的决定因素

变量	系数	标准误差	t 值
年龄	－ 0.017170	0.028184	－ 0.61
教育	0.241807 **	0.089733	2.69
收入	0.002629 *	0.001416	1.86
总牛数	0.000377 **	0.003438	2.11
总牛数平方项	－ 0.000004 **	0.000002	－ 2.53
距离农田	0.000498 **	0.000902	2.55
土地流转价格	－ 0.000053 ***	0.000069	－ 2.76
青贮玉米价格	0.005466 **	0.004073	2.34
改善土壤认知	1.548684	0.697862	1.22
减少化肥施用认知	0.940021	0.614394	1.53
降低饲料成本认知	0.246170 **	0.518630	2.47
降低粪污治理成本认知	1.081656 *	0.620602	1.74
粪污治理监管	2.035987 ***	0.551085	3.69
青贮玉米补贴	0.522814	0.448177	1.17
地区变量	－ 0.154542	0.468357	－ 0.33
常数项	－ 6.605616 **	2.724770	－ 2.42
Log － likelihood	－ 195.39		
LR chi2 （15）	163.11		
Prob ＞ chi2	0.0000		
Pseudo R^2	0.5485		
样本量	189		

注：*** 、 ** 、 * 分别表示在 1%、5% 和 10% 水平上显著。

奶牛场选择 IPBS 受到奶牛场主文化程度、奶牛场收入的影响。奶牛场主的文化水平越高，可能对 IPBS 环境经济效益认知越深刻，更偏向于选择 IPBS。奶牛场收入越高，越具备经济能力发展种植业，所以偏向于选择 IPBS。

奶牛场总牛数显著影响奶牛场选择 IPBS。根据 Logit 模型结果，随着奶牛场养殖规模的增加，奶牛场选择 IPBS 的概率逐步增加，当规模到一定程度之后，随着奶牛场养殖规模的增加，奶牛场选择 IPBS 的概率开始下降。可能的原因是，采用 IPBS 能降低饲料成本，当养殖规模还比较小时，奶牛场选择 IPBS 需要配套的耕地不大，容易满足要求，但规模非常大时，奶牛场需要配套非常多的耕地，在当前土地流转政策体系尚未健全的情况下，土地成本会制约该模式发展。这说明未来需要完善土地流转政策体系，以激励奶牛场选择 IPBS。

奶牛场与周围农田的距离也是制约奶牛场选择 IPBS 的关键因素之一。奶牛场采用 IPBS 需要配套一定的耕地面积，如果奶牛场周围没有农田，将限制该模式开展。

土地流转价格与青贮玉米价格是影响奶牛场选择 IPBS 的驱动因素。奶牛场是否选择 IPBS 是奶牛场主权衡各方面收益之后的决定。如果周围农田的土地流转价格非常高，此时引进农田自产青贮玉米的成本将高于外购青贮玉米的费用，采用 IPBS 不能带来净收益，奶牛场主将不会选择 IPBS。相反，如果外购青贮玉米的价格非常高，通过引进农田自产青贮玉米能降低饲料成本，则奶牛场主将选择 IPBS。根据前章节研究结果，IPBS 与 non-IPBS 收益的均衡点为：保持其他因素不变时，土地流转价格为 17262 元/公顷；保持其他因素不变时，青贮玉米价格为 261 元/吨。

奶牛场主对采纳 IPBS 会降低饲料成本、降低粪污治理成本等效果的认知会驱动其选择 IPBS。当奶牛场主认为选择 IPBS 会降低饲料成本、降低粪污治理成本，则更偏向于选择。但是，奶牛场主对采纳 IPBS 会改善土壤质量、减少化肥施用等效果的认知并不显著影响其选择 IPBS。可能的原因是，在 IPBS 下，有机肥的使用会改善土壤质量、减少化肥施用，带来正的环境外部收益，但奶牛场无法获得。奶牛场主的决策是基于"理性人"的假设，在决策过程中，不会考虑该项因素。

当地政府的粪污治理监管力度是驱动奶牛场主选择 IPBS 的关键因素之一。奶牛饲养过程中，会产生大量的粪污，尤其是尿液污水，如果没有足够农田来消纳粪污，会造成环境污染。如果奶牛场选择不治理粪污，在当地政府的粪污治理监管力度非常严的情况下，会遭受处罚，对奶牛场的经济收入造成损失。相比 non-IPBS，IPBS 消纳无害化处理的尿液污水更为方便，因为此过程不需要与种植户协商沟通。所以在当地政府的粪污治理监管力度非常严的情况下，奶牛场会倾向于选择 IPBS。然而，青贮玉米补贴政策并没有显著影响奶牛场选择 IPBS。主要原因是，当前的青贮玉米补贴政策是补贴给收购青贮玉米的主体。也就是说，不管是 IPBS 还是 non-IPBS，只要将青贮玉米贮存在奶牛场内，经过申请及当地相关部门验收，就能拿到青贮玉米的补贴资金，所以该因素不是奶牛场主选择 IPBS 的决策因素。

第四节 采纳 IPBS 行为因素的 ISM 分析

根据 Logit 模型的结果，奶牛场主受教育水平、收入、总牛数、奶牛场与农田距离、土地流转价格、青贮玉米价格、降低饲料成本认知、降低粪污治理成本认知、当地粪污治理监管力度等因素是影响奶牛场选择 IPBS 的关键因素，分别以 S_1、S_2、S_3、S_4、S_5、S_6、S_7、S_8、S_9 表示，以 S_0 表示奶牛场选择 IPBS。结合实地调查、文献分析和专家咨询得出这些因素的逻辑关系图（如图 7 - 2 所示），"V" 表示行因素对列因素有影响，"A" 表示列因素对行因素有影响，"0" 表示行因素与列因素之间无影响。

A	A	A	A	A	A	A	A	A	S_0
0	V	V	0	0	0	0	0	S_1	
A	V	V	A	A	0	A	S_2		
0	0	0	0	0	0	S_3			
0	0	0	0	0	S_4				
0	V	V	0	S_5					
0	0	V	S_6						
0	0	S_7							
A	S_8								
S_9									

图 7 - 2 奶牛场选择 IPBS 关键因素的逻辑关系

根据公式（7 - 3）可建立关键因素间的邻接矩阵 R（如图 7 - 3 所示）。

$$R = \begin{array}{c}S_0 \\ S_1 \\ S_2 \\ S_3 \\ S_4 \\ S_5 \\ S_6 \\ S_7 \\ S_8 \\ S_9 \end{array}\begin{bmatrix} 1 & 0 & 0 & 0 & 0 & 0 & 0 & 0 & 0 & 0 \\ 1 & 1 & 0 & 0 & 0 & 0 & 0 & 1 & 1 & 0 \\ 1 & 0 & 1 & 0 & 0 & 0 & 0 & 1 & 1 & 0 \\ 1 & 0 & 1 & 1 & 0 & 0 & 0 & 0 & 0 & 0 \\ 1 & 0 & 0 & 0 & 1 & 0 & 0 & 0 & 0 & 0 \\ 1 & 0 & 1 & 0 & 0 & 1 & 0 & 1 & 1 & 0 \\ 1 & 0 & 1 & 0 & 0 & 0 & 1 & 1 & 0 & 0 \\ 1 & 0 & 1 & 0 & 0 & 0 & 0 & 1 & 0 & 0 \\ 1 & 0 & 0 & 0 & 0 & 0 & 0 & 0 & 1 & 0 \\ 1 & 1 & 1 & 0 & 0 & 0 & 0 & 0 & 1 & 1 \end{bmatrix}$$

图 7 - 3 奶牛场选择 IPBS 关键因素的邻接矩阵 R

根据公式（7-4）以及借助 MATLAB 2016b 软件可建立可达矩阵 M（如图 7-4 所示）。

$$M = \begin{matrix} S_0 \\ S_4 \\ S_7 \\ S_8 \\ S_1 \\ S_2 \\ S_3 \\ S_5 \\ S_6 \\ S_9 \end{matrix} \begin{bmatrix} 1 & 0 & 0 & 0 & 0 & 0 & 0 & 0 & 0 & 0 \\ 1 & 1 & 0 & 0 & 0 & 0 & 1 & 0 & 0 & 0 \\ 1 & 0 & 1 & 0 & 0 & 0 & 0 & 0 & 0 & 0 \\ 1 & 0 & 0 & 1 & 0 & 0 & 0 & 0 & 0 & 0 \\ 1 & 0 & 1 & 1 & 1 & 0 & 0 & 0 & 0 & 0 \\ 1 & 0 & 1 & 1 & 0 & 1 & 0 & 0 & 0 & 0 \\ 1 & 0 & 0 & 0 & 0 & 0 & 1 & 0 & 0 & 0 \\ 1 & 0 & 1 & 1 & 0 & 1 & 0 & 1 & 0 & 0 \\ 1 & 0 & 1 & 0 & 0 & 1 & 0 & 0 & 1 & 0 \\ 1 & 0 & 1 & 0 & 0 & 1 & 0 & 0 & 0 & 1 \end{bmatrix}$$

图 7-4 奶牛场选择 IPBS 关键因素的 ISM 分析排序后的可达矩阵

根据可达矩阵 M，首先得到 $L_1 = \{S_0\}$，随后根据公式（7-5）依次确定各层次的关键因素，$L_2 = \{S_4, S_7, S_8\}$，$L_3 = \{S_1, S_2\}$，$L_4 = \{S_3, S_5, S_6, S_9\}$。可将影响奶牛场选择 IPBS 的 9 个关键因素划分为三个层次：第一层为奶牛场与农田距离、降低饲料成本认知、降低粪污治理成本认知，这是驱动奶牛场选择 IPBS 的表层直接因素；第二层为奶牛场主受教育水平、奶牛场收入，这是驱动奶牛场选择 IPBS 的中层间接因素；第三层为奶牛场总牛数、土地流转价格、青贮玉米价格、当地粪污治理监管力度，这是驱动奶牛场选择 IPBS 的底层根源因素。影响因素间的关联与层次结构如图 7-5 所示。

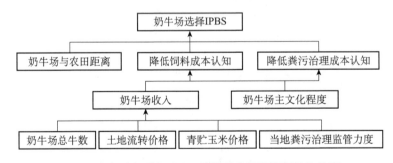

图 7-5 奶牛场选择 IPBS 关键因素间的解释结构模型

根据图 7-5，以上 9 个关键因素既独立作用又相互关联，构成一个影响奶牛场选择 IPBS 关键因素体系。其具体作用路径和传导关系如下。

路径一：奶牛场总牛数、土地流转价格、青贮玉米价格、当地粪污治理监管力度→奶牛场收入→降低饲料成本认知、降低粪污治理成本认知→奶牛场选择 IPBS。在这条传导路径中，奶牛场是否选择 IPBS 是基于奶牛场主对该模式是否带来利益的理性认知。奶牛场主认为选择 IPBS 能降低饲料成本、降低粪污治理成本，因而会选择 IPBS，奶牛场总牛数、土地流转价格、青贮玉米价格、当地粪污治理监管力度等因素通过影响奶牛场收入来间接影响奶牛场主对选择 IPBS 会降低饲料成本、降低粪污治理成本等效果的认知，进而对选择 IPBS 决策产生影响。

路径二：奶牛场主文化程度→降低饲料成本认知、降低粪污治理成本认知→奶牛场选择 IPBS。在这条传导路径中，奶牛场主文化程度通过影响其对选择 IPBS 效果的认知来间接影响奶牛场主对选择 IPBS。

路径三：奶牛场与农田距离→奶牛场选择 IPBS。在这条传导路径中，奶牛场与农田距离是奶牛场是否选择 IPBS 的表层直接因素之一，当奶牛场周围没有农田时，将直接限制奶牛场选择 IPBS。

第五节　驱动奶牛场选择 IPBS 的激励机制构建

一、IPBS 激励机制的基本框架

IPBS 不仅是一个牛奶的生产过程，也伴随农业废弃物循环利用，它是一种可持续的生产模式，表现出优异的环境绩效，具备优越的经济性能，拥有较高的生产效率，这让 IPBS 具有明显的正外部性。在当前的发展状况下，奶牛场主无法获得 IPBS 的全部收益，出现市场失灵状况，因此有必要设立完善的机制对奶牛场主参与 IPBS 进行激励与约束。奶牛场主作为奶牛养殖业绿色生产与高质量发展的主导力量，其参与和支持是 IPBS 推广的基础保障，也是最终实现养殖业绿色生产和高质量发展的关键。广义的激励机制一般包括激励机制和约束机制两部分，激励机制与约束机制相辅相成、协同作用。

本研究根据全书研究结果，设计了基于市场主导的激励与约束机制和基于政府引导的激励与约束机制（如图 7-6 所示）。推进 IPBS 可持续发展，不仅需要通过引入市场机制，健全土地流转市场体系、建立绿色生产服务体系、探索绿色产品市场体系，不断完善价格形成机制，规范相关技术和产品市场秩序，进一步提高绿色产品溢价机制，解决当前绿色产品价格扭曲的问题，同时还需要加强政府的引导能力，搭建绿色发展技术支持平台、制定合理的亲环境养殖补贴政策、制定章程标准及法律法规，进而弥补 IPBS 绿色生产方式带来的高额成本。通过市场运行与政府调控、激励机制与约束机制并存，最终实现牛奶业的高质量发展。

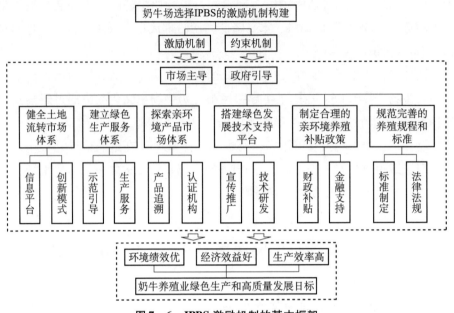

图7-6　IPBS激励机制的基本框架

二、基于市场手段的激励与约束机制

1. 健全土地流转市场体系

建立土地流转服务信息平台，有序引导耕地流转，扩大种养结合的经营规模，不断提升IPBS环境绩效和经济收益。本研究的结果表明，相比non-IPBS，在IPBS奶牛养殖中，青贮玉米的自给率越高，每产1吨FPCM的环境绩效越优、经济收益越高。高的青贮玉米自给率意味着奶牛场需要流转更多的耕地用于种植青贮玉米。在耕地流转市场体系尚未健全的情况下，该条件制约了奶牛场选择IPBS。为此，需要建立土地流转服务信息平台，加强农户与奶牛场的信息交流，促进奶牛场周围农户将耕地流转给奶牛场，使耕地集中连片，实现规模化、机械化、绿色化种植，降低种植成本，减少养殖饲料成本，提升种养业的经济效益。

完善土地流转的产权问题，创新耕地流转经营管理模式，让农户与奶牛场在土地经营上实现成本收益风险的分摊。土地流转首先要明确所有权、承包权、经营权问题，通过明晰耕地产权关系，更好地维护农民集体、承包农户、奶牛场经营主体的权益，促进土地资源合理利用，提高土地产出率和资源利用率。同时，需要创新土地流转经营管理模式。比如，保本分红的耕地流转模式让农户在流转耕地收入的基础上，还可以得到奶牛场盈利的分红，激发农户将土地流转给奶牛场的积极性，同时也能降低奶牛场经营风险，激励奶牛场采纳 IPBS。本研究的结果表明，相比 non-IPBS，IPBS 净收益的提升率取决于土地流转费用和青贮玉米价格，IPBS 与 non-IPBS 收益的均衡点为：保持其他因素不变时，土地流转价格为 17262 元/公顷；保持其他因素不变时，青贮玉米价格为 261 元/吨，同时，土地流转费用和青贮玉米价格也是驱动奶牛场选择 IPBS 的关键因素。为此，通过创新土地流转经营管理模式，让农户与奶牛场在土地经营上实现成本收益风险的分摊，将有利于 IPBS 的健康发展。

2. 建立绿色生产服务体系

推进 IPBS 发展，需要发挥示范效应，建立低碳生产的技术装备服务市场体系，以保障 IPBS 顺利展开。IPBS 通过青贮玉米种植与奶牛养殖，实现养殖场内粪便、秸秆和青贮玉米的循环利用，从而减少种植环节中化肥使用。但在技术规范方面，个别奶牛场的粪肥堆肥技术简单，腐熟过程中还存在养分流失，"有机肥还多少、如何与化肥搭配""液体肥与灌溉水混合比例多少"等技术标准和规范不明确，实际操作中凭感觉、靠经验的现象比较普遍。同时，在有机肥、液体肥施用设备上，在青贮玉米揉搓、菌剂添加、包膜等一体化饲用收获设备上，市场的供给能力严重不足，制约了 IPBS 的发展。本研究的结果表明，具备一定规模的奶牛场更偏向于选择 IPBS，这些奶牛场具备较全的基础设备，应注重其生产过程绿色技术的指导，容易培育成 IPBS 的示范户，让其在 IPBS 扩散中发挥桥梁作用。同时，要加强农机推广服务部门在 IPBS 推广中发挥的作用。

3. 探索亲环境产品市场体系

建立健全牛奶生产的产品追溯体系，探索牛奶生产的亲环境行为认证机制，让消费者全面了解牛奶的生产过程，也让消费者知道奶牛场主在养殖过程中对环境保护作出的努力，使消费者愿意为实施绿色生产的牛奶支付溢价。本研究的结果表明，相比 non-IPBS，IPBS 在减少奶牛养殖的环境损害、提高奶牛养殖的资源利用效率方面具有明显优势，每生产 1 吨 FPCM 的 GWP、AP、EP、NREU、WU 和 LU 分别减少 14.3%、10.4%、18.2%、9.9%、

7.9%和13.1%。然而，在牛奶销售价格方面，non-IPBS与IPBS不存在显著差异，这说明实施IPBS的奶牛场并没有从中获得环境收益。随着消费者对环境问题的关注度的提升，越来越多的消费者愿意为实施绿色生产的农产品支付溢价。为此，可以通过健全牛奶生产的产品追溯体系，探索牛奶生产的亲环境行为认证机制，以市场需求为导向促进奶牛场选择IPBS。

三、基于政府手段的激励与约束机制

1. 搭建绿色发展技术支持平台

通过宣传教育提升奶牛场对IPBS的认知水平，提高其参与IPBS的积极性。研究可知，奶牛场主认为采用IPBS能降低饲料成本、减少粪污处理成本，则偏向于选择IPBS。但奶牛场主对采用IPBS带来的土壤质量提升、化肥施用减少等环境的认知并不影响其决策，说明奶牛场主的环境意识尚未转化到实际生产决策中，需要发挥政府部门及技术推广站的权威宣传作用，提升奶牛场主对IPBS的认知水平，让奶牛场主充分了解IPBS的好处，吸引更多奶牛场参与到IPBS中。

加强种养结合技术的研发与推广，不断提升IPBS的生产效率。IPBS不仅关注农业生产的提质增效，也关注农业生产环境的改善。然而，目前奶牛场主对IPBS技术的运用与掌握水平有限，关于IPBS技术的研发和投入不够。需要不断完善粪肥堆肥技术，确定有机肥与化肥最佳的混合施用比例，研发有机肥、液体肥的施用机械装备，提高有机肥使用效率，避免过量使用产生的浪费现象，从而提升农业生产效率。

2. 制定合理的亲环境养殖补贴政策

完善奶牛场低碳生产行为的财政补贴与金融支持，发挥外部激励效果。IPBS具有明显的正外部性，奶牛场实施IPBS能够有效降低环境污染，但实施IPBS需要奶牛场购买更多的设备。当前，我国牛奶养殖的经济收益不高、环境投资能力偏弱，单纯依靠奶牛场投入难以满足绿色发展的资金要求。本研究的结果表明，青贮玉米的补贴政策并没有影响奶牛场是否采纳IPBS的决策，主要是因为补贴方式不合理，导致non-IPBS或IPBS均有机会拿到该项补贴，而实施青贮玉米种植的农户或者IPBS并不是直接的受益群体。调研也发现，相比施用化肥，施用有机肥需要投入更多的劳动力和机械设备，但这方面的政策支持尚未形成。为此，需要完善财政支持政策，更加注重低碳生产

行为环节的政策支持，在奶牛场堆肥、有机肥施用、液体肥喷洒等环节采用现金直接补贴的方式给予支持，并建立相关监督保障制度，确保补贴效果。同时，要发挥金融支持的作用，进一步提高银行对 IPBS 的信贷额度，为 IPBS 从事青贮玉米种植提供资金保障，全面形成支农惠农信贷支持养殖绿色生产的良性循环。

3. 制定完善的养殖规程与标准

规范奶牛场环境改善监管督查及相关法律法规，促进奶牛场主采用环境友好的生产方式。奶牛场是否实施环境友好的生产方式与政府监管力度和法律法规的规范性有关。本研究的结果表明，当奶牛场主认为当地政府的粪污治理监管力度非常严时，更愿意选择 IPBS，同时粪污治理监管力度越严格越有利于提高奶牛养殖的环境绩效及生产效率。健全的法律法规能够明确奶牛场在养殖过程中应承担的环境权利和义务，清楚不进行粪污处理所应承担的责任和惩罚，这有助于推进养殖绿色生产。目前，我国奶牛场主教育文化水平偏低、环境法律法规意识较淡薄。为此，需要完善奶牛养殖亲环境生产的相关法律法规，明确养殖污染的具体规定及处罚标准。加强监管执行力度，提高奶牛场违法违规的成本。

第六节　本章小结

本章基于 Logit 模型和 ISM 模型，探究奶牛场选择 IPBS 的驱动因素和障碍原因。并基于本书研究结果，从政府和市场两个角度，构建 IPBS 可持续性运行的激励机制。相关结论如下。

（1）影响奶牛场选择 IPBS 的关键因素主要有奶牛场主受教育水平、收入、总牛数、奶牛场与农田距离、土地流转价格、青贮玉米价格、降低饲料成本认知、降低粪污治理成本认知、当地粪污治理监管力度 9 个因素。奶牛场与农田距离、降低饲料成本认知、降低粪污治理成本认知 3 个因素是驱动奶牛场选择 IPBS 的表层直接因素；奶牛场主受教育水平、奶牛场收入 2 个因素是驱动奶牛场选择 IPBS 的中层间接因素；奶牛场总牛数、土地流转价格、青贮玉米价格、当地粪污治理监管力度 4 个因素是驱动奶牛场选择 IPBS 的底层根源因素。

（2）IPBS 不仅是牛奶的生产过程，也是农业生产过程中农业废弃物的循环利用，表现出良好的环境绩效、经济性能、生产效率，而当前奶牛场主无法获得 IPBS 的全部收益，出现市场失灵情况。因此，需要通过基于市场主导的激励与约束机制和基于政府引导的激励与约束机制，推进 IPBS 可持续发展。不仅需要通过引入市场机制，健全土地流转市场体系、建立低碳生产服务体系、探索亲环境产品市场体系，完善生态产品价格形成机制，规范相关技术和产品市场秩序，进一步完善绿色产品溢价机制，解决当前绿色产品价格扭曲的问题，同时还需要加强政府的宏观调控能力，搭建绿色发展技术支持平台，制定合理的亲环境养殖补贴政策，制定完善的规程和标准，进而弥补 IPBS 绿色生产方式带来的高额运行成本。通过市场主导与政府引导、激励机制与约束机制并存，最终实现奶牛养殖业绿色生产和高质量发展。

第八章　国外奶牛场的实践与经验借鉴

第一节　美国奶牛场的实践

一、美国奶业发展现状

（一）奶牛养殖区域

奶牛养殖向北部和西部集中。美国奶牛养殖主要集中在西部和北部地区，尤其是近年来，中部地区奶牛数量逐年下降，奶牛养殖进一步向北部和西部地区集中。2018 年，美国奶牛存栏量前 10 位的州分别是加利福尼亚州、威斯康星州、纽约州、爱达荷州、宾夕法尼亚州、明尼苏达州、密歇根州、新墨西哥州、俄亥俄州和华盛顿州，前 10 位的州奶牛存栏占全国近 7 成。

（二）奶牛养殖规模

奶牛场数量锐减，500 头以上规模牧场成主流。2000 年以来，美国奶牛场数量快速减少，美国农业普查数据显示，2002 年，美国共有奶牛场 9.20 万家，到 2017 年减少至 5.46 万家，减少 40.6%。在奶牛场数量大幅减少的同时，养殖规模快速提升。2017 年，奶牛存栏 50 头以下、50～99 头、100～199 头、200～499 头 4 个规模的牛场存栏占总存栏的比例分别为 4.0%、8.6%、9.4% 和 12.0%，比 2002 年分别下降 5.8 个百分点、10.5 个百分点、6 个百分点和 2.7 个百分点。同期，500 头以上规模牛场的存栏占比快速提升，从 2002 年的 41% 上升到 2017 年的 66%，上升 25 个百分点。2017 年，美国奶牛平均养殖规模为 130 头左右。

规模化带动奶牛存栏增加，近 2 年存栏出现回落。尽管奶牛场数量大幅减少，但受益于规模化水平的提升，美国奶牛存栏趋于稳定。美国农业部统计，2000 年美国奶牛存栏为 919.9 万头，奶牛场数量大幅减少，奶牛存栏快速下降，到 2004 年存栏降至 901 万头，累计减少 2.1%，降至近 20 年最低水平。2005 年开始，在规模化水平带动下，存栏逐渐上升至 2017 年的 940.6 万头。近年来，美国奶业市场低迷，生鲜乳价格较低，奶牛养殖利润下降，存栏出现回落，2019 年为 933.6 万头，比 2017 年下降 0.7%（如图 8 - 1 所示）。

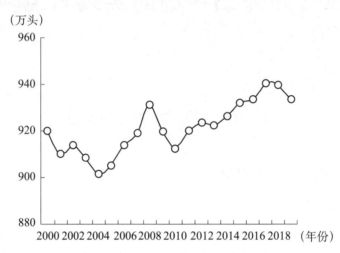

图 8 - 1　2000～2019 年美国奶牛存栏量

资料来源：美国农业部统计。

（三）生鲜乳产量

育种、饲养等技术进步推动单产突破 10 吨。美国是典型的设施化养殖国家，奶牛养殖的集约化和规模化程度长期处于世界前列，同时，美国先进的育种技术、科学的饲养管理以及优良的养殖环境，共同推动了奶牛单产水平持续提升并在全球保持较高的水平。美国农业部统计，2000 年，美国奶牛年均单产水平为 8.25 吨/头，2014 年突破 10 吨/头，2019 年达到 10.61 吨/头，20 年间单产提升 2.36 吨/头，年均增速达到 1.3%。

生鲜乳产量稳步增加，接近 1 亿吨大关。过去 20 年，得益于奶牛存栏量的增加，尤其是单产水平的快速提升，美国生鲜乳产量稳步增加。据美国农业部统计，2000 年，美国生鲜乳产量 7592.82 万吨，之后稳步增加，2019 年接近 1 亿吨大关，达到 9905.64 万吨，比 2000 年增长 30.5%，年均增速 1.4%。

二、生鲜乳价格体系

（一）分级定价

以"按用途定级"为核心的生鲜乳分级定价制度不断完善。20 世纪 30 年代起，美国开始探索生鲜乳分级定价制度，通过销售订单体系管制，将生鲜乳分为 A、B 两个等级。其中，A 级质量标准高，可用于加工所有乳制品；B 级质量标准低于 A 级，用于加工液态奶之外的乳制品。60 年代以后，随着奶酪、黄油和奶粉等乳制品市场在美国国内形成，生鲜乳分级不断细化，逐渐形成了按品质及加工用途将生鲜乳分为 Ⅰ 级、Ⅱ 级、Ⅲ 级、Ⅳ 级 4 个等级，不同等级生鲜乳用途不尽相同。其中，Ⅰ 级乳品质最好，主要用于加工饮用液态奶；Ⅱ 级乳品质次之，通常被用作酸奶、冰淇淋等产品的原料；Ⅲ 级乳主要用于生产奶油、奶酪等乳制品；Ⅳ 级乳品质最低，主要用于脱脂奶粉的生产。因品质不同，生鲜乳价格也从 Ⅰ 级到 Ⅳ 级依次降低，实现了分级定价。

（二）价格形成

生鲜乳价格形成逐渐转向基于分级定价的乳成分定价机制。美国探索生鲜乳分级定价制度初期，生鲜乳分级定价并未形成统一的定价公式。1960 年以后，美国将明尼苏达州和威斯康星州 2 个 B 级生鲜乳主产区的 B 级生鲜乳的销售均价作为 A 级生鲜乳的基础价格，开始实行按月统一定价模式。之后，B 级生鲜乳产量不断减少，比例也持续下降，明尼苏达州和威斯康星州 B 级生鲜乳的销售均价已难以代表 A 级生鲜乳价格。1996 年，销售订单体系引入基于乳制品的多种乳成分定价机制，综合考虑生鲜乳产出率和乳品加工成本，基于标准生鲜乳的乳成分指标和奶酪、黄油、脱脂奶粉和乳清粉 4 种主要乳制品的全国市场价格，按 Ⅰ 级、Ⅱ 级、Ⅲ 级、Ⅳ 级 4 个等级分别形成分级价格公式。其中，Ⅰ 级生鲜乳价格形成影响因素最多，综合考虑了蛋白、其他固体物、奶酪、乳脂、乳清粉、脱脂奶粉等各种价格因素，并按照一定系数、级差综合测算得出。Ⅱ 级、Ⅲ 级、Ⅳ 级生鲜乳因其营养物质含量依次减少，测算公式考虑的因素也有所减少。乳企依据液态奶、酸奶、黄油、奶酪以及脱脂奶粉等乳制品的加工需求，向农业统计局上报各等级的生鲜乳需求量，美国农业部农业市场服务局综合计算并发布各类生鲜乳价格，各区市场监管员计算本区域生鲜乳的价格，美国农业部定期将计算公式以及价格信息在网站上公布。

近些年生鲜乳价格低位运行，2019 年快速复苏。2000 年，美国生鲜乳的价格为 0.27 美元/千克，之后直到 2009 年，持续在 0.28～0.42 美元/千克之间低位徘徊。2009 年以后，美国生鲜乳价格出现了明显的波动上涨，2014 年达到近 20 年来的历史高点，为 0.53 美元/千克，比 2009 年上涨 89.3%。2015 年以后，美国生鲜乳价格低位运行，2019 年生鲜乳价格为 0.41 美元/千克。

三、乳制品加工

(一) 乳制品加工企业

乳制品加工业进一步向龙头企业集中。美国农业部统计数据显示，美国共有各类不同规模的乳制品加工企业 300 余家，主要分布在美国东北部和西部的奶牛养殖区。其中，威斯康星州 93 家、加利福尼亚州 26 家、明尼苏达州 20 家、爱达荷州 12 家、密歇根州 11 家，累计达到 162 家，占到全美乳品企业的近一半。美国奶农公司 (Dairy Farmers of America)、迪恩食品 (Dean Foods)、加利福尼亚乳制品公司 (California Dairy Company)、哥伦比亚集团 (Colombia Group)、安格普 (Agropur) 6 家美属乳品企业均曾入选全球奶业 20 强。国际牧场联盟 (IFCN) 统计，2018 年，6 家美属奶业 20 强企业全年收奶量 6360 万吨，占到美国生鲜乳产量的 64.4%。其中，美国最大的奶农合作社美国奶农公司从其 13000 多家养殖场成员处收奶 2920 万吨，占到美国近 1/3 的份额，是美国第二大乳企迪恩食品收奶量的 3.1 倍。2019 年末，迪恩食品破产，美国奶农公司对其进行重组，美国奶农公司的乳制品加工能力进一步增强，导致美国乳制品加工业进一步向龙头企业集中。

(二) 乳制品加工结构

奶酪是主要加工产品，近年来加工比例显著增加。美国乳制品加工主要有液态奶、奶酪、黄油、脱脂奶粉、乳清粉、乳清蛋白、乳糖等。目前，美国约有 20% 的生鲜乳用于液态奶加工，2018 年加工量约为 2162.35 万吨。随着乳制品消费逐渐由液态奶向干乳制品转变，干乳制品产量从 2000 年的 590.02 万吨增加到 2019 年的 916.59 万吨，加工量占生鲜乳的比例从 2000 年的 62.2% 上升到 2019 年的 74.0%，增加近 12 个百分点。分品种看，奶酪加工量最多，2019 年加工量达到 595.80 万吨，占到干乳品加工量的 65.0%，比 2004 年增加 2.3 个百分点；其次依次是脱脂奶粉、黄油、乳糖、乳清粉、乳清蛋白，2019 年加工量分别为 107.28 万吨、86.41 万吨、60.71 万吨、44.19 万吨、22.20 万吨。

四、乳制品消费

(一) 乳制品消费量

乳制品消费增长，奶酪是重要的增长点。2000 年，美国液态奶、黄油、脱脂奶粉、奶酪等消费折合生鲜乳约为 7158.25 万吨, 2018 年, 达到 8806.79 万吨, 近 20 年增长 23.0%。其中, 液态奶消费量在经历了小幅增长后, 从 2012 年开始大幅下降, 2018 年消费量为 2153.22 万吨, 约占生鲜乳产量的 21.8%。干乳制品消费量显著增加, 奶酪增长最为显著, 并已成为美国消费量最大的乳制品品类, 2019 年消费量为 574.41 万吨, 比 2000 年增长 50.8%, 奶酪消费量折合生鲜乳 5744.10 万吨, 占生鲜乳产量的 58.0%; 黄油和奶粉分别是第二、第三大干乳制品消费品类, 2019 年消费量分别为 87.86 万吨、38.41 万吨, 比 2000 年分别增长 53.4% 和 16.6%, 消费量折合生鲜乳约为 702.88 万吨、307.28 万吨, 分别占生鲜乳产量的 7.1% 和 3.1%。

（二）人均乳制品消费量

人均奶类消费量提升, 植物性饮料对液态奶消费替代趋势明显。美国人均乳制品消费总体呈现增加态势, 2018 年, 奶类人均年消费折合生鲜乳 292.90 千克, 比 2000 年的 269.96 千克增加近 23 千克, 增长 8.5%。近年来, 欧美国家植物性蛋白饮料消费快速发展, 对液态奶形成明显替代, 2012 年开始, 液态奶消费下降速度加快, 2018 年为 66.22 千克, 下降幅度超过 14%。而酸奶、奶酪等产品的人均消费量出现明显增加, 2018 年人均消费量分别达到 18.15、6.07 千克, 分别比 2000 年增加 24.5%、106.0%。

（三）乳制品消费结构

奶酪是主要乳制品消费品类, 近年来消费增速加快。受饮食习惯的影响, 奶酪是美国第一大乳制品消费品类。美国农业部统计, 2018 年美国人均奶酪消费量 18.15 千克, 折合生鲜乳 181.5 千克, 占到人均乳制品消费总量的 62.0%。液态奶是第二大消费品类, 2018 年人均消费量 66.22 千克, 占到人均乳制品消费量的 22.6%。奶酪、液态奶 2 个品类占美国人均乳制品消费量的近 85%。

五、乳制品贸易

（一）贸易规模

贸易波动增加, 近些年贸易顺差有所扩大。随着奶牛养殖规模的增加和养殖水平的提升, 美国乳制品产量明显增加, 贸易规模也随之增加。2000～2006 年, 美国乳制品贸易相对稳定, 处于乳制品贸易净进口状态; 进口额从 9.55 亿美元增长到 14.99 亿美元, 出口额从 6.64 亿美元增长到 13.74 亿美元。2007 年开始，美国乳制品出口快速发展，出口额超过进口额，转为净出口状态，2014 年美国乳制品出口额为 58.09 亿美元，是 2006 年的 3.9 倍之多，达到近 20 年来的最大规模，进口额为 19.44 亿美元，比 2006 年增长 16.5%，乳制品贸易顺差也达到 36.42 亿美元。2015 年以来，全球奶业不景气，美国乳制品出口规模出现了大幅回落，2016 年出口额 36.33 亿美元，比 2014 年最高时下降 37.5%，进口基本维持在 20 亿美元左右。近些年，美国乳制品加速在东南亚及北美市场布局，出口快速增加，贸易顺差有所扩大。

（二）贸易品种

贸易品类集中，奶粉和奶酪出口增长明显。美国是重要的乳制品贸易国家，逐渐形成了以出口为主，进口相对较少的贸易格局。出口方面，主要以奶粉、乳清和奶酪为主，2019 年出口量占总出口量的近 90%。其中，奶粉出口最多，2019 年出口 76.16 万吨，占总出口量的 43.3%，且占比在逐年增加，比 2010 年和 2015 年分别增加 7.1 个百分点和 3.9 个百分点；其次是乳清，2019 年出口 43.92 万吨，占比从 2010 年的 36.2% 逐渐收缩到 24.9%；奶酪出口量快速增加，是第三大出口品类，2019 年出口 36.25 万吨，占总出口量的 20.6%，比 2010 年增加 7.1 个百分点。进口方面，奶酪占乳制品总进口量的半壁江山，2019 年进口 18.06 万吨，占总进口量的 48.1%，其次分别是乳清和奶粉，分别占总进口量的 24.1% 和 11.9%。

（三）贸易目的国

出口目的地集中在北美、东亚和东南亚地区，中国是主要的乳清出口目的国。美国在全球乳制品贸易中占有重要地位，出口目的国相对集中，在奶粉、乳清和奶酪等主要出口产品中，2019 年前 10 位目的国出口量之和占总出口量的比例分别达到 85.2%、80.7% 和 75.0%，目的国主要分布在北美、东亚和东南亚。其中，墨西哥、加拿大是美国乳制品出口到北美的主要目的国，2019 年出口产品中，约有 45.0% 的奶粉、15.4% 的乳清和 26.4% 的奶酪出口到墨西哥，6.8% 的乳清和 2.8% 奶酪出口到加拿大。中国是美国最大的乳清出口目的国，2019 年约有 22.6% 的乳清出口至中国。另外，菲律宾、印度尼西亚、越南、马来西亚等东南亚国家也是美国主要的奶粉和乳清粉出口目的国。

六、美国奶业发展政策趋势

（一）乳制品毛利润覆盖计划（dairy margin coverage，DMC）

2019 年，美国推出乳制品毛利润覆盖计划，取代了《2014 年食物、农场及就业法案》中推出的乳制品毛利润保障计划（margin protection program for dairy，MPP）。DMC 通过保险手段，防范因生鲜乳、饲料市场价格波动导致奶牛养殖亏损情况，进而减缓奶牛养殖的风险，有效保护奶农利益。DMC 相当于一项保险政策，美国所有奶牛养殖场根据饲养情况及养殖水平，按照美国农业部统一核算的 5~9.5 美元/美担的目标利润水平，自愿选择目标利润进行投保，当生鲜乳售卖均价与饲料平均成本差低于目标利润水平时，奶农将获得补助，补助额度等于投保目标利润与实际利润之差乘以投保量。相比于 MPP，DMC 加大了对奶农的保障力度，最高差额由 MPP 的 8 美元/美担提升到 DMC 的 9.5 美元/美担；另外，奶农在申请 DMC 的同时，也可申请奶牛养殖毛利率计划（livestock gross margin for dairy cattle，LGM-Dairy），这是 MPP 所不允许的。

（二）乳制品研究推广计划（dairy research and promotion program）

乳制品研究和推广计划由《乳制品生产稳定法案》通过并开始实施。乳制品研究推广计划旨在开展乳制品市场推广、加工技术研发与产品创新以及乳制品营养膳食研究与教育，从而提高乳制品的产品和技术研发能力，提升液态奶、干乳制品等品类推广，促进学校、国际市场等群体的推广培育，引导乳制品的营养以及形象宣传教育，降低乳制品的市场风险，增进乳制品的竞争力。乳制品研究和推广计划由美国农业部市场服务局管理，资金链来源于美国奶农的付费制度，2019 年，乳制品生产者和进口商分别按每百美担 15 美分和 7.5 美分的标准缴纳基金，有机奶的生产者和进口商免缴。2019 年，在乳制品研究推广计划的推进和支持下，关于乳制品的美墨加协定（United States-Mexico Canada Agreement，USMCA）通过立法并开始实施，推动了美国乳制品进入墨西哥、加拿大等北美市场。

（三）乳制品捐赠计划（milk donation reimbursement program，MDRP）

2018 年，美国修改并通过《2018 年农业法案》，提出建立乳制品捐赠计划。MDRP 是一项以减少食物浪费和向低收入人群提供营养援助的公益性政策，旨在通过设立财政专项资金，收购市场供需低迷时期的乳制品，减缓阶段性供需矛盾，降低乳制品市场风险，保障乳企利益，实现乳制品消费稳定发展的目标。MDRP 设立乳制品捐赠计划财政资金，其中，2019 年为 900 万美元，之后每年 500 万美元。MDRP 由美国农业服务局和食品营养服务局管理运行，当乳制品利润低到一定阈值时进行收购，并捐赠给公共和私立非营利机构，用于向低收入人口发放营养援助。

七、典型案例：美国畜牧业一二三产融合典范——费尔奥克斯农场

（一）费尔奥克斯农场介绍

美国草场资源丰富，畜牧业高度发达，专业化生产的牧场众多。随着竞争的日益加剧，传统的生产型牧场也开始重视产业融合，以此拓展新的收入增长点。下文介绍的案例就是美国中西部最负盛名的农业休闲目的地——费尔奥克斯农场，它也是美国畜牧业三产融合的典范。

费尔奥克斯农场成立于1999年，位于印第安纳州，芝加哥西北方向70千米左右，这是美国规模最大的奶牛养殖场，占地面积达3万英亩（约18.2万亩），养殖着3.6万头奶牛，生产约60亿磅牛奶，每年出栏生猪达6万多头。农场包括奶牛养殖区、生猪养殖区、种植区、加工区、废弃物处理区、餐饮娱乐区等区域。从产业构成上来看，包括牧草及农作物种植业、奶牛及生猪养殖业、乳制品加工业、饲料加工业以及休闲旅游业。

（二）主要做法

高品质的牧草种植体系是牧场养殖业发展的基础支撑。走进费尔奥克斯农场，映入眼帘的是一望无际的玉米、大豆、苜蓿和草地，这些种植的作物都被用来做成饲料喂养牧场的奶牛和猪。为了保障养殖业产品品质，牧草和玉米、大豆等种植严格管理施肥，并按照有机农业的标准进行管理。在除虫方面，主要运用生物除虫技术，并定期对玉米、牧草等成分进行化验，以确保营养成分符合奶牛的需求。费尔奥克斯农场正因为饲料原料上的严格管理，才能确保牧场奶制品的品质远远高于美国的国家标准，成为美国奶制品中抗生素含量最低的农场。

精细化的喂养体系是牧场奶牛养殖业高效发展的重要手段。与国内常见的喂养棚不同，费尔奥克斯农场的喂养棚很大，长达400米，中间的通道可以通过一辆大卡车，两边是奶牛休息和进食区。奶牛的饲料以青贮玉米、青贮苜蓿为主，此外还有苜蓿干草、玉米、维生素、豆粕等。在产奶期的不同阶段，农场会根据奶牛的产奶模型调整饲料配比。每只奶牛耳朵上都有一个芯片，能够记录奶牛的进食状况、行走步数、体温等数据，以此评估奶牛的健康状况，生病的则及时隔离，以确保原奶的品质。为了保证奶牛的生活舒适度，在夏季，通风、降温设备会开启。

智能化的挤奶设施提升效率。挤奶设施到目前已经发展了四代，第一代为管道机、第二代为鱼骨机、第三代为转盘式挤奶机，第四代为自愿式挤奶机。费尔奥克斯农场主要使用转盘式挤奶机，近年来在观光牛舍中引入了12台利拉伐 VMS v300 自愿式挤奶机。在农场的原奶采集车间，有一个72位的转盘式挤奶机，每个小格连接着集奶管和传输管，72头奶牛进入转盘后，连上集奶管，新鲜的牛奶就通过传输管，进入消毒和冷却车间。观光牛舍中引进了先进的第四代挤奶设施。当一头牛进入喂养区准备进食时，系统就会判定其是否具备挤奶条件，如果具备就引导牛进入待挤区挤奶。如果不具备挤奶条件，就在喂养区进食。如果发现这头牛健康状况异常，则将其分配到单独的隔离单元进行处理。自愿式挤奶设施高度智能化，根据每一头牛的状况，灵活安排最佳的挤奶时机，使产奶量增加10%以上。在此过程中，几乎不用赶牛，奶牛每天可以节省2~3个小时往返牛舍与奶厅的时间，采食和休息时间更多，产奶潜力可以得到更好的发挥。

发展清洁能源，提升绿色生态发展水平。养殖业粪便通常的处理方法是堆肥、沼气等方式，费尔奥克斯农场也不例外。在奶牛喂养棚周围，分布着一些沼气池，在牛粪中加入厌氧菌，生产甲烷气体，残渣经过检验和添加一些生物制剂后，作为有机肥，回归田园。生产的甲烷则有多种用途，一部分进入发电站，发电供农场使用。另一部分则经过处理后，供农场新能源车辆使用，多余的部分则装罐对外销售。农场本身在长期的发展过程中，积累了很多清洁能源专利技术，并获得美国多项清洁能源创新奖项。

发展休闲旅游，拓展新收入来源。费尔奥克斯农场年接待游客超过50万人次，门票约30美元/人，仅门票收入就可获得1500万美元的收入，可谓成绩斐然。农场的休闲旅游分为乳品体验（dairy adventure）、猪体验（pig adventure）和谷物体验（crop adventure）三个主题。

乳品体验开始于2003年，体验分为室内参观和奶牛场参观两部分。在室内体验部分，农场设置了很多交互式电脑设备，游客可以通过屏幕和实物模型了解挤奶的过程、粪便生产沼气、奶牛产奶等方面的科普知识，观看奶牛大冒险4D电影，还有一些互动式的科普游戏，非常受小朋友的欢迎。

乘坐奶牛巴士参观奶牛喂养是必不可少的一项活动，游客可以近距离观看奶牛进食的全过程。接下来，则是在观景台观看智能挤奶的过程了，观景台有很多大屏幕连接着挤奶机的摄像头，游客可以通过触摸板操作，从不同角度了解挤奶智能机器人挤奶的过程。当然，还有关于智能挤奶器的介绍短片可以观看。除此之外，最具特色的是观看奶牛分娩的过程。农场每天有80～100只奶牛出生，游客可以在阶梯式的看台上，观看玻璃分娩室中的奶牛分娩的过程，观察小奶牛如何进食、走路，非常具有科普价值。

猪体验区开设于2013年，2600头母猪分布在三个建筑中向游客展示。首先来到猪肉教育中心，这里可以学习与猪肉有关的食谱，还设有猪的模型装置，游客可以近距离了解猪各部位的结构。针对儿童游客，还设置室内绳索体验课程。接下来，乘坐喷绘着可爱的猪图案的巴士，前往猪场参观。首先进入一个关于猪的小型博物馆，通过彩绘图片、视频和文字进行相关的科普展示，接下来穿过一个模拟淋浴间，到达一个2000多平方米的观光台，透过玻璃窗户，在导游的解说下，了解如何喂养、清洁和饲养猪。在孕育区，可以观看猪分娩的过程以及小仔猪。为了避免对猪生长的干扰，猪体验区设置了观光通道和观光台，与生产区形成严格的分隔。

谷物体验通过影音视频和装置设施，了解从种子到饲料的全过程。首先，游客观看美国国家地理制作的一部关于食物的短片；然后是通过画廊和互动演示，了解20世纪以来农业发展的历史，以及气候变化对农业的威胁和挑战等题材；接下来，就会进入"地下"，以一个虫子的视角，了解土壤的结构、昆虫以及营养元素如何影响作物的生长，还可以观察植物的根系。下一个项目是参观植物授粉、灌溉等方面的展览。继续前行，可以看到以实物和流程图的方式展示大豆、玉米加工的全过程。最后，是作物的DNA图谱、未来农业技术的展示。

在第二产业方面，农场建有饲料厂，加工玉米、大豆等农产品，生产农场需要的喂养饲料。除此之外，还建有乳制品加工厂，生产奶酪等乳制品，进一步拓展畜牧产品的附加值。

（三）案例总结与启发

费尔奥克斯农场是一个以生产为主导、休闲观光为辅助的农场。在休闲体验方面，主要以农业博物馆的理念，构建以农业生产过程参观为主的休闲项目，并辅以科普课程，满足游客的需求。

费尔奥克斯农场是美国大农场三产融合的典型，通过这个案例，我们可以获得以下几点启发。

一是注重清洁能源领域的创新。随着"碳中和"目标的确定，碳排放日益成为政策关注的热点。利用沼气实现粪便的循环利用和清洁能源的生产是通常的做法。我国曾经多次开展过农村沼气池推广工作，但因规模小而散，设备维护难，经济性差而效果不显著。随着近年来我国养殖业，尤其是生猪养殖领域规模化水平不断提升，发展沼气的经济性逐渐显现。通过政策助力，在规模化养殖场或养殖业聚集区，建立大中型集中式沼气池，实现养殖废弃物的循环利用具有生态和经济方面的双重价值。

二是处理好休闲体验和农业生产的空间关系。费尔奥克斯农场通过观光车组织游客参观，并设立观光台等方式，在满足游客参观的前提下，实现了休闲观光和养殖业生产的适度分离，避免相互干扰。对于养殖业、农产品加工业而言，这点非常重要。游客的参观体验，涉及安全、病虫害防治等因素，需要合理地规划路线和设置参观节点，以确保二者功能可以很好的融合。

三是注重生产环节的数据采集和利用，实现精细化的生产管理。大数据越来越受到人们的重视，对于农业生产过程而言也是如此。对于费尔奥克斯这样的大农场而言，可以凭借自身能力实现数字化的生产管理。我国的大部分农场还达不到这样的能力，这就需要发展相关的农业服务业，借助第三方的专业服务，实现农场的数字化生产管理。

八、启示建议

（一）推动完善利益联结机制

美国通过奶业合作社、行业协会等各种组织，提升了奶农在产业链利益分配中的话语权，同时通过奶农发展乳品加工、乳企参股奶牛养殖，有效完善了奶业利益链条，形成了完善的利益联结机制，对于促进中国奶业种、养、加环节一体化，优化产业上下游利益联结具有一定启示：一是应通过专业合作社、行业协会等提高奶农的组织化程度，提升在产业链中的话语权，巩固形成奶农在奶业利益分配体系中的地位；二是应鼓励有条件的奶农参与乳品加工，通过优化乳品工业政策、税收优惠、建设用地批准等多种措施促进养殖加工的有效联结，推动种养加一体化发展。

（二）探索优化生鲜乳价格形成机制

美国将生鲜乳按照加工用途分为Ⅰ、Ⅱ、Ⅲ、Ⅳ级，实现了生鲜乳分类定价。价格形成过程中，在考虑蛋白和乳脂等生鲜乳成分的基础上，将奶酪、乳脂、乳清粉、脱脂奶粉等乳制品的市场价格纳入定价影响因素，综合加权得出各级生鲜乳价格，实现了生鲜乳价格与乳制品价格的联动，对于中国探索完善生鲜乳价格形成机制具有启发作用。各级奶业主管部门、行业协会在探索生鲜乳价格形成过程中，逐步建立形成"以质定价"为核心的分类定价制度，同时，充分考虑巴氏杀菌乳、高温灭菌奶、酸奶、奶粉等乳制品的市场价格，实现生鲜乳价格与乳制品价格的联动。

（三）优化奶业产业支持政策体系

近年来，美国奶业产业支持政策逐渐由价格支持向利润保障转型，支持方式也逐渐由国家财政支付向市场保险保障转变，突出市场机制对产业发展的作用；同时，美国奶业产业支持政策广泛涵盖了奶业的生产、消费、贸易等产业链的各环节，各政策功能互补、协调配套，形成了强大的政策合力与综合效能，对中国优化奶业产业支持政策具有借鉴意义：一是探索基于饲料成本、生鲜乳产量、价格、经营利润等指标的奶牛养殖利润指标体系，运用保险工具保障奶农经营利润、提升应对市场风险能力，实现向利润保障的转型；二是探索针对乳制品消费以及贸易环节的政策支持，优化各政策的协调性和互补性。

（四）培育优化乳制品消费习惯

1983 年以来，美国通过乳制品研究和推广项目支持开展乳制品的推广、研究和营养教育，形成了乳制品消费群体，优化了乳制品消费习惯。2000 年以来，美国人均乳制品消费量不断增加，奶酪、黄油等产品的消费量明显增加，对于优化乳制品消费群体具有借鉴意义。奶业主管部门通过设立奶业推广科普项目，鼓励科研机构、行业媒体广泛参与乳制品消费的推广科普，进一步形成乳制品消费群体，优化消费结构。行业管理部门、龙头企业通过设立公益基金，开展乳制品的捐赠计划，在乳制品供给宽松时，通过专项公益基金采购并发放给低收入群体，优化低收入群体的乳制品消费习惯。

第二节　澳大利亚奶牛场的实践

一、澳大利亚乳业发展概况

澳大利亚地处南半球的澳洲大陆，总面积约 776.4 万平方千米，现有人口约 2400 万人；其中农业人口约 90 万人，约有 1.8 万人直接参与乳品生产

（Lower et al.，2017）。澳大利亚农牧业用地约4.9亿公顷，其中约55%是牧业用地。据统计，澳大利亚是世界天然草原面积最大的国家，多达458万平方千米的土地被草地覆盖，其乳品产业被认为是仅次于小麦和肉牛产业的第三大农业产业（李栋等，2014）。澳大利亚依靠其独有的地理位置和气候环境条件、丰富的草场资源、科学的管理水平、先进的遗传育种技术和高效的生产方式，最终在国际乳品市场上表现出强大的竞争力。

（一）奶牛养殖环节

截至2017年，澳大利亚大概有6102个奶牛场，产奶牛总数约为166万头，牛奶总产量为970万吨（澳大利亚乳业局和Fao），相比前两年奶牛数量和总产奶量均有所下降，其中产奶量跌幅约1.0%（陈兵，2018）。1985～2015年的30年里，澳大利亚的养殖场数量从1.94万个下降到0.6万个，降幅超过2/3（宋利文等，2017）；但是牛群规模却从平均93头增加到284头，并且千头牧场的数量正在逐步增长。根据自然条件的不同，其牧场大致分为四种：依靠降雨的单纯放牧牧场（A）、依靠降雨和灌溉的放牧＋不补饲或少量补饲牧场（B）、依靠降雨和灌溉的放牧＋补饲牧场（C）以及集中现代化饲养牧场（D）。这四种牧场的数量比例、产奶量比例和平均规模分别约为：30%、50%、16%和2%；18%、52%、25%和4%；210头、267头、340头和404头。

（二）乳制品加工环节

澳大利亚主要的乳制品有：鲜牛奶、常温奶（包括脱脂、低脂和全脂）、奶粉、乳清粉、酪乳粉、干酪粉、黄油粉、干酪（包括去皮干酪、瑞士干酪、切达干酪、非切达干酪和再制干酪）、乳脂产品、乳清蛋白和可还原乳制品等（游锡火，2019）。在每年生产的鲜奶中，有30%～33%被制作成奶酪，29%被制成为脱脂奶粉和黄油，26%成为饮用奶（包括鲜奶和超高温灭菌奶），6%用于制作全脂奶粉，剩余9%生产酸奶、牛奶甜点和乳清等产品。澳大利亚乳制品加工市场主要由迈高乳业（Murray Goulburn）、恒天然（Fonterra Australia）、帕玛拉特（Parmalat Australia Ltd）、瓦南布尔奶酪黄油公司（Warrnambool Cheese& Butter）、狮牌（Lion Dairy & Drinks）和必佳芝士（Bega Cheese）5家公司控制，2015～2016年，这5家公司生产乳制品的产量约占总产量的90%。

（三）乳制品消费与贸易

澳大利亚主要消费的乳制品是牛奶、奶粉、奶酪、黄油、黄油混合物及酸奶。澳大利亚不仅是乳制品的生产大国，更是一个消费大国，40%～66%的牛奶都用于国内消费，并且87%～94%的饮用奶都是在本地市场被消费。澳大利亚乳业局统计显示，2012～2013年其人均牛奶、奶酪、黄油和酸奶消费量分别为107千克、13.5千克、3.7千克和7.2千克，约合成液体奶323.2千克。这不仅远远高于107千克的世界平均乳制品消费水平，也高于发达国家的238千克，由此可见澳大利亚人民对乳制品的喜爱。但是由于总人口数量限制，其国内乳制品消费量已经基本趋于饱和。

澳大利亚是重要的乳品出口国，尽管其牛奶产量仅占全世界产量的2%，但是34%～45%的牛奶都用于出口，出口量占到全球贸易总量的7%，因此在国际乳制品贸易方面有较强的竞争力。澳大利亚在全球乳品贸易中仅次于新西兰（37%）、欧盟（31%）和美国（11%），位居第四名。澳大利亚的主要乳品出口地区和国家有：东南亚、日本、中国和中东，2015～2016年度向亚洲北部和东南亚分别出口乳制品约33万吨和30万吨，分别占澳大利亚全部出口量的40%和36%。虽然，持续干旱使得澳大利亚近年来的产奶量下降，相比于之前50%～60%的出口量下降不少，但是其国际乳制品贸易方面的竞争力仍然很强大。据统计，澳大利亚每年乳制品出口的贸易额可达21亿美元，其中2015年中国从澳大利亚进口乳制品价值约3.107亿美元（杨碧琴等，2016）。

二、澳大利亚乳业发展先进经验

（一）推进奶牛养殖业规模化发展

近些年，澳大利亚的养殖场数量不断减少，但奶牛养殖规模却在不断上升，大于500头牛的牧场仅占规模的13%，却生产了35%的牛奶。2004～2013年，澳大利亚平均牧场规模增加了37%。大规模牧场（超过300头）从2004年的17%增加到2013年的30%，小规模则从35%下降到26%（Beggs et al.，2015）。由此可知，澳大利亚不断推进奶牛养殖业的规模化发展。在规模化养殖模式下，加上机械的普遍使用，澳大利亚牧场的劳动效率很高。例如，在某个存栏共1800头、泌乳奶牛1300头的牧场中，只有5名员工，人均饲养奶牛360头，人牛比是中国大部分牧场的5～8倍。相比于传统挤奶方式，在某些使用自动挤奶系统的牧场中劳动效率还可以提高54%（Keeper et al.，2017）。

（二）加强乳品加工技术研发

从初级加工产品（如黄油和脱脂奶等）向高附加值产品（如乳蛋白）的转化是澳大利亚乳制品加工技术的标志性变化。20世纪60年代，澳大利亚在世界干酪生产中的重要贡献是在成型塔中利用一种简单有效的重力进料系统使凝块达到干酪产品要求的质构，这奠定了其在世界干酪生产中的地位。目前，澳大利亚鲜奶加工广泛使用微滤技术来生产延长货架期（extend shelf life，ESL）的牛奶，该技术在降低牛奶中有害微生物的同时还保护了牛奶口味，使保质期可以延长到23天左右（刘心伟，2016）。通过不断完善乳制品加工研发体系，提高了产品创新能力与水平，促进了澳大利亚乳制品加工行业的健康稳定发展。

（三）建立奶业利益分配机制

目前，澳大利亚生鲜乳计价的核心是优质优价。奶农的收入由牛奶市场基础价和优质乳奖励两部分组成。在乳制品加工方面，既有牧场参股的生产加工，也有通过合同收购原料奶的乳品企业独立加工，且以前者为主。在牧场参股的加工企业中，奶农是股东，该加工企业由合作社直接创办，因此工厂有义务收购会员牧场的牛奶，会员牧场也必须将全部牛奶交给合作社。这样有助于乳业上下游同心协力、合作共赢。奶农、乳制品加工企业、合作社、社会化服务，再加上一些专业协会就构成了澳大利亚完整有机联系的产业组织结构，其上下分工明确，目标清晰，利益分配合理，从而具有强大的整体协调性和竞争力。以2018年澳大利亚破历史纪录的长期干旱为例，昆州乳业组织（Queensland Dairy Organization，QDO）就呼吁加工商和超市提高奶价，并请求消费者支持来回馈奶农，减少损失，共渡难关。

（四）构建质量安全体系

澳大利亚乳业政策中明确的分工和监管促使其形成了"从牧场到餐桌"的乳制品安全和产品质量体系。一方面，各州乳品管理局和环保部门在职责内容上有明确的分工；另一方面，两者的监管对象有重叠。乳品管理局不仅负责对牧场、工厂和仓库的管理和审查，还负责原奶质量检测；环保部门则对这些场所的水、空气和废物处理标准进行核查和监督。另外，从牧场到消费者和从消费者到牧场的双向随机追溯体系使其每种乳制品都能够做到可追溯，不仅使消费者放心，同时也保护了生产者的利益。

三、启示建议

（一）推进我国奶牛规模化养殖

三聚氰胺事件之后，我国的奶牛养殖在养殖规模上发展到了一个新的阶段，存栏100头以上规模养殖比重自2008年的19.5%上升至2016年的53%，养殖方式实现由传统向现代化的转变。2018年，国务院办公厅印发《关于推进奶业振兴保障乳品质量安全的意见》，要求到2020年，奶业供给侧结构性改革取得实质性成效，奶业现代化建设取得明显进展，100头以上规模养殖比重超过65%，奶源自给率保持在70%以上。因此，我国必须重视奶牛标准化规模养殖，增强奶农抵御市场风险的能力。

（二）重视乳制品加工技术与研发

随着我国政府和企业对乳品业经济发展认识的逐渐提高，产业合作的不断深入，国家在产业技术研发上的投入和关注也不断增加。例如，国家奶牛产业技术体系下设的乳品加工研究室、农业部奶及奶制品质量监督检验测试中心和部分高校和企业单独及合作组建的乳品加工（重点）实验室等，都在乳品加工及检测技术研发与推广方面发挥着举足轻重的作用。但是，我们也发现科研单位和企业在合作基础方面依然很薄弱，技术研发和企业需求不匹配仍然是主要制约因素；在成果技术转化和互利共赢方面，双方需要进一步加深面向市场需求的研发和深层次合作，以期共同可持续发展。

（三）构建产业链利益分配机制

目前，我国乳业产业链上下游利益分配机制不合理。2017年，国内乳品加工企业基本实现营收利润双增加，取得了十分优异的成绩；但同时奶牛养殖企业和普通奶农却普遍亏损，一些奶农及中小型养殖企业被迫退出，乳业上下游利益严重失衡。尤其是近些年，在我国奶业面临进口竞争的冲击下，我国奶牛养殖业生存十分困难，奶农倒奶杀牛事件频发。追究其根本原因在于我国乳业产业链利益分配机制尚未建立，奶农往往缺乏议价能力。因此，我国应该重点加强奶农组织建设，通过奶农合作社、合作联社，探索奶农组织与中介的谈判机制，提升奶农市场议价能力，完善产业链分配机制。

（四）强化政府监督与引导

优质的奶源、完善的质量安全体系和丰富的管理经验是澳大利亚乳业发展的法宝。政府作为我国乳业质量安全的监督部门，应该加强乳制品质量安全监督与管理工作。通过严把生产经营、加强检验检测和监测评估、建立可追溯制度、加大违法处罚力度等方式方法，保障我国乳制品质量安全。同时，我国乳制品质量安全已经取得较大的成效与提升，但消费者信心有待恢复。因此，政府应积极宣传乳制品质量安全等方面的成效，定期发布抽检监测信息，提升我国广大人民群众对国产乳制品消费的信心。

第三节　新西兰奶牛场的实践

一、新西兰乳业概况

在新西兰，农业是其产业的核心，农业占新西兰出口的49%，其中牧业占新西兰农业出口额87%，而乳业出口额则占64%。2019年新西兰奶牛（小乳牛）、肉牛、绵羊（羔羊）、鹿、猪五种畜禽的养殖量分别为460万头、400万头、3200万头、110万头、30万头，前四类畜禽的出口额分别为110亿、20亿、40亿、3亿新西兰元。近40年来，新西兰乳业向规模化发展的趋势明显，2019年乳业牧场的数量为11891座，牧场平均规模为402头奶牛。

近年来，新西兰乳业养殖场规模化发展趋势明显。2017年，养殖规模为150~199头和200~249头奶牛的牧场最为普遍，其比例分别为13.8%和16.3%。到2019年，这两种小规模的牧场占比分别下降至11.8%和14.5%，但2019年与2017年相比，规模350头以上的牧场比例明显增加，另外1000头以上的大型牧场奶牛养殖数分别为4万头和7.2万头，占当年奶牛养殖总数的10%和15%。1990年后，新西兰奶牛总数增长较快，从250万头左右增长到2019年的478万头。乳业养殖主要集中在北岛，养殖规模占总量的65.1%，南岛为34.9%。北岛以怀卡托地区规模最大，该地区拥有新西兰最大的湖泊——淘坡湖，但其奶牛养殖量占比已从2017年的31.4%下降到2019年的24%。

新西兰乳业的产出率也有显著提升，每头奶牛每个产奶季的牛奶固形物产量（指奶牛每个泌乳期能够生产的牛奶干物质的数量，包括乳脂肪、乳蛋白、乳糖、矿物质和维生素等营养物质）从1992年的259千克增加至2019年的346千克，每头奶牛每个产奶季产奶量平均为3500升，蛋白质年产量平均为150千克。

二、新西兰乳业经验

(一) 完整的产业链体系

新西兰乳业以农户为核心形成了包括三级政府（中央政府、区域政府和地方政府）、乳业协会、肥料供应商、恒天然集团、乳品质量监测、科研机构及咨询机构等相关方的完整产业链，乳业发展以经济、环境、文化多赢为目的。

新西兰乳业产业链中（如图8-2所示），农户是核心，是社会财富的主要拥有者。政府在制定养殖相关的法律法规和各项政策的同时还为农户提供基础设施资金支持，同时政府支持农户参加土地和水论坛，为政府决策提供建议，保持了政府和农户间信息反馈的有效沟通。农户成立了乳业协会，农户的税收部分用于资助乳业协会的工作，乳业协会代表了农户的利益，也是农户与政府进行沟通的重要渠道。新西兰于2009年建立了土地与水论坛，是由农户发起的合作平台，由58个成员单位组成，包括农业、工业、科研部门、各级政府代表等。论坛每月召开一次，形成自己的报告提交给政府决策部门，为政府决策提出建议。

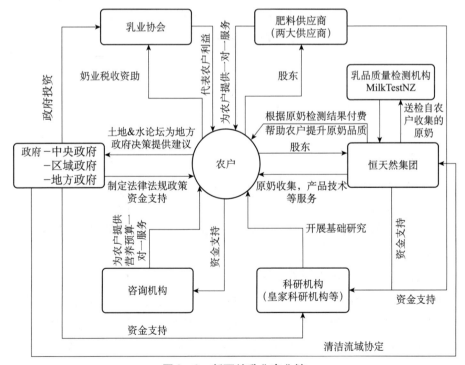

图8-2 新西兰乳业产业链

　　恒天然是新西兰最大的公司，是全球最大的乳品加工企业和原料供应商，公司全球收入占新西兰全国出口总额的 25%。恒天然属于股份制企业，为 10600 多名新西兰奶农所拥有与控股。恒天然为农户提高技术水平和产品质量等提供服务指导。肥料是乳业养殖重要的辅助材料，新西兰有两家肥料供应商，分别为北部地区和南部地区的农户提供优质肥料，农户也是肥料供应商的股东。恒天然和肥料供应商分别根据不同农户的牧场土壤结构特点、土壤营养状况、奶牛数量和品种、牛奶质量等，为农户提供一对一的服务。

　　新西兰乳业建立了从草场到奶瓶（grass-to-glass）全流程监控的严格奶制品质量控制体系。奶农在牧场按统一的规范和程序快速低温储存原奶，每个奶农的储罐均有一个身份识别芯片，由乳业公司统一收集，实现全流程质量跟踪管控。原奶质量监测由独立运行的奶质监测实验室 MilkTestNZ 完成，新西兰全国 97% 的牧场原奶由其监测，高峰时每天监测 25000 个样品。农户的牛奶由恒天然等乳业公司集中收集后取样送至监测实验室，乳业公司根据监测结果向奶农付费。

　　新西兰的众多科研机构开展了大量系统深入的针对乳业发展的科学研究，包括土壤特性、营养预算、决策支持、技术和工具开发等方面。科研机构的经费主要来自政府、恒天然及肥料生产商资助等。乳业咨询机构也是新西兰乳业产业链非常重要的组成部分，致力于为农户提高养殖水平（如减少营养流失、提高牛奶蛋白质含量、提高牛奶干物质产量等），其在营养预算、养殖方案设计等方面为全部农户提供一对一服务。

　　（二）新西兰乳业养殖污染管理

1. 乳业与清洁河流协定

　　乳业与清洁河流协定（Dairyingand Clean Streams Accord）是新西兰乳业污染防治最重要的一个措施，目的是减少乳业养殖对新西兰各种水体、地下水和湿地水环境质量的影响，以促进乳业可持续发展。该协定是恒天然与中央政府、地方政府在 2003 年签订的自愿协议。清洁河流协定所设目标均是全国性的最低目标，要求由恒天然和地方议会在 2004 年 6 月前联合制定地区行动计划，每年进行目标完成情况评估。该协定提出了五个优先行动及其相应的目标：一是安装围栏杜绝奶牛进入溪流、河流和湖泊及岸边；二是在牲畜经常通过的水体架设桥梁涵洞；三是牧场乳业废弃物采用合适的方法处理处置；四是牧场通过营养预算有效管理营养物质（氮和磷），使其流失进入地下水和地表水的量最小化；五是在现有的重要湿地架设围栏，保护天然水域。

2013 年 7 月，新西兰在乳业与清洁河流协定的基础上提出了新的十年战略，即《可持续乳业：水协定》（Sustainable Dairying：Water Accord），其目标是通过帮助乳业养殖者应用最佳实践措施，提高乳业发展的整体绩效，一些最佳实践措施包括沿河管理、营养管理、养殖废弃物管理、水资源使用管理、新建牧场高起点发展等，该协定还明确了乳业公司、乳业协会等核心干系方各自的责任。

2. 乳业养殖污染物处理方式

1991 年之前，新西兰乳业养殖排泄物主要通过氧化塘处理，即采用一级自然塘和一级曝气塘生化处理，以去除 BOD、固体物和氨，但可溶性的氮、磷、钾及微生物会直接进入环境。1991 ~ 2000 年，养殖排泄物回施于牧场快速普及。这主要基于以下考虑：一是土壤是天然的生物过滤系统；二是植物生长需要获得营养；三是肥料成本较大；四是点源污染问题已明显下降，养殖业污染成为首要污染。将养殖排泄物作为肥料使用，牧场无须再施氮肥，奶农因此节约了肥料费用和灌溉用水，之前新西兰用水最大的环节是牧场灌溉。将奶牛排泄物回施于牧场草地，已成为首选的废物处理方法，在某些地区这已是许可的唯一方法。

新西兰乳业养殖每年产奶期通常为 9 个月。南部地区冬季以圈养为主，北部地区冬季仍为草场放养，奶牛在草场间轮换放养。养殖排泄物作为肥料还田回施于牧场，实际操作中划定了土地营养氮的最大负荷，避免土壤营养物在质饱和状态下还田，防止产生地表径流和表面淤积，并禁止将排泄物直接排入水体。新西兰规定土地氮的负荷不能超过每公顷每年 150 千克。养殖排泄物作为肥料回施于牧场，固液分离及上清液的贮存是关键环节之一，贮存包括贮存池的容量设计、防渗处理等，新西兰已形成了与此相关的完整的导则和设计规范。

3. 排放配额与交易

新西兰在乳业养殖环境保护政策实践中，排放配额与交易被成功应用。陶波湖是新西兰最大的标志性湖泊，总氮的排放配额与交易在陶波湖流域保护方面起到了积极的作用。

陶波湖面积 616 平方千米，清澈度最高达 16 米，对氮很敏感。历史上动物的排泄物排放及陶波湖流域土地功能改变导致大量的氮进入陶波湖，使陶波湖的清澈度一度下降。20 世纪 70 年代起，陶波湖流域的牧场面积占全国的 18%，牧场排放贡献了流入陶波湖氮的 37%。从 2000 年开始，陶波湖所在地方政府启动陶波湖保护计划，目标是从 2003 年开始，用 15 年时间，使进入陶波湖的可管理总氮永久减少 20%，即每年 153 吨。经济手段是陶波湖保护计划的核心，其主要做法包括：通过立法实施排放配额，对陶波湖流域的农场实施配额许可；建立计算机模型分析每个农场产生的营养氮；每个农场的氮排放配额以 2001～2005 年的氮排放为基础，以 2004 年的排放量作为配额的基准；允许每个农场在氮排放配额内继续经营，但限制其产量和规模；建立氮排放配额交易系统，允许本流域的农场主出售、租赁或买入氮排放配额，但任何买卖及租赁都需要按程序获得管理许可并备案；开展持续的监控来保证农场遵守规定。

新西兰三级政府联合成立了独立的陶波湖保护信托基金，由 8 位理事组成，分别代表中央政府、地方政府等。陶波湖保护信托基金的主要职能是从农场主手中购买氮的排放配额，支持致力于减少氮流失的研究，开展氮排放权交易。基金关于氮排放配额交易价格的确定依据私有牧场土地转向低氮排放用途所需的成本，每笔交易单独商定价格，分期付款，允许农户持续改进。该基金还用于购买私有牧场并再次出售，出售时与购买者签订明确的关于土地使用限制的合同，要求土地用于低氮低碳排放的用途。牧场用途改变的一个重要方向是将牧场用地转变为森林，这一过程中还伴有碳排放削减的绩效。将氮排放配额交易与碳排放交易结合起来，使土地用途改变更具经济价值。

陶波湖保护计划实施以来，进入陶波湖的总氮削减量明显高于预期，提前 5 年完成预期减排目标，地方政府进一步修订了减排目标，到 2018 年每年减少 170 吨氮排放。

（三）新西兰乳业养殖环保相关科学研究

新西兰牧业贡献了 70% 的总氮排放，其中乳业贡献了 37%，但乳业所占的土地面积仅为 6.8%。新西兰乳业集约化程度高，营养成分输入和流失也很高。因此，加强营养物质管理、减少流失是新西兰乳业科学管理的重要内容。新西兰皇家研究机构在新西兰科技技术部、乳业集团支持下开展了深入的乳业养殖相关基础研究，其中在土壤渗滤特性研究和营养预算方面的研究尤为显著。新西兰全境的土壤被分为 13 种类型，每种土壤的渗滤特性均被进行了深入研究。根据土壤渗滤特性可更好地理解污染物和病原菌在土壤中的流失模式，进而与养殖场排泄物科学还田与管理相结合。

新西兰成功实施总氮的排放配额和交易与其在乳业养殖方面建立了良好的营养预算方法密不可分。新西兰政府农林部、新西兰皇家农业研究所和新西兰肥料工业联合体共同开发了农田营养预算工具 OverseerTM，该模型工具开发始于 20 世纪 90 年代，此后定期更新优化，目前 95% 以上的新西兰牧场和农场顾问在使用该工具。其关键是建立营养元素（氮、磷、钾等）在牧场的输入输出平衡，可计算保持土壤肥力所需要的肥料、废水及其他添加物的用量，可估算农场营养元素的流失，对"可能出现的情况"进行测试，涵盖了广泛的管理方案和缓解措施。

在土壤氮负荷限定的情况下，如何实现养殖废弃物科学还田，尽可能减少氮的流失，并保持适当的养殖规模，是营养预算的关键。营养预算根据牧场氮的负荷、奶牛排泄物营养物质的组成、土壤渗滤特性等确定合适的养殖量，也是重要的输出结果。营养预算是新西兰实现养殖废弃物中养分最佳利用、使农场利润最大化、减少环境污染的重要实用工具和决策支持工具。

三、启示建议

第一，建立完整的乳业养殖污染防治管理体系。在不同地区采取针对性的分类管理措施，与市场手段相结合，充分调动养殖户、农户及处理、收集、加工养殖废弃物的第三方的积极性，实现环境与经济双赢。在制定法律法规时，政府积极推动非监管型措施，改革创新乳业养殖废弃物环境管理政策，在养殖密集区运用排污权等经济手段促进乳业养殖污染防治。

第二，乳业养殖废弃物还田资源化利用是现阶段解决我国乳业养殖废弃物污染最具"成本—效益"优势的途径。2013 年《规模畜禽养殖污染防治条例》出台，其中第十五条指出"国家鼓励和支持采取粪肥还田、制取沼气、制造有机肥等方法，对畜禽养殖废弃物进行综合利用"。但现阶段，在养殖废弃物还田的最大用量方面仍缺乏分地区定量的指导。建议以大型乳业集团为核心，分区域开展乳业养殖营养预算平衡测试，积极推进乳业养殖废弃物科学还田资源化利用，切实实现种养平衡。

第三，以大型乳业集团为核心，统筹管理，构建"乳业养殖废弃物还田—青贮种植—乳业养殖—乳品加工"一体化的污染控制体系。大型乳业集团应充分发挥产业链上下游集成的优势，提高乳业养殖污染控制水平，保障产品质量和安全。

第四节　欧洲奶牛场的实践

一、欧洲奶业发展概况

欧盟自 19 世纪开始发展奶业，现今已成为世界最发达的奶业生产区域之一，其奶业发展主要得益于一系列奶业政策的制定和实施。

整体来看，2015～2019 年，欧盟原料奶产量呈现上升趋势。2016 年、2017 年、2018 年和 2019 年的同比增长比率分别为 5.5%、0.6%、2.2%、0.5%，其中 2016 年涨幅最高，增长率为 5.5%。这是因为欧盟决定于 2015 年取消生产配额政策，欧盟各国为在未来的市场竞争中占据有利地位，纷纷于 2016 年提高产量以应对市场竞争。中国作为奶业发展新兴国家，与欧盟发展水平相比仍有较大差距，原料奶产量一直起伏不定。2015～2019 年，中国原料奶产量同比增长缓慢。由此可见，中国奶业发展仍未步入发达水平。

2015～2019 年，中欧原料奶价格均呈现相同的波动趋势，奶价自 2015 年起稳步上涨。与欧盟原料奶价格相比，中国原料奶价格相对较高，平均差价约为 1.16 元/千克，自 2014 年以后，差距逐步增大，2019 年中欧奶价差距约为 1.38 元/千克。

2015～2019 年，欧盟液体奶消费数量逐年下降，由 2015 年的 4238.7 万吨下降至 2016 年的 4023.4 万吨。而中国对液体奶的消费数量则由 2015 年的 3151.9 万吨增长至 2016 年的 3789.2 万吨。虽然中国液体奶的消费数量仍然低于欧盟，但差距在逐年缩小，可见中国液体奶消费市场极具潜力。

二、欧洲奶业政策

（一）奶牛养殖政策

欧盟各国以小规模家庭牧场为主，且能在世界奶业中占据重要地位，离不开奶业政策的扶持。1968 年，欧共体出台价格支持政策，通过提高原料奶及乳制品价格的方式支持奶牛养殖者、加工者及中间商等。1961 年起，欧共体原料奶产量迅速增长，在 1980 年达到了 15418 万吨。牛奶产量过剩使得欧盟内部市场奶价下降，同时向外出口额增大，巨额补贴给政府造成了一定的财政压力。1984 年，欧共体出台"牛奶配额制度"，意图通过限制牛奶产量来稳定市场价格和降低财政压力。2003 年，为了进一步缓解财政压力，欧盟农委切断了财政直接补贴与产量的关系，将其与环保和质量挂钩，出台了"交叉达标"机制。在此机制下，欧盟将对采用保护环境、绿色可持续方式经营的养殖者给予经济补贴，并组织专业人士验收牧场，对未达标者进行处罚。这一方式极大程度改善了欧盟奶牛养殖的发展方式。2007 年，国际乳制品市场需求增大，牛奶配额制度在一定程度上限制了欧盟奶业的发展。因此，欧盟在 2008 年增加了 2% 的配额，并从 2009 ~ 2014 年每年增加 1% 的生产配额。2009 年，国际奶业价格崩盘，奶农遭受了极大损失。欧盟政府提出"牛奶一揽子计划"，通过"强制性合同"等方式提高奶牛养殖者在产业链中的地位，此项措施保护了奶农利益并稳定了牛奶价格。2015 年，随着世界乳制品消费量的逐步增大，欧盟正式取消了牛奶配额制度。

（二）流通贸易政策

1962 年，欧共体出台了"共同农业政策"，其中包括价格干预机制、进口限制、出口补贴、共同责任税及门槛保护等措施。欧共体意图通过该项政策保护内部流通市场的供求平衡和价格稳定。1992 年，欧盟迫于自身财政压力和外部关税贸易总协定的限制，对共同农业政策进行改革，推行"奶业市场化政策"。该政策取消了"共同农业政策"中的共同责任税，削减了部分乳制品的干预价格。2003 年，欧盟再次对"共同农业政策"进行了改革，取消了已经实行十年左右的目标价格，减少了政府对市场的干预。2007 年，为了保证内部市场乳制品消费稳定，欧盟取消了对黄油和脱脂奶粉等奶制品的出口补贴。但此项措施阻碍了欧盟的奶业进一步发展，挫伤了各国奶牛产业的发展积极性，因此该项措施在 2009 年予以废止。

（三）质量监管政策

质量问题是决定乳制品生产加工、流通贸易生命力的关键问题。1999 年，欧盟颁布了《食品安全绿皮书》，标志着欧盟食品安全监管框架的基本形成。2002 年出台的《食品法规一般原则和要求》提出，要建立食品安全追溯体系、遵循风险分析原则、明确食品安全责任归属并决定成立欧洲食品安全局。

2004 年出台的《食品卫生法规》制定了食品卫生相关要求，包含生产加工、流通消费全环节；《动物源性食品特定卫生规则》规定了原料奶的相关标准要求；《人类消费的动物源性食品官方控制规则》则明确了政府进行食品卫生监管的权限和程序。

三、欧洲环境政策下奶牛场粪污处理经验

近年来，随着欧洲奶牛场规模化程度的提高以及散栏饲养模式的普及，奶牛场产生了大量废弃物，粪污所含的有机物、氮、磷、病原微生物等不仅危害奶牛健康，也会通过土壤、地表水污染环境，甚至形成公害。目前，奶牛场环境控制已引起各国政府关注，欧洲许多国家已出台了反污染的相关法律法规。如荷兰规定，每公顷土地饲养 2.5 头牛以上的牧场，其氮和磷酸盐的投入量与产出量都必须进行登记，且农场主必须缴纳粪便费；德国规定，每年 11 月到次年 2 月禁止向农田倾倒粪便；丹麦规定，冬季不允许牧场向土地倾倒粪尿，每个牧场的储粪能力要达到 9 个月。

为了促进牛粪无害化处理及支持可再生能源发展，欧盟颁布了一系列法律法规。同时，欧盟对奶牛场引进相关粪污处理设备与技术改造实行补贴政策，补贴额度为奶牛场建设资金的10%。在政策驱动下，规模化奶牛场对粪污的收集与处理也越来越重视，不同国家依据自身特点采取了不同的处理方法。

（一）德国——全混合高温沼气发酵工艺

德国能源缺乏，政府一直致力于支持可再生能源的发展。考虑到降水量丰富、电能供应紧张、沼气发酵原料丰富等原因，德国政府鼓励奶牛场采用沼气发酵工艺解决牛场粪污处理问题。2004 年修订的《可再生能源法》规定：到 2020 年由可再生能源提供的电能至少达到德国总电能的20%。可再生能源发电补贴措施规定：对新建热电联产工程装机容量在 5 兆瓦以上，上网电价补偿金额为每千瓦时 2 欧分；对沼气发电采用增值税全额退税的政策，增值税率为16%；同时，对沼气池建设提供20%～30%的无偿补助费，具体金额由各州根据自身财力自行决定。在这些补贴政策的支持下，农场主 3～5 年时间内就可以收回奶牛场沼气工程建设的投资成本，因此，从效益的角度调动了奶牛场主利用粪便实现沼气发酵的积极性。

除国家政策支持外，沼气混合发酵原料充足也是德国推行全混合高温沼

我国种养结合奶牛场高质量发展研究与实践

气发酵工艺的主要原因。牛场沼气工程采用计算机控制方式，利用机械设备将牛粪与秸秆混合加入沼气罐。混合装置可使沼气池内料液实现完全均匀或基本均匀状态，有助于微生物和原料充分接触，加快硝化速度、提高容积负荷率和体积产气率。另外，高温发酵方式可以杀灭牛粪中的人畜共患菌和寄生虫卵，提升了装置的卫生效果。

（二）法国——水泡粪无害化处理工艺

法国奶牛饲养都采用夏季放牧、冬季舍养的形式，优质牧草是法国拥有发达奶业的保障，因此法国政府非常注重农牧场环境保护，颁布了一系列环境保护方面的法律法规。如《土壤保护法》规定：排放于土地中的农场污水，每公顷氮的含量为140～150千克。农业污染控制计划规定：通过对养殖企业生产废物的处理和储存来保护水质，由专业人员对奶业生产者实施环境保护措施进行帮助和指导。另外，为扶持本国奶业发展，法国政府也实行了一系列奶业补贴政策，对于奶业贷款，国家返还5.5%的增值税。

政府强制要求奶牛场采用粪污处理工艺，大部分奶牛场处理粪污都采用水泡粪形式。水泡粪工艺是在牛舍内的排粪沟中注入一定量的水，粪尿、饲养用水一并排入缝隙地板中的粪沟中，储存一定时间，一般为1～2个月，待粪沟满后打开出口的闸门，将粪沟中的粪水排出。对于粪污无害化处理主要有三种方式：第一种是粪污在粪便池自然沉淀一段时间后与农作物秸秆混合发酵形成有机肥；第二种是直接对粪污进行工业化处理，制成有机肥；第三种为利用沼气发酵技术，产生沼气用于发电照明等。由于法国电能充足，而建设沼气池成本又高，因此，法国奶牛场粪污极少采用沼气发酵形式，多数奶牛场采用将粪污经过处理制成有机肥的方式。在将粪污进行干湿分离时，主要采用螺旋式固体分离工艺，分离后无害无味的固体将被制成有机肥出售或者用作农场肥料，而经过无害化处理的废水也将就近排入农田灌溉网络或者河流。

（三）荷兰——"液压刮粪板＋固液分离＋筛分固体压块"一体化工艺

荷兰国土面积较小，土地资源宝贵，是畜牧业高度发达的国家。由于没有足够土地来消纳养殖业的粪污，荷兰政府非常注重环境保护和牛场粪污处理，规定每公顷土地超过2.5个畜单位，农场主必须缴纳一定数量的粪便费。荷兰《环境管理法》规定：任何可能对环境造成破坏和污染的活动都必须经过相关政府机关的批准，在此批准过程中，必须进行环境影响的评价和环境污染预防审计。除相关环境保护法律，荷兰政府也出台了一系列补贴政策，帮助解决由畜禽产生的粪污过剩问题，如制定了粪肥长距离运输补贴计划以及将粪便加工成粪丸出口计划，且政府补贴建立粪肥加工厂。

受耕地资源制约，荷兰绝大多数奶牛场非常注重粪污的循环利用，其粪污处理采用"液压刮粪板＋固液分离＋筛分固体压块"一体化工艺。从粪污收集、干湿分离到干物质深加工都有完善的配套处理设施。粪污收集方式为液压刮粪板全自动定点铲粪，优点主要有：缩短了牛粪暴露在空气中的时间，减少了挥发性气体的排放；节省了劳动时间，降低了劳动成本；实现了雨污分离。在粪污集中采纳之后，统一进行固液分离，优点主要有：便于固体物运输；减少了粪污总量；固体物具有好氧稳定性，减少了甲烷排放量。固液分离工序完成之后，污水澄清后直接施用于农田进行灌溉施肥，而残余的固体有机物则利用筛分固体压块一体化技术进行深加工，将剩余牛粪制成有机肥或者燃料棒，增加牛粪附加值。

四、启示建议

与欧盟奶业发达国家相比，中国奶业起步较晚，国家产业支持力度不够，养殖业环境控制能力较差。德国、法国、荷兰三国规模化奶牛场在政府宏观政策支持下粪污处理的主要工艺、模式为中国奶业健康发展提供了一些经验启示。

第一，完善养殖业污染防治法律法规，加大执法力度。中国对畜禽养殖业污染防治的相关法律法规相对薄弱，有法不依、执法不严现象时有发生。在水保护方面，中国《水污染防治法》只是提出"保护和改善水环境"的宏观目标，并没有像欧盟新水资源管理政策一样对污染物排放标准作出具体要求，更没有严格规定养殖业污染物排放标准。在治理养殖业环境污染方面，中国虽然出台了《畜禽养殖污染防治管理办法》《畜禽养殖业污染排放物标准》《畜禽场环境质量标准》等政策文件，但是这都属于行政规范，没有将其上升到法律高度，执行力度较差，且这些规范的惩罚力度也较小。因此，在实际操作过程中，很难起到法律预防犯罪的作用。根据欧盟发达奶业国家有关经验，中国应进一步完善养殖业污染防治法律法规，细化其污染物排放标准等有关规定；将现有管理规范上升到法律的高度，加大处罚力度，规范执法行为。

第二，加大国家政策补贴力度，奖惩并用促进农场粪污处理。奶业既是一项具有社会效益的产业，也是一项高风险产业。高投入、低产出、周期长的特性决定了"养牛人"资金短缺问题严重。对于牛场粪污处理，欧盟各成员国政府不仅采取法律、金融、财政等方面的政策扶持，同时予以用地、信贷、税收等方面的优惠措施，如奥地利的《绿色电力法》、英国的碳基金项目等。与欧盟相比，中国缺少具体明确的优惠政策，金融支持方式偏少，财政补贴对象局限于大中型粪污处理工程。依据欧盟的经验做法，中国应加大国家政策补贴力度，扩大补贴范围，细化补贴项目，调整补贴方式，采用后补助方式（先进行粪污处理，依据处理效果予以补贴）。同时，采用奖惩并用手段，对于自觉治污的牛场给予更多优惠政策和资金补贴；对于拒不治理的牛场采用通报批评、罚款等手段予以处罚。

第三，依据自身资源禀赋，因地制宜选择粪污处理模式。欧盟三大奶业国家依据自身资源优势，选择了三种不同的粪污处理模式。中国地域广阔，主要有京津沪奶业主产区、东北内蒙古奶业主产区（黑辽蒙）、西北奶业主产区（新宁陕）、华北奶业主产区（鲁晋冀豫）、南方奶业主产区（粤桂黔）五大奶业主产区。这五大奶业主产区资源禀赋差异较大，在选择牛场粪污处理工艺时也应依据自身特色，因地制宜采用不同模式。如东北内蒙古、西北、华北奶业主产区由于土地资源丰富，可采用堆肥发酵返田模式；京津沪奶业主产区土地资源珍贵，可采用固液分离技术，分离后的固体有机物主要用作牛场再生垫料；南方奶业主产区由于多雨湿热的自然条件，可采用沼气发酵的粪污处理工艺。

第五节　本章小结

本章对发达国家乳业发展经验进行梳理，美国、澳大利亚、新西兰、荷兰、德国、法国等作为世界上的乳业大国，其发展有共同之处：这些国家的乳业都呈现出集约化和规模化的特点，组织程度提高带来了成本节约和技术进步；乳业的纵向产业联系紧密，奶农参股乳业合作社，乳业合作社再参股乳制品加工企业，使三者形成一个利益链条，保证了奶农的利益和企业的长远发展；质量管理体系完善，产业链每个环节都有严格质量监督标准，第三方检测和评估制度确保了标准的落实，保障了乳制品的质量安全。对比我国乳业虽发展迅猛，但依然存在着诸如产品结构不合理、生产成本高、监管不力等方面的问题。因此，我国乳业发展应着力建立完善的奶牛选种机制，积极发展乳业合作社，促进奶牛养殖的规模化；加强对乳业的质量监督，完善配套的社会化服务体系。

第九章 我国种养结合奶牛场高质量发展对策建议与展望

第一节 我国种养结合奶牛场高质量发展的困境

一、种养一体化经营模式发展困境

(一) 奶牛场土地不足

奶牛养殖离不开土地,牛棚牛舍等设施的建设、饲草(料)的种植、奶牛粪污的消纳都需要土地。土地不足制约着奶牛场内循环种养结合模式的发展,主要体现在两方面:一是奶牛场没有足够的耕地面积种植饲草(料),导致种养结合率低;二是奶牛场没有足够的土地来消纳奶牛产生的粪污,导致粪污不能就近还田(郎宇等,2020)。我国总体人均耕地少、优质耕地面积占比低且多用于生产粮棉油菜等作物,可用于生产饲料的耕地十分有限(黎星池等,2022)。大规模奶牛场想要采用内循环的种养结合模式,就需要流转更多的农田来种植粗饲料,在我国土地流转政策体系尚未健全的情况下还存在诸多困难(高静等,2022)。奶牛养殖与土地脱离,粪污不能及时消纳,是影响种养平衡的一大因素。丁凡琳等(2015)认为,配套耕地不足已经成为奶牛场粪污处理过程中的最大难题。据测算,1 头产奶牛 1 天排出的粪便量为 30~40 千克,那么 100 头产奶牛 1 天就会排出 3~4 吨粪便(杨前平等,2019),如果这些粪便无法就近消纳,将会对当地环境造成严重影响。付艳丽(2021)的研究发现,即使奶牛场具有一定的耕地面积,但土地资源宝贵且流转费用较高,奶牛场也很难具有充足的土地消纳全部粪污,土地不足在很大程度上限制了种养结合模式发挥其生态效益。有学者调研发现,我国规模奶牛场平均 1 头奶牛配套 0.25 公顷的土地(Klootwijk et al.,2016),而欧盟国家平均 1 头奶牛配套 0.30 公顷的土地(夏建民等,2021),我国奶牛头均配套的土地面积低于欧盟国家，种养结合任务任重道远。

（二）奶牛场缺乏优质饲草（料）

近年来，我国青贮玉米的产量和品质有所提升，青贮玉米的干物质含量和淀粉含量与发达国家相当，但种植总面积和发达国家之间仍有较大差距（钱寅森等，2021）。随着消费者对乳制品需求的增加，奶牛养殖数量不断增加，奶牛场种植的牧草不能满足自身需求，导致饲草（料）的进口量逐年增加，进一步阻碍了国内种养结合的发展。另外，我国饲草（料）利用率低、农作物秸秆浪费严重、优质饲草（料）品种缺乏、青贮饲料产量不足等问题也严重阻碍了畜牧业的发展，需要引进一批优质的饲草品种解决目前面临的困境（张书兴等，2022）。据估计，每年我国苜蓿的总需求量大约为560万吨，而苜蓿产量大约为260万吨，且我国优质苜蓿缺口较大（李竞前等，2021）。将苜蓿种植和奶业有效对接比单纯种植苜蓿的收益明显，但我国苜蓿产业基地大多远离内地市场，造成苜蓿的产销区不一致，导致我国奶牛场种养分离情况严重（郭婷等，2018）。虽然我国秸秆资源丰富，每年产量约8亿吨，其饲料化利用率为23.42%（石祖梁等，2017），但奶牛场的饲料加工受到技术水平和推广的限制，秸秆作物饲料化程度不高，资源未能充分利用，种养结合受限（张晓庆等，2021）。

（三）奶牛场粪污处理技术不成熟

种养结合的一个方向是将粪污收集或处理后用于农业还田（黄显雷，2021）。王娜等（2018）的研究发现，京津冀地区奶牛养殖出现严重的种养分离现象，即使是土地资源丰富的地区，多数奶牛场的粪污处理方式仍然是清洁回用或达标排放。张应鹏等（2022）对江苏省奶牛场调研发现，大多数规模奶牛场不清楚粪水还田利用的适宜方式和用量，缺乏技术指导，普遍根据经验习惯使用，容易出现粪水还田过量，对土壤和作物造成不利影响。由于我国在畜禽粪肥就地就近储存技术方面的研究尚有不足，处理过程中污染物的控制技术还不成熟，因此粪肥施用比较粗放、不合理（隋斌等，2018）。另外，我国奶牛场的粪便固液分离效率普遍较低，还田技术相对不足（Bai et al.，2018）。由于我国奶牛场固液分离设备主要以进口为主，其核心技术被欧美等发达国家所掌握，一些进口设备在使用过程中会出现设备运行不稳定、技术维护困难等情况，一些企业就会放弃对相关设备的购买，奶牛粪便污染环境的问题难以解决，导致奶牛业种养结合难以实现（郑国生等，2019）。

二、种养契约合作模式发展困境

（一）农户参与种养契约合作模式的积极性不高

当奶牛场没有足够的土地种植饲草料作物时，奶牛场可以与周围农户对接形成"农户种植＋奶牛场养殖"的种养结合模式，这种模式将奶牛场与农户的利益联结在一起，当周围的农户不愿意种植饲草料作物或是参与种养结合模式的积极性不高时，种养结合则难以实现。

"粮改饲"政策既是种植业结构本身的优化调整，也进一步实现了农牧业之间的重新融合，是进而解决我国优质饲草（料）缺乏、种养结合不紧密的重要举措（郭庆海，2019）。农户对"粮改饲"政策的认知度不高，导致他们参与种养结合模式的积极性不高。马梅等（2019）在对内蒙古地区"粮改饲"试点的研究中发现，农户对"粮改饲"政策认知不足表现为两方面：一方面是农户长期的籽粒玉米种植习惯导致他们认为种粮比种草好，不愿意了解种植青贮玉米的经济收益；另一方面是农户低估了青贮玉米喂养牲畜的价值。孟志兴等（2021）在对山西省农户种植意愿的研究中发现，农户对"粮改饲"政策的认知程度越高，种植饲草（料）作物的意愿则越强。同样的，王霞等（2022）的研究发现，农户对"粮改饲"经济效益和生态效益有更好的认知时，采取种植饲草行为的可能性会增加。

（二）有机肥供需缺乏有效衔接

我国畜禽养殖废弃物及相关产品市场需求量少，粪肥的有效需求不足。畜禽养殖废弃物加工处理后的有机肥品质差异、供需时间不同、交易双方信息不对称、种养业布局分散、畜禽养殖废弃物流通渠道单一等原因导致供求不平衡，有机肥的供需缺乏有效衔接。张诩等（2019）的研究发现，农户认可粪肥还田的生态效益并且愿意施用有机肥，但真正制约农户使用有机肥的原因是缺少购买途径。

从供给主体角度看，奶牛场的废弃物资源化利用程度有待提高，生产的有机肥质量也有待提高，有机肥产品种类有待丰富。畜禽养殖人员的养殖水平不一，对兽药的施用缺乏科学合理性，导致畜禽养殖废弃物中存在重金属及兽药残留，从而降低粪便资源的市场价值。此外，畜禽粪便资源深度利用和开发不够，能够提供的产品种类很少，畜禽养殖废弃物的价值有待挖掘。

从需求主体角度看，农户对粪肥资源没有需求或需求不大。由于化肥见效快、施用过程简单，种植过程中化肥逐步取代了有机肥，越来越多的农户不愿意使用有机肥。红霞（2020）认为，农户出于成本考虑，更愿意用化肥而不是有机肥，再加上养殖粪污产生的时间和农户施用有机肥的季节差异，导致供需交易时间错位，有机肥的获取难度加大，供求失衡。

（三）奶牛场与农户之间利益联结不紧密

奶牛场对饲草（料）的需求量虽然大，但是考虑到交易成本，无法跟农户逐一对接，需要中介在"农户种植＋奶牛场养殖"模式中起到联结作用。因此，农户、中介、奶牛场三者的利益联结机制影响着种养结合模式的发展。"农户种植＋中介＋奶牛场养殖"模式下，中介连接了养殖场与农户，为秸秆和粪便综合利用提供途径，同时为奶牛场提供了稳定的饲草来源，并从中赚取差价以获取利润，该模式的核心是三者之间经济利益的联结。

农户和奶牛场通过中介进行交易，如果没有签订书面协议，形成的利益联结就会比较松散。如果农户与奶牛场之间没有建立稳定的购销关系和确定明确的品质标准，奶牛场收购的饲料品质就会参差不齐，不利于保证奶牛场标准化养殖的质量。如果农户不能掌握收获牧草的好时机，或者收贮方式不当，就会降低牧草的产量及品质，从而降低种养结合模式的经济效益（胡向东，2017）。王瑞港等（2021）通过调研发现，没有技术指导，单凭种植经验种植牧草，可能会出现苜蓿基地的杂草比苜蓿还多、苜蓿质量不达标等问题，导致当地的奶牛场宁愿舍近求远购买高价的进口牧草，也不愿购买附近农户种植的牧草。当奶牛场与农户分别与中介签订协议时，契约的存在会将奶牛场与农户紧密地联系在一起。但相关研究结果表明，由于农户与奶牛场之间没有形成稳定的利益共同体，如果奶牛场经营目标发生变化或生产规模突然改变，农户利益和养殖场利益可能产生矛盾（钟真等，2021），那么农户的利益无法得到保障。

三、种养区域循环模式发展困境

（一）有机肥生产及施用技术不够成熟

除商品有机肥有质量标准外，粪肥、沼肥均无国家级质量标准，负责监管商品有机肥的土肥站不具执法职能，加上商品有机肥检测专业性强、抽查成本高，存在有机肥质量难以保障的风险。调研发现，部分地区将沼肥施用于蔬菜和水果，连续滴灌后出现土壤盐渍化和烧苗现象，甚至出现了农产品重金属超标、抗生素残留等问题，沼肥施用影响农产品质量和销量是种植户施用意愿不强的重要原因之一。

无可推荐粪肥、沼肥施用的技术标准，测土配方施肥技术效益对中小种植户未明显体现，很多种植户不能根据种植作物和土地承载力合理施用有机肥，影响了农产品产量和质量，同时，可能出现因超量施用造成二次污染的现象。

（二）第三方运营融资存在困难

集中处理模式大多采用第三方机构社会资本和政府合作的 PPP 运营方式，融资渠道主要依靠政府和社会资本，且财政项目资金仅限于前期起步阶段扶持，一旦财政项目到期，谁来填补资金空缺是个问题。江苏省某市经济开发区"种植户＋养殖户＋社会化服务组织＋处理中心"模式的集中处理中心由当地政府与国企合作筹建，负责人表示尚未亏损，但庞大的投资和运营成本，若非经济实力雄厚企业支撑将难以维持。四川省某县"种植户＋养殖户＋社会化服务组织＋处理中心"模式转运 1 车沼肥（4 立方米）成本约 140 元，其中财政补助资金 60 元，养殖业主承担 20 元，种植业主承担 60 元，财政资金一次性退出后 60 元资金缺口分摊至种养殖业主，势必影响其积极性。

（三）政府政策支持和监管有待加强

农用土地属性变更难，在养殖场周边或在农田中修建畜禽粪污短期存储池很难获批，导致施肥淡季畜禽粪污无处存放。江苏省某市"种植户＋养殖户＋处理中心"模式集中处理中心筹建时适逢当地最后一批土地属性调整，才获得土地。

集中处理模式要考查政府与社会资本间合作协调性、管理机制妥当性，但实践中存在"盲目上马"现象，忽略了项目主体经营能力和财力、财政资金的阶段性特点（一般 2～3 年）、监管辐射半径长以及长距离运输畜禽粪污可能带来疫病风险等情况。

和前期畜禽粪污处理扶持相比，肥料化、能源化产品财政资金扶持力度相对薄弱。江苏省某市经济开发区"种植户＋养殖户＋社会化服务组织＋处理中心"模式沼气发电有补贴（如江苏省 1 度电补贴 0.15～0.2 元），但并入天然气管道无补贴。江苏省某市"种植户＋养殖户＋处理中心"模式区域性商品有机肥招投标，种植户购买享受政策优惠，但粪肥和沼肥未列入补贴范围。

（四）成本收益存在不确定性

集中处理中心多以生产商品有机肥或沼肥等资源化利用程度更高的产品为主，投入成本相对较高。吸粪车（喷污车）等粪污转运机械供给不足，服务组织自筹资金困难，从事畜禽粪污转运和农田喷洒的专业服务组织数量少、兼业程度高，影响畜禽粪污运输稳定性和持续性。

根据调研，江苏省某市经济开发区在 2014 年选择沼气并入天然气管道，面临立项难度大、价格变动大问题，当时转化为天然气可卖 3 元/立方米，到 2017 年 9 月降至 2.2 元/立方米。沼液和粪水等液态肥因田头贮存池用地难获取、管道铺设成本高、净化技术成本高等，解决不了"最后一公里"问题，大多数集中处理中心的沼液或粪水只能免费赠送给周边农户。江苏省某市经济开发区希望将沼液制成液态肥，已申请专利，但由于农户相应器械不完善（滴灌或喷施），使用成本高，推广难度大。

第二节　我国奶牛养殖高质量发展相关政策

一、政策历程图

2008 年是中国奶业发展的一个重要节点。当年 10 月，国务院颁布了《乳品质量安全监督管理条例》，这是我国奶业的第一部法规，具有里程碑意义。

"十二五"期间，《食品工业"十二五"发展规划》提出，加快乳制品工业结构调整，积极引导企业通过跨地区兼并、重组，淘汰落后生产能力，培育技术先进、具有国际竞争力的大型企业集团，改变乳制品工业企业布局不合理、重复建设严重的局面，推动乳制品工业结构升级。

"十三五"期间，《全国奶业发展规划（2016—2020 年）》提出优化区域布局、发展奶牛标准化规模养殖、提升婴幼儿配方乳粉竞争力等主要任务。业内人士指出，此次发布的奶业规划，在关键问题、关键环节等方面为行业发展指明了方向，对奶业发展构成实质性利好。

"十四五"期间，《"十四五"奶业竞争力提升行动方案》提出，到 2025 年，全国奶类产量达到 4100 万吨左右，百头以上规模养殖比重达到 75% 左右。规模养殖场草畜配套、种养结合生产比例提高 5 个百分点左右，饲草料投入成本进一步降低，养殖场现代化设施装备水平大幅提升，奶牛年均单产达到 9 吨左右。养殖加工利益联结更加紧密、形式更加多样，国产奶业竞争力进一步提升。重点从以下四个方面开展。

一是优化奶源区域布局。抓住重点区域，突出重点环节，支持主产省加强优质奶源基地建设，启动实施奶业生产能力提升整县推进项目，立足于河北、内蒙古、黑龙江三个实施千万吨奶工程的省区，打造奶业发展优势产区，推动奶业生产提质增量。发挥垦区产业集群优势，加强奶源基地建设。支持南方主销区奶源产能开发，重点支持适度规模养殖场发展，加强奶牛热应激技术服务支撑，开展饲料资源多元化综合利用技术研发，提高养殖场标准化管理水平，总结形成一批可复制可推广的南方奶业发展模式。

二是提升自主育种能力。夯实奶牛品种登记和生产性能测定基础，扩大奶牛生产性能测定范围，推进奶牛生产性能测定数据在良种选育过程中的应用，健全奶牛生产性状关键数据库，建立奶牛育种数据平台，提高遗传评估效率，应用全基因组选择等技术，组建参考牛群，开展青年公牛联合后裔测定，培育后备公牛和验证公牛，建设国家奶牛核心育种场，增强良种自主供应能力。

三是增加优质饲草料供给。实施振兴奶业苜蓿发展行动，支持内蒙古、甘肃、宁夏建设一批高产优质苜蓿基地，提高国产苜蓿品质，推广青贮苜蓿饲喂技术，提升国产苜蓿自给率。推进农区种养结合，探索完善牧区半舍饲模式，推动农牧交错带种草养畜。全面普及奶牛青贮玉米饲喂技术，支持粮改饲政策实施范围扩大到所有奶牛养殖大县。推进饲草料种植和奶牛养殖配套衔接，总结推广粗饲料就地就近供应典型技术模式，降低饲草料投入成本。

四是支持标准化、数字化规模养殖。培育壮大家庭牧场、奶农合作社等适度规模养殖主体，支持养殖场开展"智慧牧场"建设，对饲喂、挤奶、保健、防疫、粪污处理等关键环节设施设备进行升级改造，推动基于物联网、大数据技术的智能统计分析软件终端在奶牛养殖中的应用，实现养殖管理数字化、智能化。加强奶牛生产性能测定在生产管理中的解读应用，推进精准饲喂管理，提高资源利用效率。

二、国家层面乳制品行业政策汇总

2008 年发生的三聚氰胺事件使中国乳业遭受了巨大损失，行业形象严重受损，消费者信心降至低谷，给行业发展带来严重的不利影响。自三聚氰胺

第九章　我国种养结合奶牛场高质量发展对策建议与展望

事件发生以来，国务院及相关部门陆续颁布了一系列涉及食品、乳制品的法律法规及标准，形成了完善的法规标准体系，对于规范行业发展、企业生产经营、保障产品质量安全、维护消费者利益发挥着重要作用，保障行业的健康稳定发展（见表9-1）。

表9-1　国家层面乳制品行业近期主要政策

发布时间	发布部门	政策名称	重点内容解读
2008年10月9日	国务院办公厅	乳品质量安全监督管理条例	我国奶业的第一部法规，规定了乳品质量安全的监督和管理
2010年9月25日	国务院办公厅	关于进一步加强乳制品质量安全工作的通知	严把生产经营许可关，强化检验检测和监测评估，完善乳品追溯制度，强化婴幼儿配方乳粉监管，加大对非法生产经营乳品行为的打击惩处力度，严格落实乳品质量安全各方责任
2012年2月1日	国务院办公厅	中央一号文件决定"启动振兴奶业苜蓿发展行动"	中央财政安排一定的补助资金，开展高产优质苜蓿示范建设，在苜蓿优势产区和奶牛主产区建设高产优质苜蓿示范片区
2015年11月2日	原农业部	关于"镰刀弯"地区玉米结构调整的指导意见	优化"镰刀弯"地区玉米种植结构，重点发展青贮玉米、大豆、优质饲草、杂粮杂豆、春小麦、经济林果和生态功能型植物等，推动农牧紧密结合、产业深度融合，促进农业效益提升和产业升级
2016年12月27日	农业部、国家发展改革委、工业和信息化部、商务部和食品药品监管总局	全国奶业发展规划（2016-2020年）	到2020年，奶类产量达到4100万吨，100头以上奶牛规模养殖比重达到70%以上，婴幼儿配方乳粉监督抽检合格率达到99%以上，婴幼儿配方乳粉行业前10家国产品牌企业的行业集中度达到80%
2018年5月23日	国务院办公厅	关于推进奶业振兴保障乳品质量安全的意见	到2020年，奶业供给侧结构性改革取得实质性成效，奶业现代化建设取得明显进展，100头以上规模养殖比重超过65%，奶源自给率保持在70%以上，婴幼儿配方乳粉的品质、竞争力和美誉度显著提升，乳制品供给和消费需求更加契合；到2025年，奶业实现全面振兴，基本实现现代化，整体进入世界先进行列

我国种养结合奶牛场高质量发展研究与实践

续表

发布时间	发布部门	政策名称	重点内容解读
2019年3月22日	农业农村部	奶业品牌提升实施方案	力争到2025年，我国奶业品牌化水平显著提高，品牌市场占有率、消费者信任度明显提升，品牌带动产业发展和效益提升作用明显增强
2020年12月30日	国家市场监管总局	乳制品质量安全提升行动方案	到2023年，乳制品质量安全监管法规标准体系更加完善，乳制品质量安全监管能力大幅提升，监督检查发现问题整改率达到100%，乳制品监督抽检合格率保持在99%以上
2021年4月29日	农业农村部	全国奶牛遗传改良计划（2021—2035年）	到2035年，建成一批高标准、高水平的国家奶牛核心育种场，建立全国奶牛育种大数据和遗传评估平台，育种新技术实现自主突破，高效扩繁效率得到全面提升，群体遗传改良技术体系达到国际先进水平，国家奶牛核心育种场和种公牛站生物安全水平显著提高，奶牛群体平均产奶性能显著提升，培育出2~3家具备国际竞争力的奶牛种业企业
2022年2月16日	农业农村部	"十四五"奶业竞争力提升行动方案	到2025年，全国奶类产量达到4100万吨左右，百头以上规模养殖比重达到75%左右。规模养殖场草畜配套、种养结合生产比例提高5个百分点左右，饲草料投入成本进一步降低，养殖场现代化设施装备水平大幅提升，奶牛年均单产达到9吨左右。养殖加工利益联结更加紧密、形式更加多样，国产奶业竞争力进一步提升

2018年12月，农业农村部、发展改革委、科技部、工业和信息化部、财政部、商务部、卫生健康委、市场监管总局和银保监会共同发布的《关于进一步促进奶业振兴的若干意见》要求，以实现奶业全面振兴为目标，优化奶业生产布局，创新奶业发展方式，建立完善以奶农规模化养殖为基础的生产经营体系，密切产业链各环节利益联结，提振乳制品消费信心，力争到2025

年全国奶类产量达到 4500 万吨，切实提升我国奶业发展质量、效益和竞争力。

2020 年 12 月，市场监督总局印发了《乳制品质量安全提升行动方案》。方案明确了总体目标，到 2023 年，乳制品质量安全监管法规标准体系更加完善，乳制品质量安全监管能力大幅提升，监督检查发现问题整改率达到 100%，乳制品监督抽检合格率保持在 99% 以上。

2022 年 2 月，农业农村部印发《"十四五"奶业竞争力提升行动方案》提出，到 2025 年，全国奶类产量达到 4100 万吨左右，百头以上规模养殖比重达到 75% 左右。规模养殖场草畜配套、种养结合生产比例提高 5 个百分点左右，饲草料投入成本进一步降低，养殖场现代化设施装备水平大幅提升，奶牛年均单产达到 9 吨左右。养殖加工利益联结更加紧密、形式更加多样，国产奶业竞争力进一步提升。

三、省际层面的政策汇总

面对我国乳业的新形势、新矛盾和新问题，"十四五"期间，各省份也制定了乳制品行业发展目标，重点集中在养殖规模、奶类产量、奶类质量等方面（见表 9-2）。

表 9-2　　　　　　　　省级层面乳制品行业近期主要政策

发布时间	发布部门	政策名称	重点内容解读
2022 年 7 月 11 日	黑龙江省农业农村厅黑龙江省财政厅	2022—2023 年黑龙江省奶业生产能力提升整县推进项目实施方案	通过支持奶业大县适度规模奶牛养殖场发展草畜配套、建设现代智慧牛场和开展奶农养加一体化试点，提效率、降成本、增强核心竞争力，进一步提升奶业大县饲草料供应水平和养殖设施装备水平，探索奶业产地消费新模式，奶牛年均单产水平达到 10 吨以上。2022—2023 年支持 4 个奶业大县实施奶业生产能力提升整县推进项目
2022 年 4 月 22 日	山东省畜牧兽医局	山东省"十四五"奶业高质量发展提升行动方案	到 2025 年，山东省奶类总产量达 330 万吨，百头以上规模养殖比重达 95% 左右，规模场草畜配套、种养结合比例明显提高，饲草料投入成本进一步降低，养殖场现代化设施装备水平大幅提升，泌乳牛年均单产达 9.5 吨左右。养殖加工利益联结更加紧密、形式更加多样

续表

发布时间	发布部门	政策名称	重点内容解读
2022 年 6 月 28 日	河北省人民政府办公厅	河北省人民政府办公厅关于进一步强化奶业振兴支持政策的通知	到 2025 年全省生鲜乳产量达到 1000 万吨的目标，2019—2022 年，省级每年安排 3.8 亿元专项资金用于支持奶业振兴
2022 年 3 月 2 日	内蒙古自治区发展和改革委员会	内蒙古自治区推进奶业振兴九条政策措施	明确了"十四五"时期内蒙古自治区在奶业发展上的重点支持措施，主要围绕奶源基地建设、种源基地建设、优质饲草料基地建设、支持企业做优做强、科技支撑等方面制定
2022 年 4 月 22 日	宁夏回族自治区农业农村厅	宁夏回族自治区奶产业高质量发展"十四五"规划（2021—2025 年）	到 2025 年，全区奶牛存栏达到 100 万头，成母牛年均单产 10000 千克，生鲜乳总产量 550 万吨，日产优质生鲜乳 1.5 万吨以上，奶牛规模化养殖比重达到 99% 以上，奶牛养殖粪污综合利用率达到 95% 以上，生鲜乳和乳制品抽检合格率分别达到 100%、99% 以上，奶产业全产业链产值达到 1000 亿元
2022 年 4 月 5 日	河南省人民政府办公厅	河南省肉牛奶牛产业发展行动计划	力争到 2025 年，全省牛饲养量达到 1000 万头，奶类产量达到 300 万吨，肉牛奶牛一产产值达到 700 亿元，全产业链产值达到 3000 亿元。到 2030 年，肉牛奶牛现代化产业体系、生产体系和经营体系全面建立，产业高质量发展水平全国领先
2020 年 1 月 3 日	新疆维吾尔自治区农业农村厅、自治区发展改革委等 9 个部门	新疆奶业振兴行动方案（2019—2025 年）	提出到 2025 年，全疆牛奶产量达到 270 万吨，新增牛奶产量 80 万吨，把新疆建成全国奶业大区，积极融入和服务国家奶业振兴战略大局，助力乡村产业振兴
2019 年 6 月 19 日	辽宁省农业农村厅	辽宁省奶业振兴方案	到 2025 年，辽宁省奶牛存栏量要突破 40 万头，牛奶产量达到 160 万吨以上，实现奶业全面振兴
2022 年 7 月 21 日	山西省农业农村厅	山西省"十四五"奶业发展规划	到 2025 年，山西全省奶牛存栏达到 50 万头，全省奶类产量达到 180 万吨左右，百头以上规模养殖比重达到 75% 左右
2022 年 10 月 12 日	中共云南省委农村工作领导小组办公室	云南省加快奶牛产业高质量发展三年行动方案（2023—2025 年）	力争到 2025 年，全省奶牛存栏达到 35 万头以上、牛奶产量达到 150 万吨以上、百头以上规模养殖比重达到 60% 以上、荷斯坦奶牛平均单产达到 8.5 吨以上，全面提升奶牛产业竞争力

第三节　我国种养结合奶牛场高质量发展对策建议

一、完善土地流转机制

完善土地流转机制，通过政府引导农户以土地作价入股奶牛场，实现土地耕作者规模化经营。养殖场与农户签订土地承包协议，农户在享有土地流转收入的基础上，还能额外得到企业盈利的分红，农户与养殖场组成新的利益共同体，农户的利益得到了保障，奶牛场耕地不足的问题得以缓解。另外，养殖场可以与农户签订契约，预定农户种植的牧草，并为农户提供免费的有机肥来加强养殖场与农户之间互惠互利的利益联结机制，既弥补了奶牛场土地不足的问题，又提高了周边农户种植饲草（料）的积极性。

二、提高牧草（料）的种植技术水平

优质饲草（料）的缺乏导致我国大量进口饲草（料），制约着我国奶牛业种养结合的发展。为提高我国饲草料的产量及品质，需要提高科技研发水平，创新农业技术，形成完善的服务体系和激励机制，从而鼓励引导农业技术推广服务。对于农户而言，政府可以引导他们更多地了解农业技术成果，并为他们提供各种培训机会，提高饲草（料）的种植技术水平。另外，还要加强秸秆饲料化的相应配套技术和机械装备，提高秸秆饲料的营养价值和资源利用效率。

三、加大科研投入，提高养殖场粪污处理技术水平

相较于粪水处理，粪水收储的各个环节更易造成大量的养分损失，在粪水运输过程中可以采用技术手段减少养分损失和对环境的污染。鼓励牧场的专业人员到科研单位学习粪污处理技术，普及粪污处理知识，因地制宜地选择粪污处理模式，减少环境污染，发展种养结合模式。提高技术研发水平，加强粪污处理及还田利用各环节间衔接配套和推广应用，在技术研发上追求精益求精。由于我国粪污处理设备的研究起步较晚，缺乏核心技术和创新能力，因此要紧密围绕生产实际需要，研发推广适用的先进粪污处理配套设备。

四、积极发展合作社组织，促进种养一体化发展

积极发展合作社组织，通过合作社将单独的农户联合起来，运用规模优势为农户统一购买种子、农药、粪肥等生产资料，降低农户的种植成本，并为农户提供牧草的种植技术服务和大型农机具，保证农户种植的牧草品质。另外，合作社应积极联系奶牛场，为农户寻找稳定的牧草销售渠道，降低农户种植牧草的销售风险和顾虑，并解决奶牛场无法逐一与农户对接收购牧草的难题。合作社作为第三方组织，应将农户和养殖场的利益联结起来，促进种养一体化发展，保障各经济主体的权利，提高各主体进行种养结合的信心。

五、加强政府的引导作用，制定种养结合的激励补偿政策

种养主体是否选择种养结合模式受到利益因素驱动，政府可以加强引导作用并制定激励补偿政策，带动农户和奶牛场选择种养结合模式。首先，通过政府培育典型示范户带动周围农户，让农户切实感受到种养结合政策所带来的利益，激发农户参与种养结合的积极性。政府激励农户积极使用有机肥，并给予适当补贴，促进种养结合的可持续发展。其次，政府应加大种养结合的宣传力度，营造良好的社会氛围，帮助农户和养殖场了解种养结合政策，保障种养主体的权利。最后，由于奶牛场粪污处理需要大量的资金投入，政府应加大对购置大型粪污处理设备的奶牛场的补贴，加大对建立氧化塘、沉淀池、有机肥加工间等设施的奶牛场的补贴，并对采取还田模式处理粪污的奶牛场给予一定的补贴或奖励。

参考文献

[1] 安达，李彤，祝丽云. 资源环境约束下河北省奶业可持续发展研究 [J]. 中国乳品工业，2020，48（12）：38 – 42.

[2] 奥利弗·E. 威廉姆森，西德尼·G. 温特，威廉姆森，温特，姚海鑫，等. 企业的性质 [M]. 北京：商务印书馆，2007.

[3] 白燕飞，刘芳，何忠伟，等. 基于因子分析的北京奶牛养殖专业合作社发展绩效研究 [J]. 中国食物与营养，2013（9）：21 – 26.

[4] 宝音都仍. 基于博弈论的奶业企业与奶农以及奶站利益关系研究 [D]. 呼和浩特：内蒙古农业大学，2005.

[5] 毕于运. 秸秆资源评价与利用研究 [D]. 北京：中国农业科学院，2010.

[6] 卜卫兵，李纪生. 我国原料奶生产的组织模式及效率分析——以江苏省为例的实证研究 [J]. 农业经济问题，2007（6）：67 – 72，111.

[7] 曹正纲. 黑龙江省奶牛场生命周期评价 [D]. 哈尔滨：东北农业大学，2012.

[8] 柴智慧，李赛男. 中美奶业保险制度和实践的比较及启示 [J]. 中国乳业，2018（2）：22 – 26.

[9] 常维娜，周慧平，高燕. 种养平衡——农业污染减排模式探讨 [J]. 农业环境科学学报，2013（11）：2118 – 2124.

[10] 常耀中. 交易费用理论研究视角演进综述 [J]. 经济研究导刊，2016（6）：3 – 4.

[11] 陈兵，陈绍祜，曹正，等. 2017 年国际奶业形势分析与展望 [J]. 中国奶牛，2018（4）：52 – 60.

[12] 陈舜，逯非，王效科. 中国氮磷钾肥制造温室气体排放系数的估算 [J]. 生态学报，2015，35（19）：6371 – 6383.

[13] 陈霄云. 乡村振兴背景下种养结合模式发展路径探索 [J]. 黑龙江粮食，2022，232（9）：92 – 94.

[14] 陈晓川，方明伦. 制造业中产品全生命周期成本的研究概况综述 [J]. 机械工程学报，2002（11）：17 – 25.

[15] 陈瑶，王树进. 我国畜禽集约化养殖环境压力及国外环境治理的启示 [J]. 长江流域资源与环境，2014，23（6）：862 – 868.

[16] 陈志军. 美国奶业发展现状和启示 [J]. 中国乳业，2017（7）：84 – 85.

[17] 程广龙. 澳大利亚奶业概况及对安徽省奶业的启示 [J]. 中国奶牛，2014（6）：41 – 44.

[18] 程寒月，李彤，薛凤蕊．美国奶牛收入保险运作研究及对我国的启示［J］．中国畜牧杂志，2019，55（1）：133－136，146.

[19] 程文定，邰敏．奶牛粪便饲料资源化试验研究［J］．中国奶牛，2007（7）：46－49.

[20] 仇焕广，廖绍攀，井月，等．我国畜禽粪便污染的区域差异与发展趋势分析［J］．环境科学，2013（7）：2766－2774.

[21] 褚彩虹，冯淑怡，张蔚文．农户采用环境友好型农业技术行为的实证分析——以有机肥与测土配方施肥技术为例［J］．中国农村经济，2012（3）：68－77.

[22] 崔姹，王明利．温室气体排放约束下奶牛规模养殖环境效率及全要素生产率分析［J］．农村经济，2017（12）：30－36.

[23] 崔和瑞．基于循环经济理论的区域农业可持续发展模式研究［J］．农业现代化研究，2004（2）：94－98.

[24] 崔艺凡．种养结合模式及影响因素分析［D］．北京：中国农业科学院，2017.

[25] 道日娜，杨伟民，胡拥军．资源抑或资本导向：中国奶业发展模式选择［J］．农村经济，2021（9）：97－108.

[26] 丁凡琳，董晓霞，郭江鹏，等．北京市奶牛养殖场废弃物资源化利用现状、问题及对策［J］．中国畜牧杂志，2015，51（4）：41－46.

[27] 丁力．实行产业化不能"一刀切"［J］．中国农村观察，1997（3）：43－45，67.

[28] 董丹丹．乡村旅游与畜牧业协同发展模式探究［J］．中国饲料，2020（22）：138－141.

[29] 董士波．对全生命周期工程造价管理的思考［J］．商业经济，，2004（1）：120－121.

[30] 董晓霞，丁凡琳，李孟娇，等．北京市奶牛养殖现状及粪污处理模式［M］．北京：中国农业科学技术出版社，2015.

[31] 段雪琴．集约化奶牛养殖场粪污管理系统的环境影响生命周期评价［D］．咸阳：西北农林科技大学，2018.

[32] 范亚东，张瑜．农业产业化经营利益联结机制问题探析［J］．东北农业大学学报（社会科学版），2005（3）：13－15.

[33] 方芳，张连彦，王有月．德国荷兰畜禽产品质量安全交流与启示［J］．中国畜牧业，2019（2）：59－61.

[34] 冯淑怡，罗小娟，张丽军，等．养殖企业畜禽粪尿处理方式选择、影响因素与适用政策工具分析——以太湖流域上游为例［J］．华中农业大学学报（社会科学版），2013（1）：12－18.

[35] 冯艳秋，陈慧萍，彭华，等．2011年我国奶业主产区奶牛不同养殖模式生产管理状况调查与分析［J］．中国乳业，2012（2）：2－7.

[36] 付俊杰，李远．我国畜禽养殖业污染防治对策［J］．中国生态农业学报，2004（1）：176－178.

[37] 付太银. 澳大利亚奶业发展情况研究 [J]. 中国乳业, 2018 (6): 16 – 22.

[38] 付艳丽. 种养结合下的天津奶牛养殖业综合效益研究 [D]. 天津: 天津农学院, 2021.

[39] 高海秀, 王明利, 石自忠, 等. 中国牧草产业发展的历史演进、现实约束与战略选择 [J]. 农业经济问题, 2019 (5): 121 – 129.

[40] 高鸿业, 吴易风. 现代西方经济学讲座——第八讲生产者行为理论 [J]. 教学与研究, 1987 (3): 73 – 78.

[41] 高鸿业. 20 世纪西方微观和宏观经济学的发展 [J]. 中国人民大学学报, 2000 (1): 4 – 11.

[42] 高静, 白佶. 农地流转意愿和规模如何影响农业现代化水平 [J]. 农业经济, 2022 (6): 98 – 100.

[43] 高旺盛, 陈源泉, 董文. 发展循环农业是低碳经济的重要途径 [J]. 中国生态农业学报, 2010 (5): 1106 – 1109.

[44] 邰亮亮, 李栋, 刘玉满, 等. 中国奶牛不同养殖模式效率的随机前沿分析——来自7 省 50 县监测数据的证据 [J]. 中国农村观察, 2015 (3): 64 – 73.

[45] 耿宁, 肖卫东, 阚正超, 等. 中美奶业生产成本与收益比较分析 [J]. 农业展望, 2018, 14 (11): 63 – 71.

[46] 宫凤鸣, 倪新峰. 我国畜牧业如何转型升级提质增效形成现代畜牧业 [J]. 南方农机, 2018, 49 (14): 75.

[47] 顾海英. 国外奶牛业生产经营模式特点及对我们的启示 [J]. 上海农村经济, 2002 (1): 40 – 42.

[48] 郭红东. 我国农户参与订单农业行为的影响因素分析 [J]. 中国农村经济, 2005 (3): 24 – 32

[49] 郭俊华, 卢京宇. 产业兴旺推动乡村振兴的模式选择与路径 [J]. 西北大学学报 (哲学社会科学版), 2021 (6): 42 – 51.

[50] 郭黎卿, 刘晨峰, 叶维丽, 等. 新西兰氮排放配额与交易制度对中国的启示——以奶牛养殖业为例 [J]. 环境污染与防治, 2015, 37 (3): 76 – 79, 85.

[51] 郭利亚, 王玉庭, 张养东, 等. 中国奶业发展现状及主要问题对策分析 [J]. 中国畜牧杂志, 2015 (20): 35 – 40.

[52] 郭庆海. "粮改饲" 行动下的生态关照: 基于东北粮食主产区耕地质量问题的讨论 [J]. 农业经济问题, 2019 (10): 89 – 99.

[53] 郭素文, 赵慧峰. 美国奶业政策调整及对中国的启示 [J]. 世界农业, 2022 (12): 66 – 76.

[54] 郭婷, 白娟, 王建国. 刍议我国苜蓿草产业发展现状与对策 [J]. 中国草地学报,

2018, 40 (4)：111 – 115.

[55] 郭晓鸣, 廖祖君, 张鸣鸣. 现代农业循环经济发展的基本态势及对策建议 [J]. 农业经济问题, 2011 (12)：10 – 14.

[56] 国家发展和改革委员会价格司. 全国农产品成本收益资料汇编 2019 [M]. 北京：中国统计出版社, 2019.

[57] 国家奶牛产业技术体系. 中国现代农业产业可持续发展战略研究奶牛分册 [M]. 北京：中国农业出版社, 2016.

[58] 国家统计局. 中国统计年鉴 2020 [M]. 北京：中国统计出版社, 2020.

[59] 国务院办公厅. 关于推进奶业振兴保障乳品质量安全的意见 [EB/OL]. http：// www. gov. cn/zhengce/content/2018 – 06/11/content_5297839. htm.

[60] 韩保江, 李志斌. 中国式现代化：特征、挑战与路径 [J]. 管理世界, 2022 (11)：29 – 43.

[61] 韩磊, 刘长全. 中国畜牧业经济形势分析及对策研究 [J]. 中国畜牧杂志, 2021 (2)：224 – 230.

[62] 韩磊, 王术坤, 李鑫. 以色列奶业组织制度及其对中国的启示 [J]. 农村经济, 2022 (10)：137 – 144.

[63] 韩丽敏. 我国奶业高质量发展：内涵及实现路径 [J]. 山东农业大学学报 (社会科学版), 2022, 24 (4)：55 – 63, 179.

[64] 韩青. 八五八农场托牛所奶牛养殖模式经济效益研究 [D]. 哈尔滨：东北农业大学, 2013.

[65] 韩庆兰, 水会莉. 产品生命周期成本理论应用研究综述 [J]. 财务与金融, 2012 (3)：33 – 38.

[66] 郝晓燕, 魏文奇. 我国乳业发展政府激励性规制的主要实践及启示 [J]. 中国乳品工业, 2019, 47 (5)：37 – 41.

[67] 何可, 张俊飚, 田云. 农业废弃物资源化生态补偿支付意愿的影响因素及其差异性分析——基于湖北省农户调查的实证研究 [J]. 资源科学, 2013, 35 (3)：627 – 637.

[68] 红霞. 内蒙古畜禽养殖污染基本特征、综合成因与治理途径 [J]. 家畜生态学报, 2020, 41 (10)：73 – 77.

[69] 红霞. 澳大利亚乳品技术发展简述 [J]. 中国乳业, 2006 (5)：68 – 70.

[70] 侯新强. 新疆农作物秸秆资源化综合利用模式研究 [D]. 乌鲁木齐：新疆农业大学, 2012.

[71] 胡浩, 张晖, 黄士新. 规模养殖户健康养殖行为研究——以上海市为例 [J]. 农业经济问题, 2009, 30 (8)：25 – 31.

[72] 胡鸣明, 张纯博, 董亮, 等. 支撑资源循环可持续性评价的经济决策工具——生命

周期成本分析的发展与应用 [J]. 中国环境科学, 2018, 38 (12): 4788-4800.

[73] 胡向东. 关于"粮改饲"种植结构调整的思考 [J]. 价格理论与实践, 2017 (2): 19-20.

[74] 胡宇虹, 祝丽云, 李彤. 中欧奶业政策比较研究及对我国的启示 [J]. 河北农业大学学报 (社会科学版), 2020, 22 (4): 14-20.

[75] 宦梅丽, 王昭. "双碳"目标背景下的畜牧业高质量发展: 模式、启示及建议——以正大蛋鸡养殖为例 [J]. 湖南农业大学学报 (社会科学版), 2022 (5): 41-47.

[76] 黄萌萌, 李竞前, 薛泽冰, 等. 美国、日本奶业相关补贴政策与奶农开展乳制品加工的启示 [J]. 中国奶牛, 2022 (2): 54-57.

[77] 黄敏. 稻田不同水肥模式面源污染防控研究 [D]. 南昌: 江西农业大学, 2014.

[78] 黄世成. 家庭农场种养结合模式及发展意义 [J]. 农业与技术, 2015 (2): 226-227.

[79] 黄显雷, 师博扬, 张英楠, 等. 基于生命周期视角的种养一体化奶牛场环境经济效益评估 [J]. 中国环境科学, 2021, 41 (8): 1-12.

[80] 黄显雷. 基于种养结合的奶牛养殖综合效益评价及长效运行机制构建 [D]. 北京: 中国农业科学院, 2021.

[81] 黄显雷. 基于种养结合的畜禽养殖环境承载力评价研究 [D]. 北京: 中国农业科学院, 2018.

[82] 霍李江, 2003. 生命周期评价 (LCA) 综述 [J]. 中国包装, 2003 (1): 19-23.

[83] 籍春蕾, 丁美, 王彬鑫, 等. 基于生命周期分析方法的化肥与有机肥对比评价 [J]. 土壤通报, 2012, 43 (2): 412-417.

[84] 贾伟, 臧建军, 张强, 等. 畜禽养殖废弃物还田利用模式发展战略 [J]. 中国工程科学, 2017, 19 (4): 130-137.

[85] 贾伟. 我国粪肥养分资源现状及其合理利用分析 [D]. 北京: 中国农业大学, 2014.

[86] 贾云飞, 郑伟程, 何泽军, 等. 我国畜牧业绿色发展: 现状、制约与战略应对 [J]. 中国畜牧杂志, 2023 (1): 323-329.

[87] 姜天龙, 朱新方淼, 舒坤良. 农户开展种养结合的积极效应、制约因素及政策建议 [J]. 经济纵横, 2022 (6): 104-110.

[88] 靳红梅, 常志州, 马艳, 等. 基于集约化农区种养结合的猪粪处理模式生命周期评价 [J]. 农业环境科学学报, 2015, 34 (8): 1625-1632.

[89] 经士仁. H·哈肯著《协同学导论》一书介绍 [J]. 系统工程理论与实践, 1982 (1): 61-64.

[90] 剧小贤. 河南省家庭农场发展存在的问题及对策——基于 100 户家庭农场的调查

[J]. 农村经济与科技, 2017, 28 (3): 163 – 165.

[91] 郎宇, 王桂霞, 吴佩蓉. 我国奶业发展的困境及对策 [J]. 黑龙江畜牧兽医, 2020 (4): 12 – 16.

[92] 雷俊忠. 中国农业产业化经营的理论与实践 [D]. 成都: 西南财经大学, 2004.

[93] 雷玉明. 关于龙头企业与农户利益联结机制的研究 [D]. 武汉: 华中农业大学, 2006.

[94] 黎星池, 朱满德, 刘超. 农业劳动力价格对种植结构的影响研究: 基于空间溢出视角的分析 [J]. 价格理论与实践, 2022 (1): 83 – 86.

[95] 李冰, 崔国文, 胡国富, 等. 不同粗饲料日粮对泌乳牛产奶性能及经济效益的影响 [J]. 草地学报, 2014, 22 (6): 1375 – 1380.

[96] 李翠霞, 曹亚楠. 中国奶牛养殖环境效率测算分析 [J]. 农业经济问题, 2017, 38 (3): 80 – 88.

[97] 李翠霞, 窦畅. 欧盟奶业政策变迁及启示 [J]. 世界农业, 2018 (8): 206 – 211.

[98] 李栋, 谷继承. 澳大利亚奶业考察报告 [J]. 中国奶牛, 2014 (2): 49 – 52.

[99] 李栋. 中国奶牛养殖模式及其效率研究 [D]. 北京: 中国农业科学院, 2013.

[100] 李红利, 焦伟伟, 赵慧峰, 等. 国外牧场管理对河北省牧场的启示 [J]. 黑龙江畜牧兽医, 2017 (2): 19 – 21.

[101] 李建才. 我国奶业发展中存在的问题及对策 [J]. 中国奶牛, 2006 (3): 3 – 5.

[102] 李建雄, 耿爽. 我国畜牧业供给侧结构性改革的五大重点方向探究 [J]. 农业经济, 2019 (1): 21 – 23

[103] 李竞前, 马莹, 卫琳. 新西兰奶业发展现状及对我国奶业的启示 [J]. 中国奶牛, 2018 (9): 46 – 48.

[104] 李竞前, 闫奎友, 柳珍英, 等. 我国优质高产苜蓿发展状况及对策建议 [J]. 中国饲料, 2021 (11): 95 – 98.

[105] 李军, 潘丽莎. 乡村振兴背景下畜牧业高质量发展面临的主要矛盾与破解路径 [J]. 经济纵横, 2022 (8): 58 – 64.

[106] 李丽, 刘瑶, 韩亚娟. 发达国家乳业发展经验及对中国的启示 [J]. 食品科学技术学报, 2017, 35 (2): 84 – 88.

[107] 李鹏. 农业废弃物循环利用的绩效评价及产业发展机制研究 [D]. 武汉: 华中农业大学, 2014.

[108] 李文华. 呼和浩特市奶农成本收益分析 [D]. 呼和浩特: 内蒙古农业大学, 2012.

[109] 励汀郁, 王明利. 畜牧业助力"双碳"目标实现路径研究——基于不同国家的经验比较与启示 [J]. 世界农业, 2023 (1): 5 – 16.

[110] 连晶晶, 王秀芳, 赵慧峰, 等. 美国奶业发展经验对河北的启示 [J]. 合作经济与

科技，2017（18）：16 – 19.

[111] 梁龙，陈源泉，高旺盛，等. 华北平原冬小麦 – 夏玉米种植系统生命周期环境影响评价［J］. 农业环境科学学报，2009，28（8）：1773 – 1776.

[112] 廖新俤. 德国养殖废弃物处理技术及启示［J］. 中国家禽，2013（3）：2 – 5.

[113] 凌薇. 新西兰奶业发展的模式与启示［J］. 农经，2018（12）：86 – 89.

[114] 刘爱民，贾盼娜，王立新，等. 我国饲（草）料供求及未来需求预测和对策研究［J］. 中国工程科学，2018，20（5）：39 – 44.

[115] 刘秉祺. 乡村振兴战略背景下畜牧产业经济管理创新优化对策［J］. 农业经济，2022（8）：23 – 24.

[116] 刘长全，韩磊，张元红. 中国奶业竞争力国际比较及发展思路［J］. 中国农村经济，2018（7）：130 – 144.

[117] 刘畅. 美国模式对中国奶业发展的启示［J］. 商，2015（27）：269 – 270.

[118] 刘丑生，李丽丽，刘婷婷，等. 国外奶牛生产性能测定的发展现状与启示［J］. 中国畜牧业，2016（06）：48 – 51.

[119] 刘丹，马晓辉. 马克思物质循环理论及其当代价值［J］. 理论学刊，2011（5）：9 – 11.

[120] 刘浩，彭华，王川，等. 我国不同奶业产区奶牛养殖效率的比较分析——基于266个养殖场的调研数据［J］. 中国农业资源与区划，2020，41（12）：110 – 119.

[121] 刘建明. 畜禽年"造"肥量及其能代替化肥的数量［J］. 农家科技，1996（1）：18.

[122] 刘倩，张国春. 农户循环农业技术选择意愿的实证研究［J］. 广东农业科学，2012，39（20）：206 – 208，225.

[123] 刘松. 关中地区奶牛饲料作物环境影响生命周期评价［D］. 咸阳：西北农林科技大学，2017.

[124] 刘威，张培兰，马恒运. 我国不同规模奶牛场的技术效率及其影响因素分析——基于新分类数据和随机距离函数［J］. 技术经济，2011，30（1）：50 – 55.

[125] 刘文志. 秸秆综合利用循环农业模式研究进展［J］. 现代化农业，2015（9）：11 – 14.

[126] 刘心伟. 澳大利亚乳业现状与展望［J］. 中国乳业，2016（11）：69 – 75.

[127] 刘欣超，王路路，吴汝群，等. 基于LCA的呼伦贝尔生态草牧业技术集成示范效益评估［J］. 中国农业科学，2020，53（13）：2703 – 2714.

[128] 刘雪芬，杨志海，王雅鹏. 畜禽养殖户生态认知及行为决策研究——基于山东、安徽等6省养殖户的实地调研［J］. 中国人口·资源与环境，2013，23（10）：169 – 176.

[129] 刘瑶. 我国奶牛养殖效益及影响因素分析［D］. 北京：中国农业科学院，2014.

［130］刘玉满，姚梅．中荷奶业培训示范中心调研启示［J］．中国奶牛，2013（5）：9-13.

［131］刘源．提炼推广高效适用技术破解畜禽粪污处理难题——畜禽养殖粪污处理与利用技术模式研讨会在北京召开［J］．中国畜牧业，2015（24）：11-12.

［132］刘忠，增院强．中国主要农区畜禽粪尿资源分布及其环境负荷［J］．资源科学，2010（5）：946-950.

［133］楼栋，孔祥智．新型农业经营主体的多维发展形式和现实观照［J］．改革，2013（2）：65-77.

［134］陆克龙，李倩倩．提高奶牛舒适度的有效途径［J］．中国乳业，2017（8）：56-57.

［135］吕超．粗饲料组合对奶牛氮磷排放的影响及农田承载力研究［D］．郑州：河南农业大学，2012.

［136］吕凤莲，侯苗苗，张弘弢，等．塿土冬小麦-夏玉米轮作体系有机肥替代化肥比例研究［J］．植物营养与肥料学报，2018，24（1）：22-32.

［137］吕智群．中国粪肥可持续及新能源创新解决方案［J］．中国家禽，2014（19）：44-45.

［138］栾敬东，施海波．发达国家牛奶生产配额政策及其启示［J］．农业经济问题，2014，35（9）：103-109，112.

［139］马林，柏兆海，王选，等．中国农牧系统养分管理研究的意义与重点［J］．中国农业科学，2018，51（3）：406-416.

［140］马梅，王明利，达丽．内蒙古"粮改饲"政策的问题及对策［J］．中国畜牧杂志，2019，55（1）：147-150.

［141］马歇尔．经济学原理（上卷）［M］．北京：商务印书馆，2011.

［142］马有祥．有序推广"粮改饲"模式构建新型种养关系［N］．中国商报，2017-01-13（A03）.

［143］孟祥海，程国强，张俊飚，等．中国畜牧业全生命周期温室气体排放时空特征分析［J］．中国环境科学，2014，34（8）：2167-2176.

［144］孟祥海，沈贵银．畜禽养殖业种养结合：典型模式、运营要点与推广路径［J］．环境保护，2022，50（16）：34-38.

［145］孟祥海．中国畜牧业环境污染防治问题研究［D］．武汉：华中农业大学，2014.

［146］孟志兴，杨春，张富程．山西省农牧交错区农户饲草种植意愿及影响因素分析：基于Logistic模型和两县区的调查［J］．中国农业资源与区划，2021，42（2）：136-141.

［147］缪建平．关于农业产业化利益机制几个问题的探讨［J］．中国农村观察，1997（6）：18-22.

［148］农业农村部等九部委．关于进一步促进奶业振兴的若干意见［EB/OL］．http：//

www. moa. gov. cn/govpublic/XMYS/201812/t20181226_ 6165597. htm.

[149] 农业农村部．粮改饲工作实施方案［BE/OL］．http：//www. moa. gov. cn/nybgb/
2017/dlq/201712/t20171231_6133718. htm.

[150] 潘媛．基于 IMPACT2002 + 的机械加工过程绿色评价与优化模型研究［D］．武汉：
武汉科技大学，2018.

[151] 彭里．畜禽养殖环境污染及治理研究进展［J］．中国生态农业学报，2006（2）：
19 – 22.

[152] 彭武元，陈思宇. 中国碳排放试点市场碳交易价格分析及预测［J］. 技术经济，
2020，39（3）：102 – 110.

[153] 彭新宇．畜禽养殖污染防治的沼气技术采纳行为及绿色补贴政策研究［D］．北京：
中国农业科学院，2007.

[154] 彭艳玲，晏国耀，马昕娅，等. 基于能值与改进 DEA – EBM 模型的"青贮玉米 +
养殖"种养结合模式产出效率评估研究：以四川省"粮改饲"青贮玉米示范区为例
［J］．干旱区资源与环境，2019，33（12）：68 – 76.

[155] 蒲应龚，王应宽．畜禽产业中规模经济与产品品质的关系［J］．中国家禽，2002
（20）：44 – 46.

[156] 钱明，黄国桢．种养结合家庭农场的基本模式及发展意义［J］．现代农业科技，
2012（19）：294 – 295，297.

[157] 钱明．松江区种养结合家庭农场研究［D］．上海：上海交通大学，2014.

[158] 钱寅森，武启迪，季中亚，等. 我国青贮玉米生产与加工研究进展［J］．江苏农业
科学，2021，49（23）：41 – 46.

[159] 全国畜牧总站. 畜禽粪便资源化利用技术：种养结合模式［M］．北京：中国农业科
学技术出版社，2016.

[160] 任伟忠，李妍，曹玉凤，等. 不同比例全株玉米青贮、谷草和羊草组合饲粮对干奶
前期奶牛体况、瘤胃发酵和血液生化指标的影响［J］．中国兽医学报，2020，40
（5）：1009 – 1016.

[161] 任智慧．规模奶牛场与农户奶牛养殖效益比较［J］．家畜生态学报，2005（5）：
103 – 105.

[162] 生秀东．劣市场、准市场与农业产业化——"公司 + 农户"运行机制探析［J］．
上海经济研究，2001（9）：14 – 17，13.

[163] 施正香，王盼柳，张丽，等. 我国奶牛场粪污处理现状与综合治理技术模式分析
［J］．中国畜牧杂志，2016，52（14）：62 – 66.

[164] 石祖梁，贾涛，王亚静，等. 我国农作物秸秆综合利用现状及焚烧碳排放估算
［J］．中国农业资源与区划，2017，38（9）：32 – 37.

[165] 司学样. 耕地地力隐形下降原因与培肥措施 [J]. 农业与技术, 2016, 36 (9): 21 – 22.

[166] 宋利文, 杜瑞平, 孙燕勇, 等. 澳大利亚乳业发展现状 [J]. 畜牧与饲料科学, 2017 (11): 95 – 99.

[167] 宋燕平, 范祥祺, 王欣. 中国畜牧业高质量发展的技术优化 [J]. 华中农业大学学报 (自然科学版), 2022 (3): 87 – 95.

[168] 隋斌, 孟海波, 沈玉君, 等. 丹麦畜禽粪肥利用对中国种养结合循环农业发展的启示 [J]. 农业工程学报, 2018, 34 (12): 1 – 7.

[169] 孙芳. 现代农牧业纵横一体化综合效益及创新模式: 以北方农牧交错带为例 [J]. 中国农业资源与区划, 2013, 34 (2): 69 – 73.

[170] 孙良媛, 刘涛, 张乐. 中国规模化畜禽养殖的现状及其对生态环境的影响 [J]. 华南农业大学学报 (社会科学版), 2016, 15 (2): 23 – 30.

[171] 孙若梅. 畜禽养殖业生态补偿的研究——以山东省烟台市为例 [J]. 生态经济, 2017, 33 (3): 29 – 33.

[172] 孙少华. 探索种养结合、农牧生态良性循环的奶牛生产新模式 [J]. 北方牧业, 2011 (3): 9.

[173] 孙世刚, 贾妍, 杨兰伟, 等. 畜禽规模养殖应走农牧结合的路子 [J]. 天津农业科学, 2020, 26 (8): 14 – 16.

[174] 孙铁珩, 宋雪英. 中国农业环境问题与对策 [J]. 农业现代化研究, 2008, (6): 646 – 648.

[175] 孙育峰, 丰成学, 李友权. 牛的秸秆采食量计算与应用 [J]. 河南畜牧兽医 (综合版), 2009 (5): 12 – 13.

[176] 孙育峰, 刘应宗, 丰成学, 等. 基于养牛秸秆资源量和秸秆养牛量的计算与应用 [J]. 统计与决策, 2009 (17): 105 – 107.

[177] 孙育峰. 秸养牛项目管理研究 [D]. 天津: 天津大学, 2009.

[178] 孙真真, 刘秀娟. 荷兰奶牛粪污治理对河北省的启示 [J]. 黑龙江畜牧兽医, 2017 (20): 15 – 18.

[179] 孙志华, 赵俊金, 许海涛, 等. 2019 年我国苜蓿产业形势分析 [J]. 中国奶牛, 2019 (10): 58 – 60.

[180] 陶宇航, 韩雪, 顾永芬. 奶牛养殖中粪便循环处理利用对策 [J]. 上海畜牧兽医通讯, 2012 (6): 56 – 57.

[181] 田昌玉, 林治安, 唐继伟, 等. 基于最佳经济效益的冬小麦——夏玉米轮作体系有机肥氮替代率的长期演变 [J]. 植物营养与肥料学报, 2019, 25 (10): 1623 – 1632.

[182] 田金平, 陈吕军. 新西兰乳业养殖污染防治及其对中国的启示 [J]. 环境保护,

2015, 43（Z1）：85 - 88.

［183］田沛佩，卢宏玮，李丹，等. 2008~2017 年中国地级市化肥施用碳足迹的时空演变格局［J］. 中国环境科学，2021，41（2）：967 - 973.

［184］王冰，杨虎涛. 论正外部性内在化的途径与绩效——庇古和科斯的正外部性内在化理论比较［J］. 东南学术，2002，（6）：158 - 165.

［185］王东杰，张玉梅，董晓霞，等. 2015 年中国奶业市场回顾与未来展望［J］. 农业展望，2016（1）：14 - 18.

［186］王贵荣. 新疆奶业结构、行为与绩效研究［D］. 乌鲁木齐：新疆农业大学，2010.

［187］王国刚，刘合光，刘静，等. 种养加一体化的理论初探与政策建议［J］. 农业现代化研究，2016（5）：871 - 876.

［188］王海伟. 我国奶业生产现状研究［J］. 现代化农业，2011（9）：29 - 31.

［189］王欢，乔娟. 中国畜牧业温室气体排放的脱钩与预测分析［J］. 中国生态农业学报（中英文），2019，27（5）：793 - 802.

［190］王惠惠，路永强，刘芳. 北京奶牛养殖业发展种养结合模式可行性探讨［J］. 中国畜牧业，2015（15）：90 - 93.

［191］王继红，王有智，乜英青，等. 全株玉米青贮、玉米秸秆青贮及黄贮对奶牛泌乳性能和乳品质的影响［J］. 上海畜牧兽医通讯，2019（4）：35 - 37.

［192］王军，李萍，詹韵秋，等. 中国耕地质量保护与提升问题研究［J］. 中国人口·资源与环境，2019，29（4）：87 - 93.

［193］王军. 现代西方产业组织理论述评［J］. 经济学家，1996（5）：120 - 123.

［194］王蕾，李文科. 高质量发展背景下我国畜牧业提质增效制约因素分析及对策探讨［J］. 黑龙江畜牧兽医，2021（22）：1 - 5，25，145 - 146.

［195］王敏玲，孙海霞，周道玮. 干玉米秸秆与干羊草营养价值的比较研究［J］. 饲料工业，2011（3）：19 - 21.

［196］王娜，张萍，刘芳. 环保压力下京津冀奶业发展新格局研究［J］. 中国畜牧杂志，2018，54（7）：133 - 137.

［197］王瑞港，徐伟平. 我国苜蓿产业发展特征与趋势分析［J］. 中国农业科技导报，2021，23（12）：7 - 12.

［198］王思媛. 畜牧业发展对我国农业和小农经济贸易的驱动作用［J］. 中国饲料，2020（8）：129 - 132.

［199］王思再，李亚立，李刚. 黑龙江奶业发展现状与前景展望［J］. 中国畜牧杂志，2011（16）：18 - 21.

［200］王太盈. 协同效应理论文献综述研究［J］. 经济研究导刊，2019，（31）：11 - 24.

［201］王维. 呼和浩特市乳业龙头企业与奶牛养殖者利益联机机制问题研究［D］. 呼和

浩特：内蒙古农业大学，2015.

[202] 王西琴，张馨月，陈浩. 华北地下水超采区粮食作物灌溉用水量及其节水潜力——基于河北省 620 户问卷调研数据 [J]. 西北大学学报（自然科学版），2020，50（2）：227－233.

[203] 王霞，吕剑平，兰娜. 农户"粮改饲"参与行为与意愿悖离研究：基于甘肃 354 位农户的微观数据 [J]. 中国农机化学报，2022，43（2）：221－228.

[204] 王效琴，梁东丽，王旭东，等. 运用生命周期评价方法评估奶牛养殖系统温室气体排放量 [J]. 农业工程学报，2012，28（13）：179－184.

[205] 王兴文，董晓霞，王礴礴，等. 加拿大奶业发展经验分析 [J]. 中国乳品工业，2021，49（9）：44－51.

[206] 王艳华，杨广林. 奶农股份合作社——奶业产业化经营的组织创新 [J]. 农业经济，2005（11）：56－57.

[207] 王艳杰. 寒区奶牛养殖小区规划及牛舍结构优化设计研究 [D]. 哈尔滨：东北农业大学，2010.

[208] 王雁凤，黄有方. 考虑碳排放的港口群混合轴辐式运输网络优化 [J]. 北京理工大学学报（社会科学版），2014，16（5）：42－50.

[209] 王怡然，孙芳，丁玎. 京津冀区域冀北地区"粮改饲"结构调整效益分析 [J]. 中国农业资源与区划，2019，40（11）：158－165.

[210] 王贻术. 我国家庭农场发展研究 [D]. 福州：福建师范大学，2015.

[211] 王以中，辛翔飞，林青宁，等. 我国畜禽种业发展形势及对策 [J]. 农业经济问题，2022（7）：52－63.

[212] 王银凤. 转型期中国农民利益论 [D]. 上海：复旦大学，2005.

[213] 王永康. 我国奶牛养殖业发展中的一些问题和建议 [J]. 中国乳业，2013（8）：22－24.

[214] 王玉涛，王丰川，洪静兰，等. 中国生命周期评价理论与实践研究进展及对策分析 [J]. 生态学报，2016，36（22）：7179－7184.

[215] 王玉庭，杜欣慰，马莹. 加征进口美国苜蓿关税对我国奶牛养殖业影响的评估——基于对 5 个省 36 个养殖场的调查 [J]. 饲料研究，2019，42（4）：99－101.

[216] 王钰，施正香，黄仕伟. 发展家庭式奶牛养殖牧场的探讨 [J]. 中国畜牧杂志，2015（12）：38－43.

[217] 王振兴，许振成，谌建宇，等. 畜禽养殖业氨氮总量控制减排技术特征与评估方法研究 [J]. 广东农业科学，2014（4）：185－192.

[218] 王治方，冯亚杰，冯长松，等. 规模化牛场高效生态模式探讨 [J]. 上海畜牧兽医通讯，2015（6）：64－65.

[219] 魏大惟，王海莲，刘芳．北京现代畜牧业可持续发展影响因素研究［J］．中国畜牧杂志，2022（12）：288－294.

[220] 魏晓颖．生态旅游视域下畜牧业可持续性发展研究［J］．中国饲料，2021（2）：137－140.

[221] 魏艳骄，朱晶．乳业发展的国际经验分析：基于供给主体视角［J］．中国农村经济，2019，（2）：115－130.

[222] 温富勇，于桂芳，胡琦，等．澳大利亚根除布鲁氏菌病的成功经验及对我国的启示［J］．当代畜牧，2012（9）：24－26.

[223] 温铁军，董筱丹，石嫣．中国农业发展方向的转变和政策导向：基于国际比较研究的视角［J］．农业经济问题，2010（10）：88－94.

[224] 邬小若．农民专业合作社利益机制及主体利益关系研究［D］．西安：西北农林科技大学，2011.

[225] 吴根义，许振成，焦军，等．畜禽养殖污染防治对策分析［J］．中国猪业，2014（7）：58－60.

[226] 吴季松．循环经济的主要特征［N］．人民日报，2003－04－11.

[227] 吴强，孙世民．国外乳制品供应链质量控制策略与启示［J］．山东农业大学学报（社会科学版），2015，17（4）：66－70，119.

[228] 吴强，张园园，孙世民．基于Logit-ISM模型的奶农全面质量控制行为分析［J］．农业技术经济，2017（3）：53－63.

[229] 吴天龙．丹麦乳品质量安全管理经验及启示［J］．国际经济合作，2015（4）：69－72.

[230] 吴云波，田爱军，邢雅囡，等．江苏省畜禽养殖业污染状况分析及政策建议［J］．江苏农业学报，29（5）：1059－1064.

[231] 武卫秀，杨裕．推广粮改饲构建新型种养关系研究［J］．河南农业，2019（17）：61－62.

[232] 夏建民，李胜利，王蔚，等．2020年中国规模奶牛场产业素质研究报告［J］．中国畜牧杂志，2021，57（9）：267－271.

[233] 谢德仁．企业的性质：要素使用权交易合约之履行过程［J］．经济研究，2002（4）：84－91.

[234] 熊学振，杨春，马晓萍．我国畜牧业发展现状与高质量发展策略选择［J］．中国农业科技导报，2022（3）：1－10.

[235] 许栋．新疆规模奶牛养殖场粪便处理现状及对策［J］．新疆畜牧业，2017（2）：17－20，38.

[236] 许佳彬，李翠霞．畜牧业产业集聚对县域经济增长的影响——黑龙江省例证［J］.

中国农业大学学报，2021（10）：223-236.

［237］薛求知. 行为经济学：理论与应用［M］. 复旦大学出版社，2013.

［238］闫玉科. 农业龙头企业与农户利益联结机制调查与分析——以广东省为例［J］. 农业经济问题，2006（9）：32-36.

［239］杨碧琴，叶媚. 中国和新西兰、澳大利亚乳制品贸易研究［J］. 内蒙古农业大学学报（社会科学版），2016（4）：20-24.

［240］杨恒山，李华，梁怀宇. 西辽河平原种养结合模式研究——与奶牛饲养相适应的种植模式［J］. 内蒙古民族大学学报（自然科学版），2008（5）：542-547.

［241］杨慧芳. 现代荷兰奶业的特点及对中国的启示［J］. 中国乳业，2015（9）：72-77.

［242］杨洁静，刘志刚. 中国式现代化下畜牧业高质量发展路径探索［J/OL］. 饲料研究，2023（11）：191-194.

［243］杨景晁，蔡中峰，周开锋，等. 烟台市畜牧业合作经营及在乡村振兴战略中作用的调研报告［J］. 黑龙江畜牧兽医，2020（14）：18-21.

［244］杨静. 农户合作参与行为问题研究［D］. 扬州：扬州大学，2007.

［245］杨前平，李晓锋，熊琪，等. 奶牛场粪污产生量及性能参数测定［J］. 湖北农业科学，2019，58（24）：106-108.

［246］杨伟民，胡定寰. 荷兰菲仕兰奶业 Focus 管理体系与政策启示［J］. 中国畜牧杂志，2015，51（18）：34-39.

［247］杨兴林，刘岩冰，朱宗渊，等. 大豆油和地沟油制备生物柴油生命周期评价［J］. 农业工程学报，2020，36（19）：233-241.

［248］杨泳冰，胡浩，王益文. 农户以商品有机肥替代化肥的行为分析——基于江苏南通市 228 户调查数据［J］. 湖南农业大学学报（社会科学版），2012，13（6）：1-6.

［249］叶安珊. 节约型社会理念与中国畜禽粪便资源化利用［J］. 世界环境，2005（6）：68-70.

［250］叶会. 农民专业合作社利益联结机制的研究［D］. 成都：西南财经大学，2013.

［251］叶舒娟. 欧盟牛奶生产配额政策改革对中国奶业的影响及启示［D］. 合肥：安徽农业大学，2016.

［252］叶文虎，甘晖. 循环经济研究现状与展望［J］. 中国人口·资源与环境，2009（3）：102-106.

［253］尹昌斌，程磊磊，杨晓梅，等. 生态文明型的农业可持续发展路径选择［J］. 中国农业资源与区划，2015（1）：15-21.

［254］尹昌斌，钱小平，周旭英，等. 农户采纳奶牛粪尿清洁处理技术的影响因素与补偿意愿研究——以黑龙江省为例［J］. 中国食物与营养，2011，17（2）：20-23.

［255］尹昌斌，唐华俊，周颖. 循环农业内涵、发展途径与政策建议［J］. 中国农业资源

与区划, 2006 (1): 4-8.

[256] 尹昌斌, 周颖, 刘利花. 我国循环农业发展理论与实践 [J]. 中国生态农业学报, 2013, 21 (1): 47-53.

[257] 尹昌斌, 周颖. 循环农业发展的基本理论及展望 [J]. 中国生态农业学报, 2008 (6): 1552-1556.

[258] 尹春洋. 中国奶牛规模养殖的成本效益分析 [J]. 中国畜牧杂志, 2013 (16): 4-6, 10.

[259] 尤小文. 农户: 一个概念的探讨 [J]. 中国农村观察, 1999 (5): 19-22, 53.

[260] 游锡火. 澳大利亚乳业发展现状及对中国的启示 [J]. 中国奶牛, 2019 (4): 62-65.

[261] 于超, 张园园, 孙世民. 国外畜禽清洁生产的政策及对我国的借鉴 [J]. 山东农业大学学报 (社会科学版), 2018, 20 (4): 61-66, 133.

[262] 于法稳, 黄鑫, 王广梁. 畜牧业高质量发展: 理论阐释与实现路径 [J]. 中国农村经济, 2021 (4): 85-99.

[263] 于洪霞, 达林太, 乔光华, 等. 奶业现代化趋势下小奶户发展研究——基于内蒙古呼和浩特地区小奶户的调研 [J]. 中国畜牧杂志, 2015 (6): 49-54.

[264] 于康震. 推进规模化标准化生态化畜禽养殖 实现畜牧业生产与环境保护协调发展 [J]. 中国畜牧业, 2015 (21): 18.

[265] 袁奎明, 李忠德, 胡士林, 等. 潍坊市肉奶牛产业发展情况的调研报告 [J]. 安徽农业科学, 2015 (13): 336-338, 358.

[266] 袁立, 王占哲, 刘春龙. 国内外牛粪生物质资源利用的现状与趋势 [J]. 中国奶牛, 2011 (5): 3-9.

[267] 翟君, 冯立岩, 王猛, 等. 气体燃料发动机发展对中国温室气体减排贡献的生命周期分析 [J]. 中国环境科学, 2015, 35 (1): 62-71.

[268] 翟绪军. 中国农业循环经济发展机制研究 [D]. 哈尔滨: 东北林业大学, 2011.

[269] 张炳霖. 龙头企业与农户利益联结机制研究 [D]. 北京: 北京工商大学, 2011.

[270] 张海涛. 龙头企业—农户利益联结机制及组织模式研究 [D]. 北京: 北京交通大学, 2008.

[271] 张磊, 王定国, 文勇立, 等. 实施种养结合循环利用模式后土壤重金属全量及有效态含量分析 [J]. 西南民族大学学报 (自然科学版), 2010 (4): 570-574.

[272] 张立阳, 杨新露, 宋明明, 等. 丹麦奶业发展概况及对我国奶业绿色发展的启示 [J]. 中国奶牛, 2022 (8): 53-59.

[273] 张利库. 利益联结机制: 中国奶业发展的症结与出路 [J]. 中国奶牛, 2009 (11): 7-12.

［274］张玲，乔宏. 外购模式和种养结合模式下青贮玉米饲料成本效益对比分析［J］. 黑龙江畜牧兽医，2021（18）：143-147.

［275］张南，张旭光. 我国奶牛养殖业现状及发展建议［J］. 黑龙江畜牧兽医，2020（16）：7-10.

［276］张平. 张掖市高效生态农业可持续发展模式与机制研究［D］. 兰州：甘肃农业大学，2014

［277］张朴甜. 外部性理论研究综述［J］. 现代商业，2017（9）：176-177.

［278］张书兴，王筱，马琳，等. 农牧交错带青贮玉米生产性能和饲草品质综合评价［J］. 草地学报，2022，30（6）：1517-1524.

［279］张伟. 发达国家和地区奶牛养殖污染防治经验对我国的启示［J］. 黑龙江畜牧兽医，2016（14）：46-49.

［280］张喜英. 华北典型区域农田耗水与节水灌溉研究［J］. 中国生态农业学报，2018，26（10）：1454-1464.

［281］张晓萍，蒋柏荣，黄利权，等. "秸秆—湖羊"循环农业模式推介［J］. 中国畜牧业，2015（19）：48-49.

［282］张晓庆，王梓凡，参木友，等. 中国农作物秸秆产量及综合利用现状分析［J］. 中国农业大学学报，2021，26（9）：30-41.

［283］张诩，乔娟. 基于种养结合的种植户粪肥支付意愿研究［J］. 中国农业资源与区划，2019，40（8）：177-186.

［284］张应鹏，叶小梅，杜静，等. 江苏省规模奶牛场粪污处理利用现状调研分析［J］. 生态与农村环境学报，2022，38（4）：466-471.

［285］张颖，夏训峰，李中和，等. 规模化养牛场粪便处理生命周期评价［J］. 农业环境科学学报，2010，29（7）：1423-1427.

［286］张瑜. 农业产业化经营利益联结机制问题研究［D］. 哈尔滨：东北农业大学，2004.

［287］张宇峰. 哈尔滨市奶牛规模化养殖对策研究［D］. 哈尔滨：东北农业大学，2013.

［288］赵琦，寇祥明，张家宏，等. 农户参与农业综合开发示范园区的影响因素及决策机制分析［J］. 科技创新导报，2010（14）：146

［289］赵善江，王忆，许慧韬，等. 新西兰奶业发展模式及经验启示［J］. 中国乳业，2021（12）：30-40.

［290］赵薇，梁赛，于杭，等. 生命周期评价方法在城市生活垃圾管理中的应用研究述评［J］. 生态学报，2017，37（24）：8197-8206.

［291］赵秀新，侯明海，李建斌，等. 我国奶业发展经济现状分析与展望［J］. 中国畜牧杂志，2015（10）：36-43.

[292] 赵勇，王鹏．"奶业企业＋奶农"模式下的利益分配及其对契约的影响——基于动态议价模型的理论解释［J］．经济师，2008（11）：245－246．

[293] 郑绸，冉瑞平，陈娟．畜禽养殖废弃物市场化困境及破解对策：基于四川邛崃的实践［J］．中国农业资源与区划，2019，40（3）：70－77．

[294] 郑国生，黄士伟，于静．规模化奶牛场成本管理的优化分析［J］．养殖技术顾问，2012（11）：268－269．

[295] 郑国生，黄仕伟．规模化奶牛场经营管理研究［J］．中国奶牛，2012（18）：19－22．

[296] 郑国生，施正香，滕光辉．中国奶牛养殖设施装备技术研究进展［J］．中国畜牧杂志，2019，55（7）：169－174．

[297] 郑瑞强，刘小春，杨丽萍．"粮改饲"政策效应分析与关键问题研究观点［J］．饲料工业，2016，37（3）：62－64．

[298] 郑微微，沈贵银，李冉．畜禽粪便资源化利用现状、问题及对策——基于江苏省的调研［J］．现代经济探讨，2017（2）：57－61．

[299] 中国电力企业联合会．中国电力行业年度发展报告 2020［EB/OL］．https：//cec．org．cn/detail/index．html？3－284175．［2021－02－24］．

[300] 中国农业信息网．快推进粮改饲 促进种养结合循环发展［EB/OL］．http：//finance．china．com．cn/roll/20160621/3776018．shtml，2016－6－21．

[301] 中华人民共和国农业农村部．中国畜牧兽医统计年鉴 2021［M］．北京：中国农业出版社，2021．

[302] 中华人民共和国农业农村部等九部委．关于进一步促进奶业振兴的若干意见［EB/OL］．http：//www．moa．gov．cn/govpublic/XMYS/201812/t20181226 _ 6165597．htm．［2020－10－20］．

[303] 钟珍梅，黄勤楼，翁伯琦，等．以沼气为纽带的种养结合循环农业系统能值分析［J］．农业工程学报，2012（14）：196－200．

[304] 钟真，涂圣伟，张照新．紧密型农业产业化利益联结机制的构建［J］．改革，2021（4）：107－120．

[305] 周轶韬．规模化养殖污染治理的思考［J］．内蒙古农业大学学报（社会科学版），2009（1）：117－120．

[306] 周应恒，张晓恒，严斌剑．韩国秸秆焚烧与牛肉短缺问题解困探究［J］．世界农业，2015（4）：152－154．

[307] 周颖．循环农业模式分类与实证研究［D］．北京：中国农业科学院，2008．

[308] 朱娟，胡定寰．我国农户散养奶牛规模经济分析——以内蒙古呼和浩特市为例［J］．中国乳业，2009（10）：23－26．

[309] 朱永昶, 李玉娥, 姜德锋, 等. 基于生命周期评估的冬小麦－夏玉米种植系统碳足迹核算——以山东省高密地区为例 [J]. 农业资源与环境学报, 2017, 34 (05): 473－482.

[310] 祝丽云, 李彤, 赵慧峰, 等. 荷兰奶业补贴政策对我国奶业振兴的启示 [J]. 中国奶牛, 2020 (12): 46－50.

[311] 庄丽娟. 我国农业产业化经营中利益分配的制度分析 [J]. 农业经济问题, 2000 (4): 29－32.

[312] Adelaja. Price Changes, Supply Elasticities. Industry Organization and Dairy Output Distribution [J]. American Journal of Agricultural Economics, 2008.

[313] Bai Z, Ma L, Jin S, Ma W, Velthof G L, Oenema O, Liu L, Chadwick D, Zhang F. Nitrogen, Phosphorus, and Potassium Flows through the Manure Management Chain in China [J]. Environmental Science & Technology, 2016, 50 (24): 13409－13418.

[314] Bai Z, Ma W, Ma L, Velthof G L, Wei Z, Havlik P, Oenema O, Lee M R F, Zhang F. China's Livestock Transition: Driving Forces, Impacts, and Consequences [J]. Science Advances, 2018, 4 (eaar85347).

[315] Bai Z H, Ma L, Oenema O, Chen Q, Zhang F S. Nitrogen and Phosphorus Use Efficiencies in Dairy Production in China [J]. Journal of Environmental Quality, 2013, 42 (4): 990－1001.

[316] Bai Z H, Ma W Q, MA L, et al. China's Livestock Transition: Driving Forces, Impacts, and Consequences [J]. Sci Adv, 2018, 4 (7): eaar8534.

[317] Baldini C, Gardoni D, Guarino M. A Critical Review of the Recent Evolution of Life Cycle Assessment Applied to Milk Production [J]. Journal of Cleaner Production, 2017, 140 (SI2): 421－435.

[318] Baldini C, Gardoni D, Guarino M. A Critical Review of the Recent Evolution of Life Cycle Assessment Applied to Milk Production [J]. Journal of Cleaner Production, 2017, 140 (SI2): 421－435.

[319] Basset-Mens C, Ledgard S, Boyes M. Eco-efficiency of Intensification Scenarios for Milk Production in New Zealand [J]. Ecological Economics, 2009, 68 (6): 1615－1625.

[320] Battini F, Agostini A, Boulamanti A K, et al. Mitigating the Environmental Impacts of Milk Production Via Anaerobic Digestion of Manure: Case Study of a Dairy Farm in the Po Valley [J]. Science of the total Environment, 2014, 481: 196－208.

[321] Beggs D S, Fisher A D, Jongman E C, et al. A Survey of Australiandairy Farmers to Investigate Animal Welfare Risks Associated within Creasing Scale of Production [J]. Journal of Dairy Science, 2015, 98 (8): 5330－5338.

［322］ Blayney. Decomposition of milk Supply Response into Technology and Price-Induced Effects ［J］. American Journal of Agricultural Economics, 2012.

［323］ Blengini G A. Life Cycle of Buildings, Demolition and Recycling Potential: A Case Study in Turin, Italy ［J］. Building and Environment, 2009, 44 (2): 319 – 330.

［324］ Castro M, Remmerswaal J, Reuter M A. Life Cycle Impact Assessment of the Average Passenger Vehicle in the Netherlands ［J］. International Journal of Life Cycle Assessment, 2003, 8 (5): 297 – 304.

［325］ Cecchini L, Venanzi S, Pierri A, Chiorri. Environmental Efficiency Analysis and Estimation of CO_2 Abatement Costs in Dairy Cattle Farms in Umbria (Italy): A SBM-DEA Model with Undesirable Output ［J］. Journal of Cleaner Production, 2018, 197 (1): 895 – 907.

［326］ Chachuli F S M, Ludin N A, Mat S, Soptan K. Renewable Energy Performance Evaluation Studies Using the Data Envelopment Analysis (DEA): A Systematic Review ［J］. Journal of Renewable and Sustainable Energy, 2020, 12 (0627016).

［327］ Chadwick D, Jia W, Tong Y, Yu G, Shen Q, Chen Q. Improving Manure Nutrient Management towards Sustainable Agricultural Intensification in China ［J］. Agriculture Ecosystems & Environment, 2015, 209 (SI): 34 – 46.

［328］ David C, Jia W, Tong Y, et al. Improving Manure Nutrientmanagement towards Sustainable Agricultural Intensification in China ［J］. Agric Ecosyst Environ, 2015, 209: 34 – 36.

［329］ Delgado C L, Narrod C A, Tiongco M M, Barros G S D C, Catelo M A, Costales A, Mehta R, Naranong V, Poapongsakorn N, Sharma V P, Zen S D. Determinants and Implications of the Growing Scale of Livestock Farms in Four Fast-growing Developing Countries ［J］. Research Report-International Food Policy Research Institute, 2008 (157): 131.

［330］ Dereje G, Assefa A. Factors Influencing Scaling up of Agroforestry-based Spatial Land-use Integration for Soil Fertility Management in Arsamma Watershed, Southwestern Ethiopian Highlands ［J］. Journal of Environmental Planning and Management, 2016, 59 (10): 1795 – 1812.

［331］ Du Y Y, Ge Y, Ren Y, et al. A Global Strategy to Mitigate the Environmental Impact of China's Ruminant Consumption Boom ［J］. Nature Communications, 2018, 9 (1): 4133.

［332］ Eric W, Céline V. Greenhouse Gas Emissions from Inorganic and Organic Fertilizer Production and Use: A Review of Emission Factors and Their Variability ［J］. Journal of Environmental Management, 2020, 276.

［333］ Eshel G, Shepon A, Makov T, Milo R. Land, Irrigation Water, Greenhouse Gas, and Reactive Nitrogen Burdens of Meat, Eggs, and Dairy Production in the United States ［J］.

Proceedings of the National Academy of Sciences of the United States of America, 2014, 111 (33): 11996 – 12001.

[334] Fan X, Chang J, Ren Y, et al. Recoupling Industrial Dairy Feedlots and Industrial Farmlands Mitigates the Environmental Impacts of Milk Production in China [J]. Environ Sci Technol, 2018, 52 (7): 3917 – 3925.

[335] FAO (Food and Agriculture Organization of the United Nations). FAO Statistical Databases. 2018. http: //www. fao. org/faostat/en/#home. [2021 – 02 – 24].

[336] FAO (Food and Agriculture Organization of the United Nations). Tackling Climate Change through Livestock: A Global Assessment of Emissions and Mitigation Opportunities [M]. Rome, 2013.

[337] Ferreira J, Esteves B, Nunes L, Domingos I. Life Cycle Assessment as a Tool to Promote Sustainable Thermowood Boards: A Portuguese Case Study [J]. International Wood Products Journal, 2016, 7 (3): 124 – 129.

[338] Flessa H, Ruser R, Dorsch P, Kamp T, Jimenez M A, Munch J C, Beese F. Integrated Evaluation of Greenhouse Gas Emissions (CO_2, CH_4, N_2O) from Two Farming Systems in Southern Germany [J]. Agriculture Ecosystems & Environment, 2002, 91 (01): 175 – 189.

[339] Food and Agriculture Organization of the United Nations (FAO), 2019. FAO Statistical Databases. http: //www. fao. org/faostat/en/#home.

[340] Food and Agriculture Organization of the United Nations (FAO) . Tackling Climate Change through Livestock: A Global Assessment of Emissions and Mitigation Opportunities. Rome, 2013.

[341] Fusco V, Chieffi D, Fanelli F, Logrieco A F, Cho G, Kabisch J, Boehnlein C, Franz C M A P. Microbial Quality and Safety of Milk and Milk Products in the 21st Century. Comprehensive Reviews in Food Science and Food Safety, 2020, 19 (4): 2013 – 2049.

[342] Gallego A, Hospido A, Teresa Moreira M, Feijoo G. Environmental Assessment of Dehydrated Alfalfa Production in Spain [J]. Resources Conservation and Recycling, 2011, 55 (11): 1005 – 1012.

[343] Gerbinet S, Belboom S, Leonard A. Life Cycle Analysis (LCA) of Photovoltaic Panels: A Review [J]. Renewable & Sustainable Energy Reviews, 2014, 38: 747 – 753.

[344] Gloy B A, Dressler J B. Financial Barriers to the Adoption of Anaerobic Digestion on US Livestock Operations [J]. Agricultural Finance Review, 2010, 70 (2): 157 – 168.

[345] Grisley. An Examination of Relationship Profitability, Labor Efficiency and Scale on Dairy Farms in Ireland [C]. the 21st Annual Conference, 2008.

[346] Gu B J, Ju X T, Chang S X, et al. Nitrogen Use Efficiencies in Chinese Agricultural

Systems and Implications for Food Security and Environmental Protection [J]. Reg Environ Change, 2017, 17 (4): 1217 – 1227.

[347] Gu B J, Zhang X L, Bai X M, et al. Four Steps to Food Security for Swelling Cities [J]. Nature, 2019, 566 (7742): 31 – 33.

[348] Guinee J. Handbook on Life Cycle Assessment-Operational Guide to the ISO Standards [J]. International Journal of Life Cycle Assessment, 2001, 6 (5): 255.

[349] Hall Bruce R. Farm Size and Economic Efficiency: The Case of California [J]. American Journal of Agricultural Economics, 2009.

[350] Hamburg, Morris. Basic Statistics: A Modern Approach (3rd ed) [M]. Harcourt Brace Jovanovich, 1980.

[351] Handford C E, Campbell K, Elliott C T. Impacts of Milk Fraud on Food Safety and Nutrition with Special Emphasis on Developing Countries [J]. Comprehensive Reviews in Food Science and Food Safety, 2016, 15 (1): 130 – 142.

[352] Hasler K, Broering S, Omta S W F, Olfs H W. Life Cycle Assessment (LCA) of Different Fertilizer Product Types. European Journal of Agronomy, 2015, 69: 41 – 51.

[353] Herrero M, Henderson B, Havlik P, et al. Greenhouse Gas Mitigation Potentials in the Livestock Sector [J]. Nature Climate Change, 2016, 6 (5): 452 – 461.

[354] Hossain. Small Scale Dairy Farming Practice in a Selective Area of Bangladesh [J]. Pakistan Journal of Nutrition, 2005.

[355] Huang X, Cheng L, Chien H, Jiang H, Yang X, Yin C. Sustainability of Returning Wheat Straw to Field in Hebei, Shandong and Jiangsu Provinces: A Contingent Valuation Method [J]. Journal of Cleaner Production, 2019, 213: 1290 – 1298.

[356] Huang X, Shi B, Wang S, Yin C, Fang L. Mitigating Environmental Impacts of Milk Production Via Integrated Maize Silage Planting and Cow Breeding System: A Case Study in China [J]. Journal of Cleaner Production, 2021: 309.

[357] International Organization for Standardization (ISO) 14040: 2006/AMD 1: 2020. Environmental Management-Life Cycle Assessment-Principles and Framework-Amendment 1.

[358] IPCC (The Intergovernmental Panel on Climate Change). Climate Change 2013: The Physical Science Basis [EB/OL]. 2023, [2020 – 10 – 25] https: //www. ipcc. ch/report/ar5/wg1/.

[359] IPCC (The Intergovernmental Panel on Climate Change). 2006 IPCC Guidelines for National Greenhouse Gas Inventories. 2006 [EB/OL]. https: //www. ipcc-nggip. iges. or. jp/public/2006gl/vol4. html. [2020 – 10 – 20].

[360] Islam H, Jollands M, Setunge S. Life Cycle Assessment and Life Cycle Cost Implication

of Residential Buildings-A Review [J]. Renewable & Sustainable Energy Reviews, 2015, 42: 129 – 140.

[361] ISO (International Organization for Standardization). ISO 14040: 2006/AMD 1: 2020: Environmental Management-Life Cycle Assessment-Principles and Framework-Amendment 1. 2020 [EB/OL]. https: //www. iso. org/standard/76121. html. [2021 – 02 – 24].

[362] Jin S, Zhang B, Wu B, Han D, Hu Y, Ren C, Zhang C, Wei X, Wu Y, Mol A P J, Reis S, Gu B, Chen J. Decoupling Livestock and Crop Production at the Household Level in China [J]. Nature Sustainability, 2020.

[363] Jin S Q, Zhang B, Wu B, et al. Decoupling Livestock and Crop Production at the House-hold Level in China [J]. Nature Sustainability, 2020.

[364] Jungbluth N, Frischknecht R. Life Cycle Inventory Modelling in the Swiss National LCI Database Ecoinvent 2000 [J]. Dias Report, Animal Husbandry, 2004, (61): 265 – 270.

[365] Keeper D M, Kerrisk K L, House J K, et al. Demographics, Farm and Reproductive Management Strategies Used in Australian Automatic Milking Systems Compared with Re-gionally Proximal Conventional Milking Systems [J]. Australian Veterinary Journal, 2017, 95 (9): 325 – 332.

[366] Klootwijk C W, Middelaar C E V, Berentsen P B M, et al. Dutch Dairy Farms after Milk Quota Abolition: Economic and Environmental Consequences of a New Manure Policy [J]. J DairySci, 2016, 99 (10): 8384 – 8396.

[367] Klopffer W. The Role of SETAC in the Development of LCA [J]. International Journal of Life Cycle Assessment, 2006, 11 (1): 116 – 122.

[368] Knaus, Wilhelm. Perspectives on Pasture Versus Indoor Feeding of Dairy Cows [J]. Journal of the Science of Food and Agricultural, 2016 (1): 9 – 17.

[369] Koop Diewer. An Economic Study of Subsidized Private Dairy Farming in Selected Area of Bangladesh [J]. Thesis Department of Agricultural Economic, 2011.

[370] Kramer K J, Moll H C, Nonhebel S, Wilting H C. Greenhouse Gas Emissions Related to Dutch Food Consumption [J]. Energy Policy, 1999, 27 (4): 203 – 216.

[371] Ledgard S F, Wei S, Wang X Q, et al. Nitrogen and Carbon Footprints of Dairy Farm Sys-tems in China and New Zealand, As Influenced by Productivity, Feed Sources and Mitiga-tions [J]. Agricultural Water Management, 2019, 213: 155 – 163.

[372] Le Thi T H, Takahashi Y, Nomura H, Luu V D, Cao T S, Yabe M. Water-use Effi-ciency of Alternative Pig Farming Systems in Vietnam [J]. Resources Conservation and Recycling, 2020, 161 (104926).

[373] Lihong Peng. Numerical Study of Regional Environmental Carrying Capacity for Livestock

and Poultry Farming Based on Planting-breeding Balance [J]. Journal of Environmental Sciences, 2013.

[374] Li X, Mupondwa E. Commercial Feasibility of an Integrated Closed-loop Ethanol-feedlot-biodigester System Based on Triticale Feedstock in Canadian Prairies [J]. Renewable & Sustainable Energy Reviews, 2018, 97: 401 – 413.

[375] Lower T, Pollock K. Financial Considerations for Health and Safety in the Australian Dairy Industry [J]. Journal of Agromedicine, 2017, 22 (2): 131 – 139.

[376] L Wang. The Interaction and Planting-breeding Configuration in Macrobrachiumnipponense—Rice System [J]. Journal of Anhui Agricultural Sciences, 2016.

[377] Matteo G, Marie T K, Luciana B, et al. Parameters Affecting the Environmental Impact of a Range of Dairy Farming Systems in Denmark, Germany and Italy [J]. Journal of Cleaner Production, 2013, 54.

[378] Mcdonald J, 2009. Using Least Squares and Tobit in Second Stage DEA Efficiency Analyses [J]. European Journal of Operational Research, 197 (2): 792 – 798.

[379] Michael Z H, Mark A J. Life Cycle Impact Assessment [M]. Springer, 2016.

[380] Moallem. Future Consequences of Decreasing Marginal Production Efficiency in the High-yielding Dairy Cow [J]. Journal of Dairy Science, 2016 (4): 2986 – 2995.

[381] Monteny G J, Bannink A, Chadwick D, 2006. Greenhouse Gas Abatement Strategies for Animal Husbandry [J]. Agriculture Ecosystems & Environment, 112 (2 – 3SI): 163 – 170.

[382] Organization for Economic Co-operation and Development & Food and Agriculture Organization of the United Nations (OECD&FAO), 2018. Agricultural Outlook 2018 – 2027 [EB/OL]. http://www. agri-outlook. org/.

[383] Owsianiak M, Laurent A, Bjorn A, Hauschild M Z. Impact 2002 +, Recipe 2008 and ILCD's Recommended Practice for Characterization Modelling in Life Cycle Impact Assessment: A Case Study-based Comparison [J]. International Journal of Life Cycle Assessment, 2014, 19 (5): 1007 – 1021.

[384] Pieralli S, Huettel S, Odening M. Abandonment of Milk Production under Uncertainty and Inefficiency: The Case of Western German Farms [J]. European Review of Agricultural Economics, 2017, 44 (3): 425 – 454.

[385] PRI (Principles for responsible investment). Delivering Carbon Neutrality in China [EB/OL]. https://www. unpri. org/pri – blogs/delivering – carbon – neutrality – in – china/7000. article [2021 – 02 – 26]

[386] Principles for Responsible Investment (PRI). Delivering Carbon Neutrality in China [EB/

OL]. https: //www. unpri. org/pri-blogs/delivering-carbon-neutrality-in-china/7000. article, 2021.

[387] Pryce J E, Nguyen T T T, Axford M, et al. Symposium Review: Building a Better Cow—The Australian Experience and Futureperspectives 1 [J]. Journal of Dairy Science, 2018, 101 (4): 3702 – 3713.

[388] Puettmann M E, Wagner F G, Johnson L. Life Cycle Inventory of Softwood Lumber from the Inland Northwest US [J]. Wood and Fiber Science, 2010, 42 (SI): 52 – 66.

[389] Puettmann M E, Wilson J B. Life-cycle Analysis of Wood Products: Cradle-to-gate LCI of Residential Wood Building Materials [J]. Wood and Fiber Science, 2005, 37 (SI): 18 – 29.

[390] Qiuyan Wang. A Technical Efficiency Analysis of Pennsylvania Dairy Farms [C]. AAEA-CAEA Annual Meeting, 2001.

[391] Raosoft. Sample Size Calculator by Raosoft, Inc. http: //www. raosoft. com/samplesize. html, 2004.

[392] Rapisarda S, O'Neill G, Ghannam A N. [J]. Dairy, 2023, 4 (2).

[393] Rey F J, Martin-gil J, Velasco E, Perez D, Varela F, Palomar J M, Dorado M P. Life Cycle Assessment and External Environmental Cost Analysis of Heat Pumps [J]. Environmental Engineering Science, 2004, 21 (5): 591 – 605.

[394] Rotz C A, Asem – Hiablie S, Place S, et al. Environmental Footprints of Beef Cattle Production in the United States [J]. Agricultural Systems, 2019, 169: 1 – 13.

[395] Sara G G, Francesc B, Gumersindo F, et al. Environmental Performance of Sorghum, Barley and Oat Silage Production for Livestock Feed Using Life Cycle Assessment [J]. Resources, Conservation & Recycling, 2016, 111.

[396] Shah B R, Laupacis A, Hux J E, Austin P C. Propensity Score Methods Gave Similar Results to Traditional Regression Modeling in Observational Studies: A Systematic Review [J]. Journal of Clinical Epidemiology, 2005, 58 (6): 550 – 559.

[397] Suh S, Nakamura S. Five Years in the Area of Input-output and Hybrid LCA [J]. International Journal of Life Cycle Assessment, 2007, 12 (6): 351 – 352.

[398] Sultana M N, Uddin M M, Ridoutt B G, et al. Comparison of Water Use in Global Milk Production for Different Typical Farms [J]. Agricultural Systems, 2014, 129: 9 – 21.

[399] Swarr T E, Hunkeler D, Kloepffer W, Pesonen H, Ciroth A, Brent A C, Pagan R. Environmental Life-cycle Costing: A Code of Practice [J]. International Journal of Life Cycle Assessment, 2011, 16 (5): 389 – 391.

[400] The Intergovernmental Panel on Climate Change (IPCC). Climate Change 2013: The Phys-

ical Science Basis. [2020 - 10 - 25] https://www.ipcc.ch/report/ar5/wg1/, 2013.

[401] The Intergovernmental Panel on Climate Change (IPCC). 2006 IPCC Guidelines for National Greenhouse Gas Inventories [EB/OL]. https://www.ipcc-nggip.iges.or.jp/public/2006gl/vol4.html.

[402] Tone K. A Slacks-based Measure of Super-efficiency in Data Envelopment Analysis [J]. European Journal of Operational Research, 2002, 143: 32 - 41.

[403] U. S. Department of Agriculture. National Agricultural Statistical Service (USDA-NASS). U. S. & All States Data-Dairy [EB/OL]. http://www.nass.usda.gov: 8080/QuickStats/, 2008 - 03 - 07.

[404] Wang J, Wang R, Zhu Y, Li J. Life Cycle Assessment and Environmental Cost Accounting of Coal-fired Power Generation in China [J]. Energy Policy, 2018, 115: 374 - 384.

[405] Wang X, Kristensen T, Mogensen L, Knudsen M T, Wang X. Greenhouse Gas Emissions and Land Use from Confinement Dairy Farms in the Guanzhong Plain of China-Using a Life Cycle Assessment Approach [J]. Journal of Cleaner Production, 2016, 113: 577 - 586.

[406] Wang X, Ledgard S, Luo J, Guo Y, Zhao Z, Guo L, Liu S, Zhang N, Duan X, Ma L. Environmental Impacts and Resource Use of Milk Production on the North China Plain, Based on Life Cycle Assessment [J]. Science of the Total Environment, 2018, 625: 486 - 495.

[407] Wang X Q, Kristensen T, Mogensen L, et al. Greenhouse Gas Emissions and Land Use from Confinement Dairy Farms in the Guanzhong Plain of China-Using a Life Cycle Assessment Approach [J]. Journal of Cleaner Production, 2016, 113: 577 - 586.

[408] WCED. Our Common Future (The Btundtland Report) [M]. Oxford University Press, 1987.

[409] Winans K, Kendall A, Deng H. The History and Current Applications of the Circular Economy Concept [J]. Renewable & Sustainable Energy Reviews, 2017, 68 (1): 825 - 833.

[410] Zhang C, Liu S, Wu S, Jin S, Reis S, Liu H, Gu B. Rebuilding the Linkage between Livestock and Cropland to Mitigate Agricultural Pollution in China [J]. Resources Conservation and Recycling, 2019, 144: 65 - 73.

[411] Zheng Y H, Wei J G, Li J, et al. Anaerobic Fermentation Technology Increases Biomass Energy Use Efficiency in Crop Residue Utilization and Biogas Production [J]. Renewable & Sustainable Energy Reviews, 2012, 16 (7): 4588 - 4596.

[412] Zhou N, Price L, Dai Y D, et al. A Roadmap for China to Peak Carbon Dioxide Emissions and Achieve a 20% Share of Non-fossil Fuels in Primary Energy by 2030 [J]. Applied Energy, 2019, 239: 793 - 819.